世界银行贷款中国经济改革促进与能力加强技术援助项目（TCC6）

河南省乡村产业振兴
案例研究

A CASE STUDY ON THE RURAL INDUSTRY REVITALIZATION
IN HENAN PROVINCE

河南省农业农村厅／编

社会科学文献出版社
SOCIAL SCIENCES ACADEMIC PRESS (CHINA)

《河南省乡村产业振兴案例研究》
编委会

前　言

2020 年 5 月，我们全面启动 "世界银行贷款中国经济改革促进与能力加强技术援助项目"（TCC6）子课题 "河南省乡村产业振兴的模式探索与政策支持研究" ［TCC6（B06-2019）］以来，在世界银行项目主管官员的关心指导下，在河南省农业农村厅、河南省财政厅的大力支持与直接领导下，课题组全体成员想方设法克服新冠肺炎疫情影响，夜以继日奔赴河南省南阳市、驻马店市、新乡市、洛阳市、信阳市、濮阳市、焦作市、商丘市、鹤壁市、济源市 10 个省辖市超过 30 个县市深入基层调研，还先后到上海、江苏、湖北、山东等省市进行了针对性调研，与乡村第一线的干部以及专业技术人员认真了解和研讨乡村产业振兴的地域模式与政策支持重点，到相关企业座谈，面对面了解企业家对乡村产业振兴的认知情况与政策建议，向基层农民请教涉农政策落实情况与进一步调整的意见。通过学习与汲取来自生产一线的海量新信息，我们感受到了基层干部和群众对乡村产业振兴的高度重视与孜孜以求的渴望，开阔了研究视野，进一步认识到世界银行设计这样的研究课题的重要性和及时性，充分体会到了习近平总书记提出的 "民族要复兴，乡村必振兴" 的重大战略意义，坚定了我们持续深入系统开展该方面研究的信心。

在调研与课题组多次讨论的基础上，我们也利用各种合适的机会参加了与该研究直接相关的十余次重要学术活动。在此过程中，既提升了我们的理论水平，也在交流与研讨中得到了相关与会领导和专家对我们初步形成的主要观点的肯定与好评。

从 2020 年 11 月初开始，在前期持续调研积累了大量基础性信息的基础上，我们 4 个专题研究组每 7~10 天举行一次研讨交流会，就案例研究与遴选信息整理进展情况及成文规范进行反复研究与讨论，使大家对案例研究的深度与代表性的认识有了比较明显的提升。希望我们梳理出的这一批案例能够比较客观地反映当前河南省乡村产业振兴的总体进展状态。

我们在连续调研与持续讨论的基础上，与地方各级领导进行了多次深度沟通与讨论，从我们认为有重要价值的市级、县（市）级、乡镇级和村级地域乡村产业振兴案例中初步优选出 10 种地域模式的 53 个有一定代表性的案例，作为这个阶段四个专题组的初步调研成果进行汇编与交流。我们希望这些基层一线干部与群众探索创造的实际案例对河南省乡村产业振兴研究与进一步推进乡村产业振兴有重要参考价值，也希望通过对这些案例的梳理与总结，对全国甚至发展中国家类似地区乡村产业振兴有参考借鉴意义。

在这些案例调研与成文的过程中，河南省农业农村厅机关相关专业处，相关市、县、乡镇和村的领导及专家给予了我们大力支持与帮助，为我们直接或间接提供了大量第一手信息，与项目管理直接相关的河南省农业农村厅产业处、河南省财政厅国际合作处领导也及时给以帮助与指导；社会科学文献出版社的领导与相关编辑，在帮助我们出版的过程中，也给予了热情的指导与协调，在此一并对他们表示真诚的感谢！

由于我们研究水平有限，对全社会特别关注的乡村产业振兴案例的研究可能还存在不足之处，真诚希望相关领导与专家多提宝贵意见与建议。

编　　者

2020 年 12 月 20 日

Foreword

Our sub-project "Research on Exploring the Models of Revitalization of Rural Industries in Henan Province and Policy Supporting" (B06 – 2019) of World Bank-financed China Economic Reform Promotion and Capability Enhancement Project (TCC6) was fully launched in May 2020. Under the concern and guidance of the project officials of the World Bank and the strong support and direct leadership of Department of Agriculture and Rural Affairs of Henan Province and Department of Finance of Henan Province, mainly adopting the method of on-site comprehensive investigation, the project team overcome by all means the impact of the COVID – 19 epidemic to carry out in-depth grassroots investigations in more than 50 counties (cities) of 10 provincial cities of Henan Province including Nanyang City, Zhumadian City, Xinxiang City, Luoyang City, Xinyang City, Puyang City, Jiaozuo City, Shangqiu City, Hebi City and Jiyuan City and to carry out targeted investigations in the provinces (municipalities) including Shanghai, Jiangsu, Hubei and Shandong. We carefully learned and discussed the regional model and policy supporting focuses of revitalization of rural industries with the frontline rural cadres and professional technicians, discussed with relevant enterprises to learn face-to-face about entrepreneurs' perceptions of revitalization of rural industries and their policy recommendations, and asked grassroots farmers for the situation of the implementation of agricultural policies and their opinions on further adjustments, which indeed updated our concept of revitalization of rural industries, made us learn and absorb a large amount of new information from the production lines and actually feel the high attention and diligent desire of the grassroots cadres and masses for the revitalization of rural industries, and broadened our research horizons. We further realized the importance and timeliness of the research projects designed by the World Bank and fully understood the great strategic significance of "to realize national rejuvenation, the rural area must be revitalized" proposed by General Secretary Xi Jinping, which firmed our confidence in continuing to carry out in-depth and systematic research in the field.

On the basis of investigation and discussion, the project team also took various suitable opportunities to participate in a dozen of important academic activities directly related to the research. It is the process of improving our theories, and our preliminary main ideas were also affirmed and praised by relevant leaders and experts in the exchanges and discussions.

Based on the large amount of basic information accumulated in the previous investigations, our four research teams held seminars and exchanges every 7 – 10 days to repeatedly research and discuss the progress of case research and information arrangement and written norms from the beginning of November 2020, which indeed improved obviously the depth and representativeness of the case research. We hoped that the cases that we have sorted out can objectively reflect the current overall progress of the revitalization of rural industries in Henan Province.

On the basis of continuous investigation and discussion, we communicated and discussed deeply with local leaders at all levels. We preliminarily selected 53 representative cases of 8 regional models from the cases of the revitalization of rural industries of the city, county (city), township and village levels with important value and compiled and exchanged them as the preliminary research results of the four research teams at this stage. We hope that the practical cases explored and created by these frontline grassroots cadres and masses can provide an important reference value for the research on the revitalization of rural industries in Henan Province and further promotion of the revitalization of rural industries. We also hope that it can provide useful reference for the industrial revitalization in the similar rural areas in the country and even in the developing countries by the sorting and summary of these cases.

We hereby express our sincere thanks to the leaders and experts of the relevant professional offices of Department of Agriculture and Rural Affairs of

Henan Province, relevant cities, counties, towns and villages who strongly supported and assisted us and provided us directly or indirectly with a large number of first-hand information, the leaders of Industrial Office of Department of Agriculture and Rural Affairs of Henan Province and International Cooperation Office of Department of Finance of Henan Province directly related to the project management who timely provided us with assistance and guidance, and the leaders and relevant editors of Social Sciences Academic Press who provided us with enthusiastic guidance and coordination in the publishing!

However, due to our limited level of research, there may still be deficiencies in the research on the cases of revitalization of rural industries which are particularly concerned by the whole society. We sincerely hope that relevant experts and leaders in relevant fields can give us valuable opinions and suggestions.

December 20, 2020

まえがき

　　2020年5月、世界銀行ローンにおける中国経済改革促進と能力強化プロジェクト（TCC6）のサブテーマである「河南省農村産業振興のモデル探索と政策支援に関する研究」（B06-2019）が全面的に開始された以来、世界銀行プロジェクト担当者からの重視・指導、河南省農業・農村庁、河南省財政庁による強力支援・直接指導のもとで、プロジェクトチームは主に現場で総合的に調査・研究を行っていることで、さまざまな方策を講じて新型コロナウイルス感染症の影響を抑えて、夜を日に継いて南陽市、駐馬店市、新郷市、洛陽市、信陽市、濮陽市、焦作市、商丘市、鶴壁市、済源市などの河南省の10市、50県以上の現場に深く入り込んで調査・研究を行ったうえ、相次いで上海、江蘇、湖北、山東などの省・市へ赴き、焦点をあわせて調査も行っていました。農村の最前線に活躍している幹部や専門技術者と一緒に、農村産業振興に関わる地域モデルや政策支援の重点について真剣に把握、検討してきました。関係企業へ訪れ、意見交換を行うことで農村産業振興に対する企業家の認識及び政策・提案を直接理解しました。最下部の農家の方々に、農村関連政策の実施状況及びそれを更に調整するアドバイスを教えてもらって、農村産業振興への観念を確実に一新させる一方で、生産現場などの最前線から多数の新しい情報を学び・吸収し、第一線の幹部及び人々が農村産業振興に対する高い関心と熱意を深く感じられました。その上、私達の研究視野も広まれ、世界銀行がこのような研究課題を設定する重要性及び適時性を更に認識され、習近平総書記が提唱した「民族を復興するには、農村を必ず振興しよう」という重大戦略的意義を十分に理解して、この分野で深く、体系的に研究を続けている自信をさらに持っています。

　また、調査・研究、プロジェクトチームと何回も検討をしたもとで、あらゆる適切機会を利用し、この研究に直接関連する10つ以上の重要学術イベントに参加していきました。私達に対して、これは、理論的に強化していく過程である一方、交流や研究討論に参加していただいた指導者及び専門家から最初的主旨を肯定、賞賛していただきます。

　2020年11月の頭から、前期に持続的に調査・研究を行ったによって累積された大量基礎的情報をベースにし、4つの特別研究グループが7－10日ごとにシンポジウムを開催し、実例研究及び選択された情報に関する進捗状況を整理し、文章化規範を繰り返し研究・論議をすることで、実例研究に対する深み及び代表性を明らかに向上するので、整理された一連の実例が現在の河南省農村産業振興に関する全体的進捗状況を比較客観的に反映できるようと期待しています。

　連続的に調査・研究、論議をした上で、地方での各級指導者と何回も深く交流、検討を行って、重要価値のあると認められた市級、県(市)級、郷鎮級及び村級地域農村産業振興実例から8つの地域モデルでの53つの代表的実例を初歩的に選んで、この段階における4つの特別ブループの初歩調査・研究結果として纏めて、交流を行っています。これらの第一線幹部と民衆が探索・創造された実例が河南省農村産業振興への研究は農村産業振興を更に推進している重要参考価値、それにこれらの実例の整理と纏めを通して、全国、更に発展途上国における類似農村産業振興もこれを参考にしようと期待しております。

　これらの実例の調査・研究及び文章化を行っている過程で、河南省農業農村庁機関関連処、関連市、県、郷鎮及び村の指導者及び専門家の方々から多大なご支援・ご協力をいただき、直接や間接的に大量の一次情報を提供してくれ、プロジェクト管理に直接に関わる河南省農業農村庁産業処、河南省財政庁国際協力処リーダーの方々もタイムリーにご支援・ご協力をいただき、ここに誠に感謝の意を表します！また、社会科学文献出版社のリーダー及び関連編集者の方々が出版についても熱心な指導と協調をいただきについて、誠に感謝します。

　しかし、研究レベルが限られたので、社会全体が特に注目している農村産業振興実例に対してまだ不足点があると考えているもののが、関係専門家及び指導者の方々からの多く貴重な意見と提案をおいただけるようとお願いします。

2020 年 12 月 20 日

目 录

专题一 河南省乡村产业振兴模式案例研究

专题二　河南省种养业发展模式案例研究

专题三　河南省农产品加工业发展模式案例研究

专题四　河南省乡村现代服务业发展模式案例研究

河南省乡村产业振兴模式案例研究

课题组长：张占仓

坚持文旅融合发展　推动乡村产业振兴

——河南省新县乡村产业振兴案例

新县地处河南省南端、大别山腹地、鄂豫两省接合部，总面积 1612 平方公里，辖 17 个乡镇（区、街道）、206 个行政村（社区），总人口 36.8 万人，是全国著名的将军县，也是国家生态县、国家扶贫开发工作重点县和大别山集中连片特困地区扶贫攻坚重点县。近年来，新县坚持以习近平新时代中国特色社会主义思想为指导，全面深入贯彻落实习近平总书记关于文化和旅游融合发展的重要论述，依托丰富的红色历史、绿色生态、古色乡村资源，坚持"以文促旅、以旅彰文"工作思路，树牢"旅游兴县、旅游富民"发展理念，认真做好文旅融合发展大文章，构建全域旅游发展大格局，打造旅游强县富民大产业，走出了一条以文旅融合引领全域旅游、促进乡村产业振兴、带动农民增收的可持续发展之路，探索出了可复制、可推广的文旅融合发展"新县模式"。

一　主要做法

（一）做好顶层设计

立足"红色引领、绿色发展"的定位，将文化旅游事业作为发展主要方向之一，坚持整体推进，注重改革创新，强化支撑保障，扎实推动文旅融合和全域旅游发展。

一是强化组织领导。成立县旅游委，由县委书记任主任，由县长任第一副主任，明确一名副县长主管旅游，强化旅游委在政策协调、文旅融合、产业布局等方面的统筹领导，建立健全县有旅游委、乡有旅游办、村有管委会新的三级旅游管理体系，树立大抓旅游的鲜明导向。结合全县机构改革，整合文化、旅游、广电、体育职能，组建全信阳市唯一的文化广电和旅游体育局，由县政协副主席兼任局长，成立文物事务中心、文化旅游规划发展中心和非物质文化遗产保护中心，重组县文化馆、图书馆，构建"文广旅体"大盘子，消除文旅融合体制机制方面的障碍。

二是创新工作机制。完善公共文化服务体系建设协调机制，实现县、乡、村公共文化设施全覆盖。建立"1+3+N"旅游综合执法机制，创新设立旅游安监分局和食品安全监察大队，将旅游执法职能并入文化市场综合执法体系，实现文化旅游市场监管全覆盖。成立涵盖全县所有文化、旅游、体育企业的行业协会组织26个，完善行业自律机制。探索建立全域旅游统计指标体系，优选600个样本点，在传统旅游统计的基础上，增加乡村旅游消费、农业观光采摘等7个统计门类，尽可能客观反映旅游发展的实际情况。

三是完善要素保障。建立多元投入机制，组建文化旅游发展投融资平台，统筹整合项目资金和财政资金，设立"5个1000万"的产业发展引导资金，鼓励乡村内置金融投入建旅，支持工商资本下乡兴旅，实现政府筹资、部门争资、招商引资、市场融资、民间注资"多轮驱动"。对重大文化旅游项目招商采取"一事一议"的弹性引进制度，鼓励各类资本参与旅游开发。抢抓全国农村集体产权制度改革试点机遇，探索形成了以"三权分置、四股共享"为核心的改革路子，鼓励农民以土地承包经营权、林权、宅基地使用权等流转入股乡村旅游产业。实施"999"回归工程，鼓励外出人员返乡创业，实施"红城英才"计划，招录旅游专业大学生，通过"大别山旅游讲堂""红城管家"等培训，让更多专业的人做专业的事，为文旅融合发展提供强有力的人才资源支撑。

（二）突出山水特色科学规划

从2013年开始，开展连续3年的"英雄梦、新县梦"规划设计公益行活动，在规划建设过程中，坚持"三个尊重"，牢守"底线""红线"。

一是尊重自然生态。把生态环境作为旅游的根基土壤，倡树视山如父、视水如母、视林如子的生态理念，坚持不挖山、不填塘、不砍树、不截断河流、不取直道路，守好生态底色。

二是尊重历史风貌。坚持因地制宜、因势利导发展全域旅游，不大拆大建，不涂脂抹粉，不贪大求洋，保持村庄自然肌理，做到"修旧如旧"，把传统村落改造好、保护好。挖掘乡村传统文化积淀，建设非遗博物馆、村史馆等文化传习场馆，开发出民俗文化体验、传统文艺表演、农耕文化展示等特色文旅产品，重拾传统民俗技艺，举办乡村文化艺术节，展现最动人的乡俗乡愁，让有形的乡村文化留得住，活态的乡土文化传下去，守护乡村旅游的"灵魂"。

三是尊重群众主体。坚持为民做主不替民做主、强力推进不强迫推进，真正让群众唱主角，当政府部门、专家意见和村民意见不一致时，以村民意见为主；当大多数村民意见和个别农户意见不一致时，尽可能尊重个别农户意见，通过支部、"村规民约"来解决分歧，把群众力量凝聚起来、作用发挥出来，让村民真正有归属感、自豪感和幸福感，形成全员共建、全民共享的发展格局。

（三）注重文化资源挖潜

立足境内丰富的"红绿古"资源，深挖蕴藏其中的红色文化、山水文化、传统文化，将文化因素最大限度融入旅游之中，不断探索文旅融合新路径。

一是以红色文化引领研学游。抢抓国家"1231"红色旅游工程发展机遇，对全县 365 处红色遗址遗迹进行排查、保护，先后实施鄂豫皖苏区将帅馆、红四方面军将士纪念馆、河南省检察博物馆等精品工程 40 多个，重点对鄂豫皖苏区首府博物馆、烈士陵园和首府旧址街区等进行改造提升，建好红色景区。以大别山红色革命故事为蓝本，创作了《红色大别山》《少年李德生》等一批舞台剧、情景剧和红色歌曲，持续举办"千里跃进大别山·红色旅游助脱贫""牵手鄂豫皖·放歌大别山"等活动，不断增强吸引力和感染力。以大别山干部学院、大别山商学院为依托，深入挖掘大别山精神内涵，大力发展红色教育、商务培训产业，开发了现场式、访谈式、体验式等十余种教学方式，打造现场教学点，开展多层次红色旅游体验活动，构建了多门类教学体系，开班以来共培训学员 20 余万人。2016 年以来，红色培训需求日益增长，全县自发成立红色培训机构 17 家，年培训各地学员达 10 万人次。经中国质量认证中心评估，大别山红色教育旅游品牌价值高达 38.6 亿元。

二是以山水文化带动生态游。引进大别山露营公园公司建成大别山房车小镇,推进香山湖水上游乐园、大别山体育馆、武占岭漂流度假区等生态旅游项目建设,拓展旅游空间。建成全省首条500公里大别山(新县)国家登山健身步道,先后举办了国家登山健身步道联赛、全国百公里户外运动挑战赛、亚洲越野大师赛等大型体育赛事,步道经济繁荣发展。利用大别山四季花、四时景,坚持以花为媒、以花会友,打造"赏花济"旅游品牌,带动了旅游、民宿、餐饮等行业发展。发展以田园风光为依托的文化采风游,中央人民广播电台首个民歌采风基地、大别山摄影采风基地、大别山文学创作基地等落户新县,吸引更多游客追寻乡村故事、发现山水之美,推动"山水之乐"向"文化之乐"升级。

三是以传统文化助力乡村游。依托原生态古建、古树、古寨等风貌特色,坚持"修旧如旧"原则,将自然与人文、古朴与现代深度融合,打造了西河湾、丁李湾、毛铺等古村落休闲度假基地。依托"豫风楚韵"特色,激活以"乡村创客"为主题的创意游,用"双创"理念经营乡村,将创客平台植入乡村,打造了河南省首个乡镇层面的创客小镇田铺大湾。建成千斤乡农耕文化馆、奇龙岭民俗文化园、丁李湾古村落生态博物馆、大别山油茶文化公园等一批文化旅游精品项目,展现原生态豫南乡村的独特魅力。举办全国村晚盛典、大别山民间文化艺术节、大别山民俗文化节等系列大型文化旅游活动,拍摄《美在九镇十八湾》《西河恋歌》等多部乡村微电影,与中央电视台合作拍摄播出《中国影像方志·新县篇》,全方位展示新县民俗文化、饮食文化、农耕文化。

二 取得的成效

(一)扮靓了城乡颜值

发展全域旅游不仅能为广大游客提供优美的自然环境,还可以改善当地村民的居住环境。新县结合文旅融合、全域旅游开发,推进城乡建设总体规划和国土、住建、交通等专项规划的编制实施,推动旅游设施与城乡基础设施同步完善、旅游景区与城乡人居环境同步提升。在城区,围绕魅力县城建设和文明城市创建,持续加大市政建设投入,打造10分钟停车圈、10分钟公厕圈、10分钟公共文化服务圈、10分钟体育健身圈,营造主客共享的城市旅游环境。在乡村,实施美丽乡村生态新县建设三年和五年行动计划，坚持干净就是美、持续就是好，建立健全村收集、乡转运和县处理的垃圾处理机制，推广生活垃圾分类，实施垃圾污水处理 PPP 项目，推进"厕所革命"，新县被评为河南省"厕所革命"先进县；实施农村公路建设三年行动计划，百人以上自然村都通上了旅游公路，建成智慧旅游服务平台和旅游大数据中心，推动重点景区和精品乡村旅游点免费 WiFi 全覆盖。人居环境综合整治实现全覆盖，全县所有乡镇均创建成为国家级生态乡镇和省级以上卫生乡镇。

（二）拓宽了旅游空间

立足资源禀赋，推动红色文化游、绿色生态游、古色乡村游多彩融合。在平面布局上，重点建设"一城三线"精品旅游线路，打造"红绿古"三大旅游片区；在立体布局上，山上重点发展避暑休闲、观光览胜，山下重点发展乡村旅游、休闲自驾，中间重点发展特色文化、写生创作；在时间布局上，发展全天候、全时段四季游，打破旺季淡季界限，形成全景、全域、全时旅游经济生态圈。通过文旅融合、全域发展，推动旅游由"卖景区"向"卖全域"拓展，由"卖风景"向"卖文化"延伸，既解决了景区景点少的难题，又从同质化竞争的困境中成功突围。新县旅游实践呈现"有门无票、有区无界、有景无点"的鲜明特色，被新华社专题报道。

（三）促进了产业融合

围绕乡村旅游发展，全县建成"多彩田园、创业工程"产业扶贫示范基地 191 个，覆盖 3.6 万名贫困群众和所有贫困村。新县的好山好水好空气，出产好产品，游客走进乡村亲眼所见、亲身体验就是最好的广告，大大刺激了旅游商品消费。全县发展旅游商品加工企业 68 家，开发茶叶、油茶、葛根、山野菜等农副土特产品和特色手工艺旅游商品 340 多种，建成了一批村级旅游商品示范店，催热了备受欢迎的"后备箱"经济。同时，乡村旅游拉动了餐饮、住宿等相关服务业发展，全县发展星级宾馆 9 家、金银铜牌旅游饭店 155 家、豫风楚韵农家乐 700 余家、民宿体验场所 119 处。在乡村旅游的带动下，很多产业成为旅游的资源、配套的要素，促进了产业融合发展、结构优化升级。截至 2019 年，第三产业增加值占全县 GDP 比重由 2012 年的 33.5% 上升至 42.6%。

（四）助推了乡村产业振兴

深入挖掘开发乡村的文化资源、旅游资源、人力资源，把乡村"沉睡的资源"唤醒，变成财富、变成资本、变成乡村振兴发展的主渠道，带动了全县经济社会发展。截至目前，成功创建 4A 级景区 4 个、3A 级景区 14 个，鄂豫皖苏区首府革命博物馆晋升为国家一级博物馆，建成国家级森林公园、自然保护区、水利风景区、湿地公园各 1 处，省级湿地公园 2 处，29 个村入选河南省传统村落，12 个村入选中国景观村落，10 个村入选中国传统村落。2017~2019 年，全县旅游综合收入、游客接待量均保持年均 20% 以上的增长速度。2019 年，全县一共接待游客 1008.8 万人次，实现旅游综合收入 78.7 亿元。在全省县（市）区经济社会发展综合考核评价中，2014 年新县排名全省第 49 位，2017 年排名第 12 位，实现长足进步。2019 年 9 月，习近平总书记在新县调研考察时指出，新县"依托丰富的红色文化资源和绿色生态资源发展乡村旅游，搞活了农村经济，是振兴乡村的好做法"，对当地乡村振兴的做法给予了充分肯定。

（五）带动了脱贫致富

通过推广"政府主导+合作社带动+运营公司管理+贫困户参与"的乡村旅游开发模式，引导农户发展乡村旅游及相关产业，实现"入股股金、就业薪金、资产租金"多重收益，将乡村旅游发展成果最大限度转化为群众共享的红利。经过多年努力，全县 32 个空心村成为全国乡村旅游扶贫重点村，实现整体脱贫。全县旅游从业人员 5 万多人，84% 的贫困群众在旅游及相关产业发展的各个环节受益，吃上了"旅游饭"，人均年增收 5000 多元。同时，乡村文化旅游的发展，还为农民打开了一扇"睁眼看世界"的窗户，新观念、新思维和现代化生活方式的涌入，让村民开始重新打量生于斯长于斯的这块土地，文明习惯在养成，内生动力被激发，实现了扶贫与扶志扶智的双赢。新县发展乡村旅游助力脱贫攻坚、助推乡村振兴的做法被央视《焦点访谈》、《新华每日电讯》专题报道，被《河南日报》、河南电视台《河南新闻联播》连续报道。2017~2019 年连续三年河南省旅游扶贫现场会在新县召开，新县率先在大别山区脱贫摘帽，被确定为河南省旅游扶贫示范县、乡村振兴示范县。

三　发展启示

（一）文旅融合必须加强组织领导

文化和旅游融合不是简单的拼凑，是涉及深层次的交互和合作，党建是文旅深度融合、有效发展的前提和保障。只有不断加强与改善党对文化旅游事业发展的领导，最大限度发挥党建的引领作用，才能真正理顺文旅融合体制机制，全面整合文化旅游资源，构建利益联结共同体，切实激发全域旅游发展活力，真正将文化旅游作为一个有机的、完整的整体加以推进，同时也才能更好发挥基层党组织的战斗堡垒作用和党员干部的先锋模范作用，为旅游发展提供持续有力的组织保障和人才保障，推动文旅产业做大做强。

（二）文旅融合必须以文化为灵魂

文化是旅游的灵魂，旅游是文化的载体，充满文化特色的景区，才是富有竞争力的景区。只有把本地特色文化挖掘好、利用好，让每个地方都有一个引人入胜的故事、有一段传诵古今的佳话，才能彰显独特魅力，放大发展优势，让文化旅游产业更具生机和活力。新县借助创建国家全域旅游示范区的契机，深入挖掘红色文化、山水文化、民俗文化等具有"豫风楚韵"特色的文化资源，把文化元素注入景区景点，融入特色商品，植入吃住购娱等各环节，将旅游要素烙上文化符号，让游客在参观美景的同时享受文化大餐、感受文化魅力，使游客愿意来、留得住、能消费。

（三）文旅融合必须以群众为主体

人民群众是当地乡村振兴的主体。新县在乡村旅游发展中，始终坚持把群众意见放在重要位置，为民做主但不替民做主、强力推进但不强迫推进，调动了广大群众的积极性、主动性、创造性，让群众参与到旅游发展各环节，并从中广泛受益，形成了推动旅游发展、乡村建设的强大动力。乡村产业振兴，首先是人的振兴。在推进乡村振兴中，必须坚持以人民为中心，紧紧依靠群众、充分尊重群众、广泛发动群众，注重发挥群众的主体作用和首创精神，让群众在发展中出一份力、建一份功，增强荣誉感归属感，提升获得感幸福感，激发出努力奋斗的内生动力和推动产业发展的巨大活力，让乡村产业振兴与发展有动力、可持续。

（四）文旅融合必须以品牌为依托

"酒香也要勤吆喝。"要想做好文旅融合这篇"大文章"，必须做好宣传、做强品牌。新县牢树"大宣传"理念，通过打造田铺大湾、西河、丁李湾等一批特色精品旅游村，叫响了"九镇十八湾"旅游品牌，通过打造提升大别山干部学院，形成了全国知名的红色教育品牌，"山水红城、健康新县"的美誉越来越响、越传越远。旅游产业竞争日益激烈，更要进一步利用宣传媒介、创新宣传方式、加大宣传力度，把舆论声势造起来，把旅游品牌树起来，提升景区景点的知名度和美誉度。

发展全域旅游　促进乡村产业振兴

——河南省栾川县乡村产业振兴案例

栾川县地处豫西伏牛山腹地，总面积 2477 平方公里，总人口 35 万人，森林覆盖率 82.7%，环境空气优良天数常年保持在 310 天以上，是生态旅游和矿产资源大县，也是国家级贫困县和秦巴山区连片扶贫开发重点县。近年来，栾川县把全域旅游作为引领全县经济社会发展的主要抓手，努力将生态环境资源优势转化为经济社会发展优势，实现了城市乡村景区化、景区发展全域化、旅居福地品质化，初步构建了游"奇境栾川"、品"栾川味道"、住"栾川山居"、购"栾川印象"的全域旅游产业链条，走出了一条全域旅游带动乡村振兴促进农民增收的绿色发展新路子。

一　主要做法

（一）加强"三个引领"

一是加强战略引领。坚持把旅游产业作为强县富民的支柱产业来打造，将"旅游富县"作为县域经济发展三大战略之一，形成"全社会参与旅游发展，全区域营造旅游环境，全领域融汇旅游要素，全产业强化旅游引领，全民共享旅游成果"的发展模式。原国家旅游局将栾川模式总结为"全域景区发展型"，作为全域旅游五种典型模式之一进行推广。

二是加强规划引领。高标准高质量编制了《全域旅游发展规划》《休闲农业与乡村旅游精准扶贫项目规划》《旅游重点村发展规划》等 31 项旅游专项规划，初步形成了包含总规、控规、项目设计等层次分明、规范有效、相互衔接、执行有力的全域旅游规划体系。

三是加强组织引领。成立由县委书记任政委、县长任指挥长，全县 15 个乡镇、50 个县直单位为成员的全域旅游示范区创建指挥部，定期协调解决重大问题。将全域旅游发展纳入全县目标考核,考核结果作为奖优罚劣和干部选任的重要依据。自 2016 年以来,县财政每年预算单列 1 亿元以上旅游发展专项资金和 1500 万元以上旅游营销专项资金,年均增幅达 10% 以上。三年来,财政资金撬动社会资本累计投资涉旅项目 116.8 亿元,占全县项目年度投资总额的 60% 以上。

(二) 强化"六项创新"

一是创新投入机制。提出工业反哺旅游号召,引导县内民营企业家累计投资近 50 亿元注入旅游业,老君山、重渡沟、伏牛山滑雪乐园、抱犊寨、龙峪湾、伊水湾大酒店、伏牛山居温泉度假村等一大批亿元以上的旅游项目落地投用,实现了"中国钼都"的绿色蝶变。全县景区数量达到 15 家,其中 14 家由社会资本投入。目前,全县已建成 2 个国家 5A 级景区、7 个国家 4A 级景区,以及 5 个 3A 级乡村景区。

二是创新金融支持方法。制定出台了《金融支持栾川全域旅游发展实施意见》,主要通过设立信用村、开展旅游景区经营权质押和门票收费权质押等方式,盘活金融资源,加大投融资金支持力度,已累计向旅游景区、农家宾馆等各类旅游经营主体发放贷款 15 亿元。与国家开发银行合作,投资 6 亿元实施 45 个村在内的 150 余个休闲农业乡村旅游精准扶贫项目,开发特色乡村旅游产品,目前已打造岭上人家、铁路小镇等特色乡村旅游点 35 个。

三是创新用地政策。紧紧抓住国家级旅游业改革创新先行区机遇,制定出台了《生态旅游与环境保护衔接工作方案》,提出旅游用地分类体系,盘活宅基地的公共资源属性,科学引导农村居民有序发展乡村旅游。同时,结合农村集体产权制度改革和林业综合改革,探索多种农民集体土地、林地利用方式,带动乡村旅游发展,促进旅游精准扶贫。

四是创新管理方式。围绕优化旅游市场发展环境,率先成立了国内首个县级旅游警察大队,组建旅游联合执法队,成立旅游巡回法庭、旅游工商分局,形成旅游治理"1+3+N"新模式。为提升农家宾馆服务质量,在全省率先开展农家宾馆"10 个一""44 个有"标准提升行动,明确经营农家宾馆的 44 个必备条件,顺利完成全县 1119 家农家宾馆提升改造,同时在各旅游专业村成立农家宾馆协会,推进提升管理和共同约束。

五是创新营销模式。策划推出"奇境栾川"旅游目的地形象品牌,持续在央视等主流媒体叫响栾川旅游品牌。连续两年成功举办"老家河南,栾川过年"、迎新马拉松比赛等系列活动,打造冬季游品牌。连续三年在全国率先举办高速公路免费活动,累计接待游客395万人次,实现旅游综合收入26.3亿元,直接、间接带动13万人参与旅游经营服务,开启了"旅游+交通+扶贫"新模式。积极应对疫情影响,创新开展"暑假游栾川,你来我买单"旅游惠民月活动,持续推动生态"凉"资源变为旅游"热"经济。

六是创新旅游服务。树立"游客永远是对的"理念,发布栾川旅游"十个不"公开承诺,严格规范旅游从业行为。如果从业人员违背承诺与游客发生冲突,将会被列入黑名单,并受到通报、约谈、罚款、停业整顿等不同方式的处理。而对于表现突出的先进单位,县里拿出专项资金进行奖励。近几年栾川的旅游服务质量得到了明显提升,比如,重渡沟景区推行"游客消费行为投诉先行赔付",涉嫌价格欺诈两倍赔付,老君山、鸡冠洞等景区对游客投诉"当日内反馈","老君山一元午餐服务游客"等文明旅游典型事例多次被央视报道。

(三) 推动"三个转变"

一是把贫困村转变成美丽乡村。邀请专业机构对全县贫困村进行资源摸底,编制出《栾川县贫困村旅游资源调查报告》,根据各地地理位置和资源禀赋,将全县乡村旅游业态划分为"景区依托村、田园乡愁村、深山空心村、特产带动村"四种类型。其中,景区依托村通过优化旅游环境,完善旅游配套服务,实现景区辐射带动乡村旅游发展。比如,依托重渡沟景区带火了重渡村、北乡村,依托养子沟景区带火了养子沟村,依托龙峪湾景区带火了庄子村、卡房村、蒿坪村等。目前,7个核心景区已带动26个行政村发展旅游,受益群众达3万余人。深山空心村就是借助易地搬迁政策,将村内土地、房屋等闲置资源进行整合提升,发展乡村旅游项目,带动群众回村就业。通过此种模式发展起来的有石门、垢峪、拨云岭、祖师庙等村,受益群众3000余人。田园乡愁村就是借助保留较好的"原生态""原生产""原生活",引导群众以"留住乡愁、回味田园、体验农耕文化"为主题,发展户外营地、采摘游、写生摄影等旅游项目。通过此种模式发展起来的有柳坪、唐家庄、杨山等15个村,受益群众2万余人。产业带动村就是通过土地流转发展特色种植养殖，坚持农旅融合，配套开发观光、采摘、垂钓等休闲农业项目，拓展农产品销售渠道，提高农业经济效益。比如，狮子庙镇发展虹鳟鱼养殖产业，在6个行政村4条沟规模化养殖冷水鱼100余万尾，总鱼塘面积达7万余平方米，配套了餐饮、住宿、休闲设施，参与群众90余户，户均年增收3万余元，实现就业2000余人。同时结合人居环境改善，实施美丽乡村项目150余个，全面推进"厕所革命"，大力开展全域国土绿化和生态景观廊道建设，特别是在主要道路和重点景区沿线乡镇，按照突出乡土特色、保持自然风貌的原则，全面实施了民居"平改坡"改建工程，乡村的"颜值"和"气质"实现质的提升，昔日贫穷落后的穷山沟变成了人人向往的"桃花源"。

二是把农产品转变成旅游商品。县财政每年拿出1000万元作为专项引导资金，通过财政贴息、以奖代补等方式，支持鼓励个人、企业和农业合作经济组织等参与旅游商品开发。目前，通过努力全县已培育出旅游商品企业35家，通过国家无公害农产品认证和绿色食品认证的旅游商品达20余种。依托20多家涉农企业发展扶贫产业基地27个，打通"土地流转挣租金、入股分红挣股金、务工就业挣薪金"的增收渠道，辐射带动2万余名群众增收致富。按照"政府引导、企业运营、市场运作"的原则，大力推进"品牌+企业+基地+贫困群众"的乡村产业发展模式，全力打造"栾川印象"区域农产品品牌，发展扶贫基地27个，先后带动1751户贫困户、5250人增加了收入。如今，栾川的玉米糁、土蜂蜜、柿子醋等山货"出山"，都打上了"栾川印象"的标签，身价倍增，成为游客购物车中的"新宠"，原来农村随处可见的"土坷垃"，变成了脱贫致富的"金疙瘩"。

三是把贫困群众转变成旅游从业者。通过实施金融帮扶、专业培训和标准化管理，鼓励群众发展农家宾馆、农耕体验、特色民俗等项目。大力发展普惠金融，让有意向的农户有资金发展旅游。2017年以来对新发展农家宾馆的贫困户，每户提供5万元贴息贷款，发放价值3000元的配套设施，进一步激发贫困群众参与旅游业、通过产业发展脱贫的信心和决心。积极引导群众参与与乡村旅游密切相关的交通、娱乐、商贸等配套产业，鼓励群众发展农耕体验和特色民俗项目，引进劳动密集型休闲观光农业和旅游商品加工企业吸纳群众就地就业。目前，全县有31个贫困村发展成为旅游专业村，有2万余名贫困群众从中受益，2085户6693名贫困群众直接参与到旅游发展中来。持续开展经营管理、服务技能、烹饪技能、文明礼仪等技能培训，为农民转化为旅游从业者提供智力支持。目前，当地80%以上的旅游从业人员接受过县旅游部门或劳动部门的专业培训，持证上岗率达98%以上。据统计，全县总人口的30%直接或间接从事乡村旅游，32%的贫困群众通过乡村旅游实现稳定脱贫。

二　取得的成效

近年来，通过发展全域旅游，栾川先后成为国家首批中国旅游强县和国家级旅游业改革创新先行区、河南省首家国家级生态县和国家"两山"理论实践创新基地。

（一）以全域旅游打造山区乡村产业振兴的主战场

栾川县15个乡镇中有13个乡镇拥有旅游景区，每个乡镇均有一个乡村旅游示范村和一条沟域经济示范带，充分激发了"菌、药、果"等优势生态资源的价值，带动了"栾川印象"区域农产品品牌提质升级，形成了6大系列107款产品，年销售额1.8亿元，山区土特资源转化为附加值更高的旅游商品，提升了特色农业、休闲康养等各类乡村产业的发展水平。沟域经济得到快速发展，建成7条市级沟域经济示范带，全县沟域年产值达到23亿元，辐射带动4.6万人实现增收致富。自2016年以来，通过发展全域旅游，全县农家宾馆数量由原来的750户增加到现在的1442户，农家宾馆直接从业人员由2200人快速增加到3880人，带动从业人员由13.4万人增加到17.1万人，形成了重渡沟、庄子、协心等全省知名的乡村旅游发展典范村。自2014年以来，栾川接待游客量连年突破1000万人次。2019年，全县共接待游客1638.1万人次，实现旅游总收入96.3亿元，旅游业增加值占GDP比重升至16.5%，成为当地经济发展的支柱产业。2013年5月19日，时任副总理汪洋到重渡村调研乡村旅游工作时指出，重渡沟发展乡村旅游，实现农民脱贫致富，在全国都有借鉴意义，重渡沟的经验值得推广。

（二）以全域旅游增加农民的收入

栾川县以乡村旅游为载体，充分发挥其在经济、环保、民生等方面的带动优势，61个村被列为全国乡村旅游扶贫重点村，占建档立卡贫困村的

81%。31 个贫困村把乡村旅游作为扶贫主导产业，乡村旅游作为扶贫主导产业的村占建档立卡贫困村的 37%。近两年，共有 4063 名贫困群众通过开办农家乐、销售土特产等形式实现稳定脱贫，占同期全县建档立卡脱贫人口的 34.5%。2019 年，栾川正式退出贫困县序列，全县 97% 的贫困人口实现脱贫增收，贫困发生率由 2017 年的 8.25% 下降至 0.31%。

（三）以全域旅游创造脱贫攻坚的新模式

栾川县提出的全景栾川（全社会参与旅游发展，全区域营造旅游环境，全领域融汇旅游要素，全产业强化旅游引领，全民共享旅游成果），与国家全域旅游发展理念高度吻合。2014 年，全景栾川课题报告编入旅游专业研究生教材。2016 年国家旅游局将栾川模式总结为"全域景区发展型"，在全国推广。2018 年，重渡沟带贫模式入选世界旅游联盟旅游减贫案例。2019 年，栾川县旅游产业扶贫的做法入选全国精准扶贫典型案例。2020 年 7 月 8 日，《人民日报》头版刊发《生态饭才是长久饭》文章，对栾川围绕生态保护发展乡村旅游、带领群众精准脱贫的典型案例点赞。

三 发展启示

多年来，栾川在发展全域旅游方面的探索和实践，正是模范践行习近平总书记"两山"理论和以人民为中心发展思想的样板。在这一过程中，栾川县通过实施一系列有力有效的举措，让发展全域旅游成为促进乡村发展农民增收的重要途径和抓手，形成许多值得借鉴的经验。

（一）发展全域旅游必须加强组织领导

近年来，栾川旅游之所以能取得一定成效，最主要的原因就是全县各级党委政府始终坚定贯彻习近平生态文明思想，始终坚持绿色发展理念，以全域旅游为主导，以乡村旅游为重点，拓宽视野，加强谋划，主动作为，全面提升，推动经济社会高质量发展。特别是近年来，栾川县委县政府坚持统筹谋划、靠前指挥，成立工作领导小组，切实强化对全域旅游建设工作的总体设计和组织推动，从规划、资金、人才等方面支持项目建设，最大限度形成工作合力，带动全域旅游发展，促进群众增收，取得了显著成效。在县委县政府的领导下，逐步形成了党委领导、政府主导、部门协作的全域旅游发展格局,全县全域旅游发展体系持续完善,区位优势和资源潜力得到了充分发挥和释放。

(二) 发展全域旅游必须以人民为中心

习近平总书记指出,发展现代特色农业和文化旅游业,必须贯彻以人民为中心的发展思想,突出农民的主体地位,把保障农民利益放在第一位。栾川县按照习近平总书记的要求,牢固树立以人民为中心的发展思想,推进全域旅游发展,不断满足人民日益增长的美好生活需要。近几年来,栾川县大力开展全域绿化、全域水系清洁等全域生态环境建设,森林覆盖率、林地保有量等稳居河南首位,PM_{10}、$PM_{2.5}$ 浓度实现稳步下降,空气优良天数等指标实现稳步提升。通过农村厕所革命、生活污水治理、垃圾治理等不断改善农村人居环境,乡村旅游接待游客量连年攀升,在满足群众对新鲜空气、干净水源、健康食品等普惠生态产品需要的同时,增强了群众的获得感、幸福感、满足感。

(三) 发展全域旅游必须做优旅游项目

发展全域旅游必须要科学制定社会与经济发展规划、旅游中长期规划,扎实做好旅游景点、旅游项目和旅游资源的合理利用,制定优惠政策,加大招商引资力度和招商引资质量。栾川县坚持旅游业态和旅游项目"谨慎选择、定位精准、档次高端、规模适中、适当超前"的原则,充分做好市场调研,征求专家意见和建议,与上级主管部门密切沟通,使项目业态符合上级旅游总体规划和发展方向。经过不断地丰富旅游业态、做优旅游项目,栾川的全域旅游发展已经进入了良性循环,绿水青山正发挥出源源不断的经济社会效益。

(四) 发展全域旅游必须走共建共享之路

全域旅游建设涉及广泛,不仅需要政府部门统筹推进,更需要全社会的积极支持和共同参与。

一是强化金融支持,深化旅游投融资改革,加强农村信用体系建设,依托金融机构推出普惠性信贷产品,积极向旅游景区、农家宾馆等各类旅游经营主体发放贷款,解决景区融资、个人贷款难题。

二是积极建设"景区+银行+政府+村委+协会+商户+OTA"共同参与的模式，借助现代信息技术，统筹景区各项资源，通过公司化运作，建立适合景区自身的消费模式和盈利模式，加大旅游产品的增值服务能力。

三是重视乡村旅游管理运营。项目落地实施前就考虑以后的运营管理，吸收借鉴外地发展乡村旅游的先进模式；加强与专业团队合作，提高乡村旅游专业化水平。通过有效整合资源要素，提高旅游项目的运营效率，确保全域旅游更好促进农民增收，同时也调动了村民参与发展全域旅游的积极性。

"巧媳妇工程"撑起乡村一片天

——河南省淮滨县乡村产业振兴案例

淮滨县位于河南省东南部、淮河中上游,因滨临淮河而得名,是中华蒋姓祖根地、楚相孙叔敖故里、鄂豫皖革命老区的重要组成部分。1952年因防汛救灾需要,析固始、息县各一部分组成淮滨县。县域面积1209平方公里,辖15个乡镇、4个街道,总人口82万人。淮滨是传统农业大县,农村人口近60万人,每年外出务工人员达30万人,仅农村留守妇女就有20多万人。为有效解决留守妇女就业问题,促进农村和谐发展,近年来,淮滨县在上级妇联和省服装协会指导下,结合实际,选好产业,大力探索推进"巧媳妇工程",把农村留守妇女这一庞大的群体转化成为承接产业转移的有效资源,让留守妇女在家门口就业。由于"巧媳妇工程"的迅速推进,促进了农民增收脱贫,推动了乡村产业发展,引领了精神文明建设,撑起了农村的一片天。

一 系统谋划强推进

(一)统筹部署

淮滨县委县政府深入学习贯彻习近平扶贫开发重要战略思想,贯彻落实中央精神和省委要求,高度重视"巧媳妇工程",坚持把推进"巧媳妇工程"与促进农民增收脱贫、产业发展、精神文明建设相结合,站位全局,系统谋划,统筹推进。县委主要领导亲自设计,县委常委会专门研究部署,将"巧媳妇工程"纳入全县党建"3458"工程,与党的建设、党风廉政建设等"八大工程"同部署、同推进,充分发挥广大妇女、妇联组织和"巧媳妇工程"在脱贫攻坚、乡村产业振兴中的独特作用,促进了农村经济社会发展。

（二）精心实施

成立了由县委副书记为指挥长，以妇联、工信、工会和各乡镇为成员的"巧媳妇工程"指挥部，制定了《淮滨县"巧媳妇"万人脱贫行动实施方案》，提出具体实施措施，为"巧媳妇工程"实施提供保障。

（三）观摩推进

将"巧媳妇"纳入党建"3458"工程观摩范围，定期组织四大领导、县直单位和各乡镇进行观摩打分，量化考核，有力推动了"巧媳妇+"工程的实施落地。

二　产业振兴强载体

实施"巧媳妇工程"，产业是基础。淮滨县结合主导产业和扶贫产业发展需要，积极培育一批技术含量适中、就业覆盖面广、适合农村产业发展的"巧媳妇工程"项目，满足留守妇女就地就业的需求。

（一）主导产业助力"巧媳妇工程"

借产业转移大势，积极培育化纤纺织服装产业集群，按照"全产业链专业园区"发展思路，规划建设了16个相互关联、互为配套的纺织服装"区中园"，已发展纺织服装企业142家，年产值119亿元，成为信阳市唯一超百亿级纺织服装产业集群，被中纺联授予"中国新兴纺织产业基地县"。把总部、研发和组装环节放在产业集聚区，把劳动密集的生产加工环节放在家门口，科学布局，建成扶贫车间23个，吸引农村妇女就近就业，带动从业人员2.78万人，妇女占65%以上。

（二）特色产业带动"巧媳妇工程"

结合"多彩田园"示范工程，立足县情实际，确定了弱筋小麦、稻渔种养、渔网编织、芡实、双孢菇、猫爪草等26项特色产业，培育形成了王店稻渔种养之乡、马集渔网编织之乡、期思芡实之乡、张里雪松之乡、三空桥花木之乡、谷堆蔬菜之乡、邓湾桑蚕之乡、王家岗猫爪草之乡、防胡构树小镇、台头双孢菇小镇等"一乡一业、一村一品"的发展格局，为

"巧媳妇工程"实施提供了坚实基础，26项特色产业联结贫困户1.95万户，户均年增收5000元以上。

（三）双联盟模式强化"巧媳妇工程"

现实中，产业发展存在"小散乱"的局面，单打独斗，各自为战，成效不佳。为此，全县探索建立了"党建联盟+产业联盟"双联盟促产业发展模式，以党建为纽带，让党组织发力，让党员示范引领，把妇女群众链在产业链，解决就近就业难题。目前，根据全县26个特色产业的发展特点，构建26个产业联盟，同步建立26个党建联盟，新培育壮大龙头企业56家，发展带贫企业138家，建成产业扶贫示范工程182个，大批农村妇女成为产业发展骨干力量，有效推动"巧媳妇工程"实施。

三 全面动员齐参与

（一）大力宣传营造氛围

在县电视台、《今日淮滨报》开辟专栏，大力宣传报道，用身边事教育身边人，鼓励妇女就近就地就业创业，引导企业积极助力"巧媳妇工程"。

（二）评选表彰树立典型

积极组织开展巧媳妇企业和巧媳妇典型的评选活动，广泛深入挖掘"巧媳妇"企业和"巧媳妇"等典型，涌现全国巾帼建功先进集体1家、省巧媳妇示范基地2家、市巧媳妇示范基地10家、县巧媳妇示范基地15家，受市妇联表彰的巧媳妇20名，省服装协会表彰的巧媳妇7人。如县巧媳妇基地爱斯卡服饰有限公司，主要生产女士内衣，现有制衣设备120台，员工67人（全为妇女），其中带贫35人，年生产内衣70万条，车间与国内多家知名外贸企业合作，有力带动群众增收。

（三）专班跟进促进落实

充分发挥县、乡、村三级妇联组织作用，县乡村三级妇联组织具体领办"巧媳妇工程"和全县23家扶贫车间提质工作，围绕"巧媳妇工程"、扶贫车间、建设标准、提质环境卫生等开展督查摸排，组织开展巧媳妇技能大赛，吸引妇女参与，鼓励巧手致富，实现妇女就业和巧媳妇企业提档升级相互促进。目前，全县有六大类 111 家巧媳妇企业，带动 3712 名妇女就业，其中建档立卡贫困妇女 814 人。

四　创新模式扩成果

（一）强化政策支持

当地先后组织出台了《关于产业扶贫"多彩田园"示范工程的奖补意见》《关于推动产业+金融带动贫困户脱贫攻坚的实施意见》《关于发展壮大村级集体经济的指导意见》《惠农扶贫贴息贷款合作协议》《四位一体支持新型农业经营主体融资合作协议》等一系列优惠政策，鼓励支持引导客商、企业、个人投身产业扶贫和"巧媳妇工程"，引导巧媳妇企业在人员密集、留守妇女较多的地方设立加工分厂、联系点，将原材料、生产器具送到地域偏远，因病、因残、因年龄等不能集中进厂务工的人群手中，送设备材料上门、回收产品上门，让不同年龄、不同技能、不同身体状况的人群均能有活干。

（二）创新发展模式

贴合当地实际，创新发展模式，推动"巧媳妇工程"与不同产业、企业结合，扩大实施效果，已初步形成"巧媳妇+服装加工""巧媳妇+家政服务""巧媳妇+种植养殖""巧媳妇+电子商务""巧媳妇+手工编织""巧媳妇+粮油加工"六大类"巧媳妇"企业，吸纳贫困妇女居家就近、灵活就业。通过"巧媳妇"企业帮助更多农村留守妇女在家就业、就近就业，既照顾了家庭，又实现了增收。

（三）开展技能培训

编制了《淮滨县职业教育扶贫技能培训规划（2017~2020）》，通过雨露计划、电商培训等方式，加强"巧媳妇工程"人才培训，为巧媳妇参与发展产业提供全面的农村实用技术培训支持。

五　联动发力促和谐

坚持把"巧媳妇工程"融入脱贫攻坚和乡村产业振兴大局中，以"巧媳妇工程"为引领，结合扶贫扶志和乡村文明建设，充分发挥"巧媳妇工程"的社会效益。

（一）引领乡风文明建设

发挥组织起来的"巧媳妇"们，在新时代文明实践所（站），积极参与各类宣讲活动，教育引导广大群众遵纪守法，孝老爱亲，移风易俗，革除陋习，提高文明素养，提升道德境界，建立文明新风尚。

（二）开展"最美家庭"争创活动

坚持示范引领，围绕"培树淮滨好家风·争创淮滨好家庭"主题，开展十佳"最美家庭"、"最美贤内助（廉内助、好婆婆、好媳妇）"争创活动，挖掘、选树和宣传群众身边感人的家庭故事，传承家庭美德，以良好家风撑起良好的社会风气。

（三）繁荣乡村文化

在县"文艺轻骑兵"组织引导下，组织巧媳妇们编排演练节目，如《懒汉脱贫》《扶贫政策宣传歌》《撸起袖子加油干》等，利用文化活动广场，开展文艺演出，以文"化"人，让文明新风浸润人心，以文化振奋贫困群众的精神，促进乡村和谐发展。

六　几点启示

（一）加强组织领导是乡村产业振兴的保障

近几年，地处偏远的淮滨县之所以能够依托"巧媳妇工程"快速推进服装产业发展，确实与淮滨县委县政府领导高度重视、倾力支持密切相关。针对各地都在探索的乡村产业振兴之路，为什么有些地方成效显著，而有些地方至今成效并不明显，这除了与当地的地理环境、产业基础、人才条件等要素关联以外，更为重要的是当地领导的重视程度。正是由于淮滨县主要领导的重视与大力支持，过去并没有服装产业发展很大优势的一个县，短短几年期间，就快速形成服装产业集群，既为乡村产业振兴找到了科学可行的路子，又为老百姓脱贫致富提供了适合的就业门路，可谓一举多得，值得称赞。

（二）"巧媳妇工程"在中西部地区乡村产业振兴中具有重要的示范引领效应

近些年，伴随全国性产业转移的浪潮，我国东南沿海地区不少产业由于用工成本、环境容量等，不得不转移到适合其发展的新区域。服装产业是典型的用工量比较大的行业，其转移的主要趋势之一就是寻求劳动力资源丰富的地区。因此，广东、福建、浙江等省很多服装企业都在向中西部地区转移。河南省妇联与河南省服装协会联合推进的"巧媳妇工程"顺势应时，在河南省劳动力资源比较充裕的县市引进大量沿海地区的服装企业，既解决了当地留守妇女就地就近就业问题，也为乡村产业振兴搭起一个具有示范引领效应的产业发展平台。这是促进乡村产业振兴的地域模式，值得相关地区学习借鉴。

（三）乡村产业振兴需要当地制定必要的优惠政策

在我国城乡发展不协调的背景下，大部分乡村地区最大的发展短板就是缺乏产业支撑，而要比较快地促进当地某一个乡村产业发展，在产业发展土壤并不肥沃的天地培育新的产业，确实需要与所培育的产业息息相关的阳光雨露，也就是与之相适应的产业生态要素。这些新的支持新产业发展的相关要素，需要在学习借鉴外地经验的基础上，适时制定出台与当时本地想要加快发展的产业相关的舆论环境、项目来源、资金条件、用工方法、财税支撑等支持政策。只有实事求是地创造了必要的营商环境，才可能较快地培育出适合在当地发展的乡村产业，淮滨县近几年发展服装产业所走过的路，就是一个很典型的例证。

"巧媳妇工程"助推服装产业集群发展

——河南省西平县乡村产业振兴案例

在河南各地实施的"巧媳妇工程",主要是通过引导女能人创业办项目,以各类巾帼示范基地、专业合作社等为平台,帮助农村贫困妇女和留守妇女等掌握一技之长,实现在家门口或者在家就业脱贫,促进乡村产业振兴、农民安居就业致富的一种产业发展模式。2016年以来,西平县委县政府以嫘祖服饰文化为依托,围绕"五大新发展理念",充分利用"西平裁缝"这个全国优秀劳务品牌的专业技能人才优势,切实做好嫘祖文化与服装产业发展的有机"嫁接联姻",与河南省服装行业协会密切合作,大力推进"巧媳妇工程"。以智能制造为导向,把产业产能下沉到乡村,以创新的混合所有制模式,发展农村集体经济,以建立中心工厂+卫星工厂的形式,安排农村剩余劳动力在家门口或自己家里上班,并吸引外出务工人员返乡创业或就业,有效推动了纺织服装产业集群发展,使纺织服装产业成为西平县的主导产业之一。

一 产业集群发展

高标准建设产业集聚区,提高发展服装产业的规模和层次,吸引优质服装纺织企业入驻,以高效能的服务集聚企业,以便提供更多就业岗位、更充足的创业空间,形成更好的产业集群效应。

(一)龙头带动打造全产业链条

把服装产业纳入"十三五"经济社会发展规划,在全县实施百亿级产业集群培育工程,以龙头带动、集群配套为主导发展壮大服装产业,积极培育年产值100亿元的服装产业集群。在服装产业发展过程中,按照产业链配套完善的需要,缺什么,补什么,逐步形成完整的产业链,强化服装产业发展的联动性和产业链的完整性。

（二）搭建平台完善园区基础设施

在县产业集聚区规划建设了占地 5.31 平方公里的嫘祖服装新城。该服装新城分为智尚工业园、CBD 中心、大型工厂区、专业物流区、专业市场、生活社区六大板块。其中，智尚工业园是以入驻小微服装生产企业为主的大型服装生产基地项目，总规划面积 1000 亩，一期工程占地 393 亩，已建设厂房 26 栋共 11 万平方米，职工住宅 36 栋共 9.6 万平方米，生产服务和生活服务设施 3.6 万平方米。歌锦服饰、华之诺服饰、新思维服饰、卡朱米服饰等 40 余家品牌企业入驻投产，成为迪斯尼、优衣库、HM、九牧王等多个知名服装品牌的代加工基地。智尚工业园二期在总结一期成功经验的基础上，突出产业、文化与城市设计的融合，倾力打造服装产业的新高地、新业态。

（三）拓展规模招大引强

新规划了占地面积 616 亩、总建筑面积 45.4 万平方米的新区。其主要功能布局有生产厂房区（33.4 万平方米）、仓储配送中心（2.9 万平方米）、生活居住区（8.7 万平方米）、展销中心及品牌发布中心、孵化研发大楼。项目集研发、设计、培训、展示、加工、时尚发布、电商、物流等为一体，以"时尚、科技、绿色"为引领，吸引大中型服装生产企业、品牌企业以及上下游配套企业入驻。现以智能针织、纺织为招商方向启动招商工作，溢丰智能针织已于 3 月份先期入驻，一期投资 8 亿元，购买厂房 4.5 万平方米，目前已新上智能双系统电脑织机 1400 台，截至 10 月底出口额已达到 3500 多万美元。金慧纺织、锦缘服饰、德沃环保等企业相继签约入驻，目前正在进行厂房装修，服装产业快速集聚的态势已经形成。

（四）活动推动扩大服装产业影响力

加大与中纺联、省服装行业协会合作，先后谋划举办了 2015 年中纺联产业转移工作会议、2015 年河南省服装大会、2018 全球纺织供应链大会、2019 年中纺政研五次会员大会暨纺织服装企业党建工作会、2019 年中国纺织品进出口商会外贸转型升级会、2020 年中国服装品牌直播大会、大变局下纺织服装行业创新发展论坛等活动，增加西平在行业内的知名度和影响力，助力形成服装产业集聚发展态势。

二 促进就地就业

近年来，为进一步做好引导和促进县内外劳动者向西平县服装企业转移就业工作，真正解决农民工就业问题，大力实施"巧媳妇工程"，县产业集聚区管委会主要采取了以下几项措施。

（一）出台优惠政策

制定出台服装企业用工优惠政策，吸引劳动者到服装企业就业。2019年4月12日，县政府办公室印发《西平县产业集聚区服装企业用工暂行办法》（西政办〔2019〕25号），出台了以下几项优惠政策：服装箱包类企业职工入职后，其子女入园、入学由政府出资，免收从幼儿园到初中阶段的保教费、餐饮费和住宿费等；职工夫妻二人均在服装箱包类企业工作满6个月以上并与企业签订1年以上劳动合同的，优先提供40平方米的公共租赁房，免收租金；在服装箱包类企业工作满6个月的外地（县外）员工，县政府每月给予100元的探家费交通补贴；县内员工县政府每月给予20元的探家费交通补贴，每季度兑现一次。每月为在服装企业连续工作6个月以上的员工发放一定的生活日常用品，自2019年7月已发放约60万元的生活用品；在产业集聚区新建立公交总站，开通城乡、城区公共交通线路，方便职工生活等。

（二）深入开展招工宣传活动

通过宣传横幅、宣传版面、宣传彩页、广播、电视、网络、手机信息、城区内LED显示屏滚动播报等多种形式，大力宣传企业形象和用工环境，营造浓厚的招工氛围；根据适龄劳动人口就业调查情况，结合各个企业的用工需求，以乡镇、村组为单位，组织有就业意向的劳动者、外出务工返乡人员等召开由乡镇人员、企业人员、劳动者参加的座谈会，宣传西平县的用工环境和招工优惠政策，做好外出返乡人员的引导劝留工作。

（三）持续开展招聘对接活动

根据企业需求，抓住春节前后的有利时机，组织开展高规格的招工动员大会，各乡镇（街道办事处）、县直各单位组织辖区内有求职意向的劳动者参加招工动员大会，为用人单位与劳动者之间牵线搭桥；有效利用乡镇集市，采取企业与乡村联动的方式，开展乡企联姻巡回招聘会，将用工岗位需求信息送到千家万户；开展异地招工洽谈活动，通过采取"走出去、招进来"的方法，鼓励各单位到劳动力资源比较丰富的外市县进行招工洽谈，积极引进外地劳动者到西平县就业。

三　典型引领乡村产业振兴

积极开展产业扶贫工作，推动由"输出劳动力"向"召回生产力"转变，加强服务保障，高标准、全方位为农民工返乡创业保驾护航，树立创业典型，以产业集群发展助推乡村振兴。

（一）支持返乡创业

综合运用财政、税收、金融、产业等各项经济调节政策促进就业，通过社会保险补贴、税收优惠、小额担保贷款等扶持性政策，鼓励有条件的农民工积极创业就业。全力做好返乡农民工创业享受担保贷款财政贴息工作，严格落实降费退税等优惠政策，为创业者提供资金支持。截至目前，全县已发放创业担保贷款 391 笔，共计 5230 万元。注重发挥返乡人员创业典型，如西平籍创业典型领秀服饰董事长陈永斌、盆尧镇陈老庄村"巧媳妇"标兵陈会丽等的示范引领作用，引导返乡农民工尽快从"打工者"转变为"创业者"。

（二）积极发展产业扶贫项目

根据西平县脱贫攻坚领导小组办公室下达的 2020 年度产业扶贫项目投资计划，河南省溢丰源针织服饰有限公司等九家公司与柏城办事处、杨庄乡两个乡镇办事处 18 个行政村签订合同，使用村集体经济资金 603 万元，购买织机 119 台，按 10% 进行分红，目前第一年分红资金 60.3 万元已经分红到位，带动 552 户贫困户增收，实现贫困户稳定脱贫。溢丰纺织规划在乡镇设立 10 个缝盘车间，领秀服饰、棉娃娃童装、佳羽服饰分别在出山、嫘祖、宋集设立扶贫车间，帮助 160 人就近就业，以产业带动脱贫攻坚。

（三）发挥典型带动作用

充分发挥返乡创业人员典型事迹的示范引领作用，继续做好优秀农民工"返乡创业之星"评选工作，引导返乡农民工尽快从"打工者"转变为"创业者"，开创"一人返乡创业，带动致富一方"的良好局面，促进县域经济快速发展。截至目前，在"西平县返乡创业之星"评比活动中，共计评选出 10 名返乡创业之星，其中 2 名为建档立卡贫困户。通过这些典型带动，以更多兴办产业的方法促进了农民增收，加快了乡村振兴步伐。

四 持续推进服装产业发展的思考

（一）着力解决用工难题

继续与省服装协会合作，大力推动"巧媳妇工程"。成立西平县人力资源产业园，动员企业与多家人力资源公司合作，政府拿出一定的人力资源再就业培训资金，成立服装培训学校，培育有理想守纪律技术精的产业工人。重点做好产业工人培训工作，出台好政策、培训好员工、建设好园区、招来好企业。继续扩大宣传服装产业发展态势，引导就近就业。

（二）加大龙头企业引进的力度

在珠三角、长三角等服装企业集中、服装产业链条完善的地区设立招商办事处，开展驻地招商，重点瞄准全国百强服装企业开展"点对点"招商，吸引一批实力雄厚的企业如中哲集团、森马等知名服装品牌来西平县投资，用他们的经营理念、知名品牌带动西平县服装产业更快、更好地发展。同时，以大企业的规范管理，吸返更多的人员在家乡就地就业。

（三）加大基础配套设施建设力度

建设高标准产业工人小区以及学校、医院等配套设施，吸引就业。全县范围内出台鼓励在家乡就业优惠政策，加大对外出人员的吸返效应。围绕安家去招工，工人安居才能乐业；聚人气，才能聚才气。

（四） 加强延链补链招商

继续加强与中纺联和河南省服装协会的合作，做准做精产业发展定位，厘清发展方向，重点向智能针织产业和知名服装品牌企业侧重。推动纺纱、织布、印花、服装加工和电商销售等全产业链条发展，实现产业集聚，形成更好的集群效应。

（五） 鼓励贸易先行

引进知名贸易公司，形成巨大的接单生产能力，引导企业实现资源优化配置，逐步改变过去"小、散、弱"等单打独斗的局面，创造更加活跃的贸易环境。规划布局规模较大的专业服装市场，强化批发功能，完善电商平台等配套设施建设，以发展大市场带动产业大提升。

五 几点启示

近几年，通过实施"巧媳妇工程"，西平县纺织服装产业集群发展，确实对乡村产业振兴起到了显著的推动作用。

（一）"巧媳妇工程" 实施成效显著

近年来，在"巧媳妇工程"的推动下，西平县纺织服装产业快速发展，在全国的影响力快速扩大，先后被评为"中国纺织服装转移试点县""国家智慧型纺织园区试点""中国服装制造名城"，2018 年智尚工业园被评为"河南省农民工返乡创业示范园"。截至 2020 年底，该县产业集聚区入驻纺织服装企业已由 2016 年的不足 20 家增长到 62 家，服装产业工人由不足 2000 人增加到 7000 余人，年生产服装 8000 万件，产值达 50 亿元，服装产业已成为当地乡村产业振兴的主要支柱。

（二）"巧媳妇工程" 非常适合中西部地区乡村产业振兴的需要

服装行业是女工用人大户，在"巧媳妇工程"推动下，越来越多的河南服装企业下沉产能到贫困乡村兴办加工点，让众多农村女性在村镇里的服装工厂工作，不用再舍家弃子外出务工。有人真情实感地说，"我从不敢想有这么好的事，既能照顾老人、小孩，还能在家门口干自己喜欢的工作"。有些地方甚至把机器带回家里，让女工在家里上班，工作时间灵活，既可以照顾家庭，每月还能挣三四千块钱，工作持家两不误。因此，这种产业发展模式深受农村女工欢迎，适合在中西部地区乡村产业振兴中推广应用。

（三）产业集群有利于促进县域经济高质量发展

服装加工属于劳动密集型产业，无论是早期第三意大利的探索，还是现在中国沿海地区产业向内地转移中的实践都证明，通过科学规划、合理引导逐步形成产业集群，利用产业集群本身的资源优化配置的机制，既可以降低企业的生产成本，又有利于所有企业的创新发展。因此，产业集群发展是提升产业核心竞争力的有效途径，对县域经济高质量发展意义重大。

做活沟域经济　助推乡村产业振兴

——河南省洛宁县乡村产业振兴案例

洛宁县按照"产业为基、生态为先、文化为魂、融合为要"的总体要求，坚持"政府主导、农民主体、市场运作、社会参与"原则，通过规划先行、上下联动，把发展沟域经济带作为加快农村产业结构调整、推动一二三产业融合发展、实现农业农村现代化的有效抓手，积极谋划、强力推动沟域经济发展，走出了一条生态美、产业兴、百姓富、可持续的乡村产业振兴之路。

一　坚持政府主导

（一）加强组织领导

成立洛宁县沟域经济项目工作领导小组，建立沟域经济建设常态化联席会议制度，每季度召开 1 次会议，针对沟域经济建设发展中存在的问题，及时研究解决，促进沟域经济健康快速发展；制定《洛宁县沟域经济建设工作方案》，明确县农业农村、文广旅、林业等部门和各乡镇工作职责，形成齐抓共管、上下同心的沟域经济建设新局面。

（二）做好顶层设计

按照县规划总规和乡村振兴相关规划，完善《洛宁县沟域经济发展规划》，按照"一乡一沟域、一沟一模式、一沟一特色"的总体思路，科学布局、统筹规划、重点打造，目前全县 18 个乡镇都在谋划打造沟域经济示范带。

（三）健全工作机制

加大宣传力度，在全县营造强力推进沟域经济发展的浓厚氛围，严格落实月报告制度，随时掌握沟域经济发展工作动态，强化过程监督；建立专项督查机制，一季度一督查，并适时组织召开现场观摩推进会，及时解决沟域经济发展中存在的问题；严格综合考评，从沟域经济发展规模、累计投资、经济效益、生态效益、社会效益等方面对沟域经济示范带进行考核考评，及时总结选树先进典型，形成正向激励机制。

二　坚持产业为基

围绕沟域资源禀赋和特色优势，选准产业，合理布局，打造一批产业特色鲜明、发展规模适度、综合效益明显的产业生产基地，着力延链补链，夯实经济发展基础。

（一）重点发展主导产业

把以苹果、金珠沙梨为主的林果业和以肉牛、肉羊为主的草畜业作为全县主导产业，实施"果牧兴农"工程，推动"两优四化"，大力培育优质林果主产区、畜牧业特色品牌，为沟域经济发展提供坚实支撑。截至目前，全县种植苹果、金珠沙梨、樱桃等水果面积32万亩，肉牛、肉羊饲养量分别达到13.41万头、16.69万头。

（二）积极发展绿色产业

把发展有机农业和富硒农业作为践行绿色发展理念的有效抓手，着力构建"以市场为先导、以品牌为引领、以企业为龙头、以科技为支撑、以政策为保障"的有机农业产业化发展平台，形成以"基地为点、产业为线、产品为面"的产业发展新格局。截至目前，完成牡丹、核桃有机证书认证5张，基地规模累计1.73万亩，完成林果业、种植业有机证书认证41张。

（三）大力培育特色产业

强力实施亩均效益倍增计划，因地制宜发展优质杂粮、油用牡丹、食用菌、中药材等特色高效种植业，以越夏特色蔬菜和食用菌基地为重点，推进全县蔬菜产业带基地建设。截至目前，在长水、马店等地发展蔬菜种植 1.5 万亩，在兴华、下峪等地发展中药材 2 万亩，在兴华、陈吴等地发展食用菌产量达 1000 万袋，在赵村、罗岭等地发展油用牡丹 3 万亩。

三　注重产业融合

坚持把沟域经济与休闲农业、乡村旅游、国土绿化、路网改造等工作相结合，因势利导、顺势而为，探索接地气、有特色、能致富的一二三产业融合发展新业态。

（一）以特色农业为主导打好"农旅牌"

依托上戈镇优质苹果主产区打造豫西苹果谷沟域经济示范带，依托马店镇优质金珠沙梨主产区打造洛宁关庙沙梨谷沟域经济示范带，融合"生态、田园、科普、宜居"和"高效农业、观光农业"等诸多元素，培育海升、众森、荣盛等大型苹果生产企业 7 家，建成金珠沙梨小型加工厂、苹果气调库等项目，发展苹果节、梨花节等节会活动，打造"现代农业之窗、城乡统筹之区、生态观光之谷"。

（二）以特色文化为主导打好"文旅牌"

依托罗岭乡洛书文化打造玄沪河洛书小镇沟域经济示范带，将现有的香楸湾山居及讲理村和未来建设的洛书院遗址串点成线，以点带面，形成以洛书文化研学为灵魂，集文化体验、主题游乐、田园养生、休闲采摘、文化创意于一体的农文旅融合示范区。依托总投资 3.45 亿元的三彩陶艺村打造洛阳三彩陶艺村沟域经济示范带，重点建设提升爱和小镇旅游项目、石佛山摄影基地、花树凹农宿等项目，连续举办多届油菜花、向阳花观赏节、三彩中国年、农庄采摘节等活动，年游客量 8 万余人次，旅游综合收入达 2000 余万元。

（三）以休闲旅游为主导打好"综合牌"

依托小界乡"体育+休闲旅游"资源完善提升春山溪谷沟域经济带，通过建设春山溪谷、红腹锦鸡摄影基地、房车基地、自行车营地等项目，打造以"自行车营地"主题规划理念为核心，集休闲运动、度假康养、体育培训于一体的综合性沟域经济带，目前，已与省体育局签订长期战略合作协议，并授牌洛宁"全省自行车训练基地"，省内地市队也相继签订基地培训协议，稳定了发展培训经济的对象。截至目前，全县通过沟域经济示范带的打造建设，发展特色产业，吸纳就近就地务工，现有沟域经济示范带已带动农户 3394 户 14477 人长期稳定增收致富，其中贫困户 238 户 865 人。

四　擦亮文旅品牌

洛宁县历史悠久，历来以"洛出书处""仓颉造字""伶伦制管"三源文化著称，按照"文化和旅游相互支撑、相互促进、优势互补"的理念，集聚社会资源，着力打造豫西山区富有地域特色的生态文化旅游功能区、居民休闲度假养生堂和全国休闲农业与乡村旅游示范县。

（一）传承弘扬洛书文化

在我国传统文化中，"河出图，洛出书"影响深远，而"洛书"则是洛宁独有的文化名片。为了弘扬和保护好著名的洛书文化，洛宁县成立了河南省洛宁县洛书研究会，在境内有灵龟负书的玄沪河和神龟山、洛书院等文化遗存的罗岭乡玄沪河上游规划建设了洛书文化产业园，突出洛书文化特色，以印象·春楸生态园和讲理特色文化村为核心，建设了讲理堂、洛宁故事园、乡村大食堂、养生窑院等，以具体形象的方法阐释洛书故事。绘制了二十四节气图，建成洛宁记忆馆，以及木栅栏、木门、木地板等古今辉映元素，展示洛宁县独特的河洛文化和豫西民俗文化。依托禹门河基地和洛书文化产业园等项目，全面普查有关洛书文化的历史传说、古籍、文献等，全面构建洛书文化研究保护体系，打造永宁书院，开发洛书文创产品和产业，向公众推出集特色农业种植、现代拓展训练及摩崖、河洛文化探秘等一系列蕴含包括佛家文化、孝道文化等传统文化价值的河洛文化研学游，成为吸引游客的亮点。

（二）打造"一乡一品"特色小镇

坚持以"融合"的理念发展乡村旅游，以地方特色优秀乡村文化筑根培魂，以丘陵山区环境优美为依托，围绕春赏百花、夏纳清凉、秋品果香、冬体民俗，唱响唱好洛宁文化旅游的"四季歌"，打造集山区生态涵养、美景休闲观光、特色文化体验等为一体的业态丰满的牡丹小镇。在赵村土桥村牡丹花海观光园内，栽植观赏牡丹和油用牡丹1500余亩，囊括近百个牡丹名优品种，建设了牡丹主题公园、主题酒店、四季展馆、康养中心、农家乐和窑洞宾馆。围绕兴华镇丰富的竹林资源，以兴华传统豆腐工艺制作体验与展示、微缩盆景创作和竹林康养等为特色产业支撑，扎实推进"竹梦小镇"建设，培育创意产业新业态，促进了洛河沿岸各乡镇的竹文化旅游。充分利用琅华馆贴碑刻和丰富的历史遗存，通过发展民营博物馆，保留传承地方传统文化元素，规划建设洛宁县博物馆、洛书博物馆、农耕博物馆、三彩博物馆、矿业（黄金）博物馆等，融入全洛阳市"博物馆之都"建设的总体格局之中，并彰显洛宁特色。积极建设洛书小镇、足球小镇、体育小镇、金果小镇、三彩陶艺小镇等一批沟域特色经济小镇，推动文化旅游与生态、农业、工业、体育、休闲、娱乐等深度融合发展，积极争创国家全域旅游示范区。

（三）建设自驾游基地

充分利用境内的山水田园特色和沟域风光优势，适应城市游客热门自驾游的需要，重点建设东宋镇渡洋河、神灵红叶、涧口乡鳔池村、陈吴乡八百坡、兴华镇全宝山等自驾游营地，吸引了大量自驾游客人，不断激发文化和旅游消费潜力，提升当地文旅目的地的影响力。把全县丰富多彩的生态环境优势转化为旅游产品优势、产业优势和品牌优势，配合旅游需要，宣传推广洛宁十大名吃，讲好洛宁青山绿水故事，打造洛水山肴区域农产品公用品牌，打响"洛宁八珍"绿色品牌。适应现在绿色消费的需要，打出"有机牌"和农旅融合"组合拳"，构建文旅发展新优势。同时，依托底张乡李翔梧故居、李翔梧革命烈士纪念馆、上戈初心广场等红色文化资源，积极吸引红色旅游客人，宣传洛宁"红色沃土"文化旅游品牌。

通过以上多方面的持续努力，洛宁县已经初步形成生态度假游、田园观光游、历史文化游、红色研学游、运动休闲游、乡村采摘游、垂钓康养游、工业矿山游、地坑民俗游、自驾露营游等较为完善的全域全时旅游产品系列，探索走出了一条符合洛宁实际的全域旅游发展的新路子。

五　发展启示

（一）沟域可以成为一种地方特色的产业资源

按照传统观念，低山丘陵地区干沟豁豁，地势不平，对经济发展非常不利。但是，观念一变天地宽。在广大百姓向往美好生活的现代社会，当我们把沟域作为一种特殊资源进行管理与经营时，却释放出有地域特色的发展乡村产业的独特魅力。因为发展文旅的需要，当地积极打造美丽村镇，成为文旅热点。2020 年 11 月 25 日，2020 年度"中国最美村镇"评选活动颁奖典礼在上海举行。经过多轮比拼，洛宁县罗岭乡从全国 5000 多家参评的村镇中脱颖而出，成为全国 7 个荣获"生态宜居成就奖"的村镇之一，地方生态宜居特色进一步彰显，为当地沟域经济可持续发展注入了新的活力。

（二）丘陵山区发展沟域经济潜力巨大

近几年，洛宁县通过积极实践探索证实，丘陵山区沟域经济发展空间比较大，对当地百姓创业就业具有很大的吸引力。通过地方政府的高位规划与基层百姓的努力创新，促进了沟域经济的可持续发展，而且形成了比较好的发展基础和愿景，进一步发展潜力巨大，凸显了丘陵山区的地域资源优势。

（三）沟域经济发展需要因地制宜

我国中西部地区丘陵山区面积非常大，各地都有各具特色的沟域资源。对于不同地区的各类沟域资源，如何充分考虑其所处地域的独特性，规划设计出乡村产业的科学、可行、可靠方案，确实需要因地制宜，突出特色，以利沟域经济可持续发展。

（四）发展沟域经济要融入地方特色文化基因

沟域本身是一种自然景观，由于周边长时期以来有人类活动，就或多或少留下很多历史故事，这就是地方特色文化。如果通过挖掘这些地方性的文化资源，能够讲成有味道的故事，就容易产生吸引力，转变成一种公众喜闻乐见的沟域文化产品，成为当地持续开发利用的文化资源。文化的魅力是可持续的，开发利用并进一步弘扬地方特色文化资源，往往成为乡村产业振兴的重要依托。

（五）发展沟域经济要始终以产业振兴为本色

乡村振兴，产业是关键。沟域地区由于地形复杂，条件各异，可能拥有独特的青山绿水，或有绮丽的自然风光，或有地方特色的土特产，或有当地居民的熟悉的传统技艺等。充分利用沟域地区的这些特色资源，突出一二三产业融合的主题，坚定不移发展乡村产业，使当地经济发展进入现代社会，摆脱过去长期依靠农业生产的约束，就能够创造新的就业岗位，改变千百年来沟域地区缺乏现代产业支撑的局面，为老百姓创造更加充裕的财富资源。由产业支撑的地方经济形态的转变，是促进乡村产业振兴的着力点。

发展沟域经济　推动乡村振兴

——河南省嵩县饭坡镇乡村产业振兴案例

饭坡镇地处嵩县东北部，襟一湖而连三径，交通便利，环境优美，文化厚重，全镇 102 平方公里，辖 17 个行政村 2.8 万人。嵩县龙潭沟域经济示范带是洛阳市 2020 年新确定的沟域经济示范带之一，按照"生态优先、产业兴旺、文化为魂、乡村宜居"的发展思路，以沙坡村为中心，规划面积 68 平方公里，辐射 11 个行政村 1.3 万人，设计四大功能区，涵盖五大产业带。目前，吸纳社会资金 2.7 亿元，2020 年度谋划的五大项目全面完工。创建省级森林乡村成功挂牌、龙潭沟乡村 3A 旅游景区成功创建，获得 2020 年全市沟域经济年度考核一等奖，初步实现了社会效益、经济效益和生态效益的有机统一，为乡村产业振兴奠定了良好基础。

一　主要做法与成效

发展沟域经济是践行"绿水青山就是金山银山"生态理念的具体行动，是诠释黄河流域生态保护和高质量发展国家重大战略的生动实践，是造福山乡群众推进乡村产业振兴的有力抓手。2020 年以来，饭坡镇克服疫情不利影响，激发内生动力，发展循环经济，通过实施生态示范工程，促进沟域经济示范带健康稳步发展。

（一）以绿为基优化生态

饭坡镇属于典型山地丘陵地貌，人多地少，土地贫瘠，资源匮乏，十年九旱。为改变这一面貌，饭坡镇在规划沟域经济方案时首先坚持绿色发展、生态优先。在植绿覆绿方面，投资 1400 万元，栽植绿化苗木、发展绿色产业 6000 亩；绿化通道 7.5 公里；铺设草皮 1 万余平方米，绿化美化庭院 310 户；一沟一产业、一域一特色，致力打造嵩县荷花园、陆浑芦苇荡、阡陌桑蚕园，擦亮山区绿色底色。在生态公益设施方面，投资 2500 万元对 5 个村道路两侧进行亮化美化，铺设了污水管网 12000 米，硬化了道路 6000 米，建设特色小广场 5 个、生态停车场 4 个，配套建设旅游公厕和游客集散中心。在中心村改造方面，投资 600 万元完成 88 户农宅豫西民居式改造，别具特色建设小花池 150 个、生态游园 9 个、文化挡墙 15 处、小微景观 50 余处。通过持续的生态提升，变劣势为优势，逐步实现"廊道林荫化、产业绿色化、庭院园林化、村庄景区化"。生态好了，环境靓了，群众幸福感日益增强，为生态旅游开发和第三产业蓬勃发展奠定了坚实的基础。

（二）以业为核造福百姓

培育支柱产业，向荒山要效益，变村落为景区，沙坡先行。一是龙头企业带动，大力发展林下种养业。引进洛阳乾舜农业公司，依托 3200 亩核桃产业园和千亩国家储备林，实施嫁接改良新技术，林下种植青蒿、板蓝根等中药材 2000 余亩，林下散养土鸡、肉牛等畜禽 5 万头（只）。引进浙江商盟公司，林下散养巴马香猪，年出栏 2 万余头。采取"公司+基地+农户"模式，间接带动 272 户群众致富，户均增收 1 万余元，村集体增加收入 30 万元。二是整合环湖优势，打造时令水果采摘长廊。依托石榴、葡萄、寿桃等时令水果，打造环湖近 3000 亩绿色采摘长廊，通过电商中心实施网络销售，拓展群众增收渠道。带动 360 余户群众实现持续增收，户均年增收 15000 余元，效益可观。三是发展桑蚕种养，打造新时代东方丝绸之路新起点。以洛阳阡陌桑田公司为依托，建设 4000 亩绿色桑蚕基地，保底收购稳产业，深加工增加附加值，辐射带动沿线 11 个村 680 户户均增收 6000 元以上，群众实现家门口创业致富。四是强化农事体验，建成张园千亩中药材基地。由合作社统一管理，种植芍药、丹参、牡丹等中药材 1500 亩，带动 300 户群众户均年增收 5000 余元。五是大力发展生态游，促进百业兴旺。2020 年龙潭沟成功创建 3A 景区后，国庆期间，游客达十余万人次，平均一个商户日营业额 3000 余元。如今风景区周末游带动 50 多户农民变商户，在家门口开始兴业创业。在实施示范带项目建设中，解决就业 4000 余人，让全镇"林、药、牧、菌、游"五大产业更具旺盛生命力。

（三）以文为要促进文旅融合

一是做好人才文章。持续引进乡土人才，培育一批致富能手，带动群众家门口创业致富。尤其在中心区打造后，在外厨师、建筑工匠纷纷加入乡村建设中，带动返乡创业近200人，昔日荒凉的村落如今一片生机勃勃。二是做好生态文章。倡导绿净美，健康饭坡行。高质量举办荷花节、芍药节和采摘节，马拉松、攀岩、拓展训练等活动，广泛宣传助力生态旅游开发。三是做好人文文章。通过招商引资开发建设禹王山、伊姑冢、曲里温泉和龙潭峡谷，强化文旅融合，不断加快强镇富民进程。

二　进一步发展的举措

（一）招商引资壮大乡村产业

发展为要，招商增活力。一是与青岛米格公司签订协议，投资5000万元，在沙坡村建设七彩滑道等娱乐项目。二是与天明公司签订投资意向书，拟投资8000万元，实施康养中心、研学基地等项目。三是与婚纱摄影公司签订协议，拟种植鲁冰花、迷迭香等花卉苗木，打造新型婚纱摄影基地。四是招商引进和鼎公司，投资1亿元，开发建设自驾游营地。五是同阡陌公司签订合作协议，发展桑蚕产业，不断拉长产业链，新上桑蚕制品蚕丝被、桑叶茶及中药材深加工项目。通过大招商，引入社会资金，为沟域经济发展注入强劲活力。

（二）塑造乡村文化品牌

文化为魂，品牌是关键。一是深入挖掘大禹治水生态文化，充分发挥历史典故作用，让大禹精神在河洛大地广泛传播。二是全力开发伊姑冢，使伊尹文化广泛流传，为沟域经济发展注入深厚文化内涵。三是充分利用曲里村的温泉资源，全面打造文旅结合新典范，促进康养产业发展。

（三）创新驱动乡村产业发展

产业为基，效益是根本。一是巩固提升传统优势产业，加快产业产品的品牌认证和宣传，与"嵩上好礼""洛阳源耕"等公共品牌相结合，提升产品附加值，不断发展壮大产业规模。二是尝试开发新型产业，招商建设中、小学生课外实践基地，让参与者在体验中增进生态发展理念，树立积极向上的人生观。三是全力发展旅游业。依托地方特色文化资源优势，丰富发展乡村旅游新业态，促进群众稳步增收致富。

（四）强化管理服务

发展沟域经济，推进乡村振兴，是一个复杂的系统的民生工程，不可能一蹴而就，更不能昙花一现，为此饭坡镇将成立沟域经济管理机构，配备专人，保障经费，明确分工，常抓不懈。建立清新的政商关系，营造良好的发展环境，确保把该沟域经济示范带建成名副其实的民心工程、样板工程。

三　对发展沟域经济的初步认识

（一）沟域经济是新时代山区乡村产业振兴的重要抓手

"仓廪实而知礼节，衣食足而知荣辱。"饭坡镇通过对发展沟域经济的探索和实践，真实感受到了沟域经济发展在带动山区发展中的重要性，也进一步增强了加快沟域经济发展的信心，特别是在发展沟域经济过程中要始终不渝地把发展乡村产业放在最突出的位置。产业兴，百姓富，是饭坡镇乡村振兴的硬目标。

（二）对沟域经济还需要进一步提升认知水平

在发展沟域经济初步取得明显成效的基础上，饭坡镇需要进一步加强学习，系统认识沟域经济的新内涵、新内容，加大推进地方特色经济发展的工作力度，强化操作性对策措施，努力探索一条符合当地老百姓需要的发展沟域经济、推动乡村产业振兴的新路子。

（三）基层地域沟域经济发展需要更多的政策支持

作为一个山区乡镇级基层地域，在发展沟域经济过程中遇到的各种政策性障碍仍然比较多，对于想干的许多事情也缺乏充足的资源支持。因此，作为涉及当地老百姓切身利益的乡村产业振兴的大事，期望有更多比较明确的政策支持，以利为提高老百姓收入水平创造更加厚实的平台。

（四）发展沟域经济需要强化生态优先理念

按照"绿水青山就是金山银山"的理念，打造山区天然氧吧的独特品牌，把当地的生态环境建设得更加优美，以吸引更多的产业、资本与人才向绿水青山集聚，让高质量的绿水青山逐步培育出造福百姓的金山银山。

发展特色养殖加工　促进乡村产业振兴

——河南省泌阳县夏南牛产业发展案例

夏南牛是以法国著名的夏洛来牛为父本，以我国著名的南阳黄牛为母本，采用杂交创新、横交固定和自群繁育三个阶段，开放式育种方法，先后历时21年培育而成的肉用牛新品种，主要由祁兴磊带领的科研团队完成。2007年1月，在该肉牛原产地河南省泌阳县通过国家畜禽遗传资源委员会牛专业委员会评审。2007年6月，农业部发布第878号公告，宣布中国第一个肉牛品种——夏南牛诞生。该牛具有适应性强、生长发育快、耐粗饲、易育肥、肉用性能好、肉质细嫩、遗传性能稳定等优良特性。2015年，夏南牛产业已被河南省政府列为25个重点发展项目之一，驻马店市委市政府也把夏南牛产业列为重点发展项目。泌阳县立足于该品种原产地与对全套技术掌控完整的优势，把夏南牛饲养、加工做成了当地乡村产业振兴的标志性产业。

一　做大做强夏南牛产业

泌阳县通过提升种群品质、扩大养殖规模、培育龙头企业、打造知名品牌、完善产业链条等途径做大做强夏南牛产业。

（一）着力提升种群品质

一是积极实施核心育种场搬迁工程，建设高档肉牛育肥中心，提纯扶壮、扩群繁育，培育优质高档肉牛。二是开工建设集夏南牛院士工作站、博士后科研流动站、夏南牛技术研发、系列产品开发、活畜电子交易、产品期货交易为一体的高起点、高规格、高标准的工程研发中心，着力打造夏南牛科研、开发、集中展示、电子交易平台。三是积极开展夏南牛与日本和牛、安格司牛杂交利用工作，培育优质肉牛新体系，拓展市场适应能力，加大高档牛肉的产品开发力度，以满足不同层次的市场需求。

（二）着力扩大种群规模

采取政府补贴扶持、优惠政策引导、派驻干部驻村帮扶、设置专项基金贷款扶持、组织专业技术人员指导五项措施，实现夏南牛产业规模化发展，确保夏南牛规模养殖场和饲养数量在短期内有大幅度提升。

（三）着力做强产业龙头

在加大招商引资力度、拉长产业链条的同时，加大对龙头企业的支持力度和服务力度，积极帮助企业解决融资、用地、用工等方面问题，为企业做大做强打好基础。鼓励龙头企业积极开拓国内、国际市场；支持企业进口活体肉牛和冰鲜肉，收购兼并国内、国外相关企业；支持龙头企业建立企业总部，打造"总部在泌阳，原料来自全国，产品销往全球"的产业发展新模式。

（四）着力打造知名品牌

加大夏南牛品牌策划包装、宣传推介和市场营销力度，不断提升夏南牛产品的市场占有率和竞争力。同时，着力完善肉牛交易体系、冷链物流配送体系，大力发展连锁、直销、专柜等实体经营和"互联网+"等网络经营，拓宽产品外销市场空间，真正实现夏南牛由中国第一肉牛品种到第一肉牛品牌的提升。

二　支持龙头企业发展

依托龙头企业河南恒都食品有限公司（以下简称"恒都公司"）建设河南恒都肉牛产业集群。恒都公司依托国内第一个专门化肉牛——"夏南牛"的品种优势和当地农业资源特殊禀赋，2011年8月在泌阳县投资兴建肉牛产业化项目，是一家集肉牛养殖、屠宰、分割加工、冷藏、销售于一体的国家级农业产业化重点龙头企业。

（一）实施品牌战略

创建品牌是高质量发展特色产业的重要举措，恒都公司入驻河南泌阳7

年多来，致力于推动夏南牛产业由品种优势向品牌优势的提升，把发展夏南牛产业作为当地农业产业化特色产业和实现产业扶贫的重点支柱产业来培育，通过培育产业品牌、做大产业规模，带动贫困人口脱贫致富，现已建成了集"种、养、加"于一体，"产、供、销"一条龙的夏南牛产业链。公司经营业务涵盖了夏南牛科研开发、规模养殖、屠宰分割、精深加工、市场营销、冷链物流、产品研发、饲草饲料种植及加工、有机肥生产等领域，基本实现了一二三产业深度融合发展。

（二）实行规模带动

恒都公司现已全面建成集牧草种植、饲料加工、肉牛繁育、生态养殖、屠宰分割、精深加工、市场营销、冷链物流、产品研发于一体的肉牛养殖加工全产业链。从长计议，注重培育企业的核心竞争力，在基础养殖、市场运作、科技创新等方面始终走在了行业的前沿。目前，已在泌阳建成2个存栏规模2万头以上的肉牛标准化育肥核心基地，成为全国肉牛养殖规模最大的领军企业。同时，在泌阳县内及周边地区联结56个夏南牛规模养殖专业经济组织，订单式肉牛产销，又在内蒙古、云南、辽宁、河北等地设立肉牛采购中心，为企业高质量可持续发展提供了源源不断的牛源保障。

（三）促进一二三产业融合

面对新冠肺炎疫情的冲击，在食品等很多产业建立健全完整的产业链，不仅可以有效提高产业发展的整体实力和核心竞争力，也是推动县域经济高质量发展的有效途径。为此，恒都公司以"强链、延链、补链"为重点，补短板、抓关键，针对公司内良种繁育、基地建设、精深加工环节薄弱等问题，以全产业链开发为着力点，全面提高公司建设水准，不断完善产业链条。目前，恒都公司已建立起流通、商超、电商三大事业部，在巩固商超、餐饮等传统销售渠道的同时，重点抓好对新零售、社群零售等新渠道的塑建。在全国建成23家销售分公司、10个冷链物流配送中心，与麦当劳、海底捞等著名餐饮连锁企业深度合作，产品进入沃尔玛、麦德龙等大型超市，并成为多个知名食品加工企业的核心原料供应商。同时，公司还重点抓好线上布局，成功入驻了京东、天猫、一号店等多家电商平台，成为京东、天猫等电商平台最大的生鲜类产品供应商，线上销售额连续两年在京东、天猫两家平台居于第一位，发展微商 3000 个，建设冷链物流配送中心 27 个，产品销往全国 28 个省（区、市），2018 年仅"双 11"电商销售额就突破了 3.1 亿元，2019 年牛肉加工产值达 46 亿元。

（四）实施创新驱动战略

恒都公司坚持以科技为导向，不断加大科技投入，投资 3000 万元建成国内一流的"河南恒都夏南牛科技研发中心"，设立有"全国博士后科研工作站"、"国家肉牛产业技术体系恒都综合试验站"、"河南省肉牛加工工程技术研究中心"、"驻马店市企业技术中心"和"驻马店市肉牛产品深加工工程技术研究中心"5 个科技研发平台。下一步，计划通过 3~5 年的努力，将研发中心建设成为国家级的肉牛工程技术研究中心、博士后科研工作站和院士流动站，成为行业的技术领先者，为现代肉牛产业的可持续发展提供坚实的技术支撑。

三　取得的成效

（一）形成了高质量的夏南牛饲养加工产业集群

经过持续努力，泌阳县夏南牛产业已形成了集产品技术研发、种群扩繁、良种供给、规模养殖、肉牛屠宰、系列产品加工、市场营销、物流配送为一体的真正意义上的全产业链发展的良好态势。夏南牛数量稳中有增，规模养殖不断扩大，由原来传统的中小型粗放式养殖逐渐发展成为大中型规模化集约化养殖，养殖的专业化程度及企业经济效益不断提高。泌阳县肉牛产业的发展依托龙头企业恒都公司而建设的河南恒都肉牛产业集群，截至目前产业链条已基本完成。经过科研人员的辛勤努力，2012 年，《夏南牛新品种快速繁育技术推广》获河南省科普成果一等奖；2013 年 6 月 1 日，《夏南牛》国家标准颁布实施；2013 年，《夏南牛生产技术集成与应用》获农业部农业技术推广成果一等奖；2013 年，《南阳牛种质创新与夏南牛新品种培育及产业化》荣获国家科技进步二等奖。

（二）夏南牛特色产业发展初具规模

恒都公司已发展成为集肉牛科研、规模养殖、屠宰分割、精深加工、市场营销、冷链物流和系列产品开发、国际贸易为一体，一二三产业融合发展的全产业链企业，并且是"农业产业化国家重点龙头企业"、河南省肉牛产业集群的依托单位、泌阳县创建国家现代农业产业园的核心企业。2019年，公司获"河南省畜牧产业扶贫突出贡献企业"荣誉称号。同时，恒都公司联结种、养、加工等相关企业和农村新型经营主体2300多家，有2万余户近10万人围绕恒都肉牛产业上、中、下游从业，带动农民种植业年增收3亿元以上，加工业年增值10亿元以上，冷储、运输、物流、科技、餐饮、服务等行业年收入5亿多元，实现一二三产业融合发展。2019年，公司产值达46亿元，实现利税总额2.6亿元，带动夏南牛产业集群实现年产值达120亿元。

（三）夏南牛品牌价值显现

恒都公司入驻泌阳县9年多来，肉牛产业化经营项目已累计投资25亿元，主要实施了"一园、两线、两基地、一中心"六项建设工程。其中，以夏南牛产品精深加工为主导的夏南牛产业园项目，规划占地800亩，计划总投资30亿元，重点打造集夏南牛品牌推广、产品研发以及下游产品精深加工于一体的特色产业园区。产业园整体布局为"一核三区"。其中，"一核"即一个核心区，包括检验检测、研发与双创孵化、电商物流、科技研发、加工集聚、仓储物流、商贸、夏南牛文化体验等功能；"三区"主要是指建设夏南牛标准化养殖示范区、粮改饲种植示范区和种养循环示范区。产业园一期已建成投产"夏南牛屠宰加工生产线"、"牛副产物综合加工生物利用"、"牛肉及熟食深加工"和"3万吨冷库及冷链物流配送中心"四个项目。年屠宰能力达30万头，年加工牛肉15万吨。加工产品涵盖冷鲜、冷冻、调理、牛排、火锅食材、快餐菜品、酱卤熟食、休闲食品共8大系列326个品种，实现了牛肉中高端产品的全覆盖。公司已建立起"牛源基地优质化、检疫监控系统化、终端管理规范化、产品追溯全程化"的质量监控体系，为"恒都牛肉"产品的质量提供了可靠的安全保障。"恒都牛肉"已通过ISO9001、ISO22000、清真食品、有机牛肉等认证，获得"中国驰名商标""中国十佳牛肉品牌（B10）""2018年度全国名牌农产品"等荣誉称号，牛肉产销量和市场占有率均稳居国内同行业之首，实现了"恒都牛肉"品牌知名度、美誉度的有效提升。

（四）产业扶贫成效显著

恒都公司发挥产业优势，通过公司+基地+农户、股份制分红和聘用贫困户劳力到公司务工、就近收购贫困户的农作物秸秆和饲料粮及代养保底定额分红等产业扶贫模式，为扶贫攻坚贡献力量。近年来，带动 16 个乡镇（街道）287 个村委实施产业扶贫项目，累计带动全县建档立卡贫困户 6148户，共结对帮扶贫困人口 12847 人，已向贫困户分红 6464.44 万元，使帮扶对象依托公司肉牛产业实现稳定脱贫。

四　夏南牛产业可持续发展的建议

目前，泌阳县夏南牛产业已经步入良性发展轨道，初步具备了快速发展、进一步做大做强的天时地利人和的多方面条件，下一步要采取积极措施推进夏南牛产业可持续发展。

（一）促进夏南牛产业集群发展壮大

加大招商引资力度，重点引进牛肉产品深加工企业。以恒都公司为龙头，建成占地 800 亩的夏南牛产业园，逐步形成集夏南牛生产技术研发、系列产品深加工、冷链物流、肉牛及牛肉期货交易、电子商务等于一体的夏南牛产业集群。建立健全以龙头加工企业加工的产品为网络流通对象的"互联网+"流通平台和市场营销体系，促进夏南牛产品快速流通。在此基础上，进一步整合周边相关县市的肉牛养殖与加工业资源，规划建设未来在全国有重要影响的豫西南夏南牛肉牛产业集群，打造中国肉牛第一品牌。

（二）推动夏南牛产业高质量发展

以实施乡村振兴战略为总抓手，以"夏南牛"优势特色产业为主导，大力推进企业转型升级，加快构建现代化肉牛产业体系，强化产品质量安全监管，着力建链补链强链，不断延长产业链、提升价值链、构建利益链、形成生态链，四链同构，稳步提高肉牛产品加工保障能力和市场竞争力，实现夏南牛产业高质量发展和可持续发展。

（三）扩大夏南牛养殖群体规模

重点是扩大夏南牛原种群及核心群养殖规模，建立母牛养殖基地，加快扩群繁育步伐。夏南牛养殖主体要不断提升自身经营实力。一个企业经营管理水平是其发展之本。夏南牛养殖主体应从企业发展的角度出发，审时度势进行经营战略的调整，不断提高综合管理水平和风险防控能力；要不断引入技术人才，逐步培养一大批有文化、懂技术、善经营、会管理的夏南牛养殖团队；要积极宣传，提高对夏南牛产业的认知度，广泛利用各类媒体对外提供及时、全面、立体的信息，宣传推介夏南牛优势，引导更多周边农户主动将自己土地的承包权流转给夏南牛养殖生产经营者，进一步提升规模效应。同时夏南牛养殖主体要充分发挥规模优势，积极发展订单肉牛、品牌肉牛、特色肉牛，提高生产附加值，实现更大的收益。

（四）提升夏南牛品牌价值

重点在基础研究、新产品开发、高档肉牛开发、夏南牛无角牛新品系的培育等环节加大资金投入。进一步提升夏南牛品质，打造夏南牛知名品牌。依托恒都公司、溢佳香食品公司等畜产品加工龙头企业，以提高精深加工能力为核心，研究开发中、高端产品。鼓励、支持企业瞄准国际、国内市场，提高产品市场占有率，尽快把夏南牛打造成国际、国内知名品牌。进一步扩大宣传，提高夏南牛知名度。市、县政府定期召开夏南牛产业发展研讨会、赛牛会、产品品鉴推介会等，加大对夏南牛产业发展、科研进展、新产品开发的宣传推广力度。

（五）完善产业发展的配套政策

建议地方政府进一步制定完善加大扶持夏南牛产业发展的配套优惠政策措施，使政策措施实现与产业发展有效对接，从根本上解决政策落实"最后一公里"问题。尤其是在能繁母牛的补贴上加大政策倾斜力度，单列专项资金将夏南牛母牛纳入保险，投保费用由政府财政和养殖户按比例承担。列专项资金支持夏南牛原种场建设，单列专项资金对夏南牛进行宣传，提高夏南牛社会的知名度，加快夏南牛由品种优势向品牌优势的转变。鼓励吸引大中专院校毕业生、返乡农民工、市场经纪人等经营夏南牛产业，为夏南牛提供专业人才。金融部门要增强服务意识，为夏南牛的发展输血供氧。金融监管部门要充分发挥政策工具作用，引领银行业机构支持夏南牛的发展，对涉农贷款实行差别化的监管政策，适当提高对新型农牧业经营主体的不良贷款容忍度；各银行业机构要增强服务意识，加大对畜牧业的信贷投入，为畜牧业的发展输血供氧。要积极探索建立符合夏南牛产业特点的信用评价机制，开发适合其金融需求的专属产品，创新信贷产品、服务方式、授信方式、审批流程以及风险管理；创新夏南牛产业保险抵押方式，不断扩大担保范围，不断拓宽融资思路，创新融资理念，最大限度为夏南牛产业提供优质、高效的金融服务。

（六）营造夏南牛产业可持续发展的环境

政府相关部门要进一步加强领导，搞好统筹协调，提高夏南牛产业的组织化程度，提升管理和服务水平；发改、财政、金融、国土、环保、畜牧、电业、水利等有关部门，要更加注重研究本系统与夏南牛产业发展相关的支持政策，落实各项优惠举措，为夏南牛产业发展营造更加宽松的环境。

泌阳县夏南牛产业园区鸟瞰

泌阳县夏南牛养殖场

泌阳县夏南牛屠宰加工车间

河南恒都生物科技开发有限公司

河南恒都食品有限公司万吨冷库外景

河南恒都食品有限公司万吨冷库内景

全面发展畜牧业 推动乡村产业振兴

——河南省确山县畜牧业发展案例

确山县位于河南省南部，淮河北岸，西依桐柏、伏牛两山余脉，东眺黄淮平原，京广客运专线、京广铁路、京港澳高速、107 国道纵贯南北，新阳高速、淮内高速横贯东西，有 10 处高速下路口，交通便利，自古就有"中原之腹地，豫鄂之咽喉"之称。全县辖 10 个镇、3 个街道办事处，总人口 53 万，总面积 1650 平方公里。确山县属亚热带气候和暖温带气候的过渡地带，山地、丘陵、平原各占 1/3，正值秦岭、淮河地理分界线，年平均气温 15.1℃，年降水量 971 毫米，无霜期 248 天。全县耕地面积 99.84 万亩，有 86 万亩荒山牧坡，90 多万亩林间隙地和 20 多万亩宜牧草场，年产牧草可达 20 多万吨。农作物以种植小麦、玉米、花生、红薯、稻谷为主，年产可饲用农作物秸秆 30 多万吨。全县每年玉米年产量达 2 亿公斤，有 0.8 亿公斤玉米可加工副产品供饲养肉牛。在当地丰富的畜牧业资源支撑下，确山县发展成为全国畜牧大县，畜牧业发展推动了乡村产业振兴。

一 主要做法

（一）高度重视畜牧业发展

确山发展现代畜牧养殖业的潜力巨大。境内西部为浅山丘陵，宜牧草地 80 多万亩。"确山黑猪"被原农业部定为地方优良品种，被原国家工商总局评为国家地理性标志产品。竹沟生态羊繁育养殖基地年出栏量达 30 万头，占广州市场需求量的 30%。宜牧的草地、优良的品种、一定的市场为现代畜牧业的发展提供了得天独厚的条件。县委县政府高度重视畜牧业的发展，坚持生态、绿色发展新理念，以建设三个基地、叫响两个品牌、创新一个模式、落实四项任务为重点，努力推动全县畜牧业稳定健康发展。

（二）加快恢复生猪生产

2018 年全国发生非洲猪瘟疫情以来，受非洲猪瘟疫情和新冠肺炎疫情等多重因素叠加影响，确山县养猪生产和全国一样，养猪存出栏量下降，影响了经济发展和社会稳定。为认真贯彻落实党中央、国务院关于加快生猪生产恢复的精神，县政府下发了确政办〔2020〕6 号文件，加快落实 12 项优惠政策促进生猪生产，针对养猪生产面临的突出问题精准发力，促进了全县生猪生产快速恢复。

（三）扩大肉牛生产规模

确山县是中原肉牛产业带重点县，全省肉牛基础母牛扩群增量和粮改饲试点县，也是夏南牛的中心产区之一，肉牛产业是确山畜牧业生产的重要支撑。近年来，通过肉牛基础母牛扩群增量项目、粮改饲、肉牛奶牛新型经营主体提升项目和豫西南黄牛产业集群建设项目的实施，促进确山县肉牛产业的快速发展。以确山县胳膊牛肉清真食品有限公司为龙头，加快企业升级改造，引进先进设备生产技术，提高市场竞争力，带动确山县肉牛屠宰加工产业发展。

（四）做大羊产业

近年来，确山县委县政府立足当地资源优势，把确山生态羊产业发展作为促进农村经济发展、增加农民收入的重要产业来抓，成立了组织，制定了方案和规划，采取多种有效措施，大力发展确山生态羊产业。自 20 世纪 90 年代以来，以竹沟镇为中心的羊产业逐渐发展壮大，从开始的北羊南运的中转站，到北羊中育南运的养羊基地，再发展到规模引进优良品种，自繁自养的规模化、现代化养殖。平均每年从北方调运、经过短期育肥再销售到广东等南方市场的羊达到 100 万只以上，高峰年份达到 200 万只，活羊销售占南方市场的 60% 左右，确山县已成为全国重要的羊集散地和肉羊养殖基地。

（五）建设肉鸽之乡

以确山县鸿鹄鸽业养殖专业合作社、确山县智永养殖专业合作社等规模肉鸽养殖企业为龙头，顺应群众要求，抓住历史机遇，发展肉鸽规模养殖。加强内部精细管理，提高肉鸽产品质量，积极开拓销售市场，支持确山县鸿鹄鸽业建设肉鸽屠宰加工生产线，兴建交易市场，以李新店、新安店、瓦岗、普会寺等镇为重点，建成年肉鸽出栏 60 万只以上的优质肉鸽生产基地，真正把确山县打造成豫南"肉鸽之乡"。

（六）发展畜产品加工业

畜产品加工是保障和促进畜牧业发展的关键环节，畜产品也是人们生活的重要来源。近年来，县委县政府高度重视畜产品加工业的发展，加大招商引资，出台优惠政策，加大扶持力度，促进确山县畜产品加工企业快速发展。

二　取得的成效

确山县顺势而为，把握发展机遇，用好国家、省、市扶持畜牧业发展的各项优惠政策，转变养殖业发展方式，加快养殖业结构调整步伐，突出地方特色畜牧产业发展，着力培育确山畜牧业品牌，壮大养殖规模，强化畜产品质量安全保护，现代畜牧业呈现快速发展的良好态势。

（一）生猪生产较快恢复

2018 年以来，全县在建、改扩建年出栏 2000 头以上的生猪规模养殖场 6 个，其中年出栏 10 万头的河南龙凤山农牧股份有限公司二期工程正在建设，年出栏 5 万头以上的河南丰源和普农牧有限公司已完成改扩建，目前已经正式投产。确山县博林养殖专业合作社、确山县任店荣旺生猪养殖场等标准化养猪场全部建成投产。中小型养猪场发展较快，散养户积极补栏，扩大生产规模。预计 2021 年底生猪生产基本恢复正常。

（二）肉牛生产稳中有升

目前，确山县畜牧业生产与 2017 年同期相比较，肉牛存栏量增长 8%，全县肉牛存栏量达 9.3 万头。预计 2020 年底肉牛存栏 9.45 万头，出栏 6.65 万头。发挥河南万润农业科技发展有限公司等肉牛龙头企业的带动作用，全县肉牛出栏 100 头以上养殖场 192 个，规模养牛比重达到 78% 以上；积极支持确山县胳膊清真食品有限公司屠宰加工项目升级改造，引进先进设备技术，打造"胳膊牛肉"河南老字号优质品牌，提高市场竞争力，带动了确山县肉牛屠宰加工产业发展。目前，建成了2个肉牛屠宰加工企业。全县已建有永久性秸秆青贮池383个，总容积38.3万立方米，年可青贮秸秆2.98万吨以上。2019年，青贮全株玉米16.7万吨，其中选择青贮全株玉米7.2万吨的肉牛规模养殖场52个，饲草饲料种植收贮加工企业11家。

（三）羊产业不断发展壮大

河南牧亚公司建立了确山生态羊养殖基地，规划建设羊存栏5万只以上的生态羊养殖基地，目前已建成羊舍6栋，存栏达到1万多只。驻马店乐华实业有限公司引进了东佛里升优良品种，与小尾寒羊进行杂交，通过培育优良品种提高羊产业综合效益。目前，乐华实业有限公司已建成羊存栏8000多只的种羊基地。确山县奥森养殖专业合作社投资1000多万元建成了标准化羊饲料厂，目前已经建成投产。通过招商引资引进年屠宰羊10万只的屠宰厂项目已完成土建工程，设备已完成订购。初步形成了以大型养殖加工企业为龙头，以规模养殖为依托的确山生态羊养殖基地。

（四）成为优质肉禽生产基地

以驻马店市龙华牧业有限公司为龙头，引进国内一流设备和技术，建设楼房式多层圈舍，实行集约化经营，提高智能化、生态化养殖水平，将龙华牧业打造成省内知名的农业产业化龙头企业。整合确山县现有规模养鸡场，推动康壮牧业、禽丰牧业、泰森养殖专业合作社等一批养殖基础较好、具备相当规模的养殖场进行改造升级，扩大养殖规模，提高生产水平，将确山县打造成全省知名的肉禽养殖生产基地。

（五）畜产品加工发展步入快车道

全县共建成投产2个屠宰企业，其中1个生猪企业、1个肉牛企业。确山县鑫长源食品有限公司占地面积90亩，总投资1亿元，在全省生猪屠宰行业中，屠宰能力居第6位，目前已建成三条全自动生猪屠宰线、三条生猪分割包装生产线和1万吨现代化立体冷库，拥有50台冷链物流运输车，年屠宰能力100万头生猪，产品远销上海、武汉等一线城市，进一步提高了生猪产品的附加值。新建年屠宰加工能力达 300 万头生猪屠宰和熟食加工凯佳食品企业正在建设中。确山县胳膊牛肉清真食品有限公司是一家集农作物种植、肉牛养殖、黄牛屠宰、腌制、卤煮、销售一条龙的牛肉生产加工企业。公司占地 16 亩，拥有全自动肉牛屠宰流水线一套，60 吨冷库 4 座，实现了从检疫、屠宰、分割到腌制、卤煮、包装、杀菌的标准化生产加工。2011 年"胳膊牛肉"被授予县级"非物质文化遗产"称号。并先后荣获"确山地方名吃""驻马店天中名吃""河南省伊斯兰教名吃"等称号，2019 年 10 月获"河南老字号"，2019 年 11 月获"河南名吃"，腌制技艺获驻马店市级非物质文化遗产等荣誉。

（六）畜牧业大县实至名归

近年来，确山县围绕做大做强畜牧业下功夫，着力扩基础、育龙头、补链条、保安全。全县规模化养殖比重达到 70% 以上，畜牧业产值占农业总产值的比重达到 40% 以上，已经成为全国畜牧大县、全国生猪调出大县、全国肉牛产业集群建设项目县、全国畜禽粪污资源化利用试点县、全国肉羊集散地，畜牧业发展成为当地乡村产业振兴的重要支柱。

三　促进畜牧业可持续发展的建议

（一）充分认识发展畜牧业对乡村振兴的重要意义

要充分认识发展畜牧业在优化农业结构和促进乡村产业振兴中的重要性，坚持多轮驱动、多策并举，加强领导、搞好服务，龙头带动、规范化管理，整合资金、加大投入，拉长产业链条，大力发展特色畜牧业，通过调整产业结构，强力发展畜牧业，确保畜牧产品的安全。政府相关部门要有整体战略和长远规划，要有科学的设计，使之具有可持续性。一方面，要站在国家和民族的高度，超越部门和地区利益，进行全局性的统筹规划，挣脱既得利益的束缚；另一方面，既不能头痛医头脚痛医脚，也不能草率从事，应当广泛讨论、从长计议，避免短期行为。要深刻认识到非洲猪瘟疫情形势仍然是影响畜牧业发展的最大风险和隐患。提高畜牧业产业化程度，增加产品附加值，提高企业抗风险能力和市场竞争力，扩大龙头企业规模，增强带动能力。部分养殖场户仍然采用传统养殖方式，要提高标准化程度，这样有利于技术、品种的推广，能够形成较强的规模优势。禽品种改良、畜禽防疫、饲养管理等畜牧业技术推广投入到位，完善基础设施，发展畜牧业生产的扶持资金要到位，畜牧养殖用地资源丰富，才能促进畜牧业的快速发展。

（二）制定严密的重大动物疫病防控措施

非洲猪瘟对畜牧业集中产区影响特别大，要根据科学防控的要求，制定切实可行的政策措施，真正做到发现一起，清除一起，发现一场，清除一场，严格按照《动物防疫法》等规定的疫区划定封锁区域，彻底干净地控制消灭非洲猪瘟疫情。同时，加强其他重大动物疫病防控，真正落实好生物安全等防控措施，加强运输车辆消毒管理，加强实验室检测管理，加快研制非洲猪瘟疫苗，研究推广防控新技术，创新防控新机制，有效防控非洲猪瘟疫情，尽快消灭非洲猪瘟。

（三）以优惠政策扶持养殖场户发展

不仅支持规模养殖，对中小型殖场在项目建设上也要进行扶持，特别是在粪污收集处理和资源化利用设施建设、生物安全设施建设、新工艺引进、提升和改造等方面进行重点支持，提高中小型养殖场规范化养殖水平，减少疫病发生，促进稳定健康发展。扩大规模养殖，壮大发展基础。以畜牧产业扶贫为引领，积极推广家庭农场养殖模式，引进优良品种，增加肉牛存栏数量。

（四）加快技术服务体系建设

县、乡两级直接承担着大量的动物疫病防控任务，但是，由于专业技术队伍技术水平低，技术服务体系不健全，很多新发、突发的动物疫病不能及时确诊，解决不了养殖场户的技术问题，影响养殖场户安全健康生产。

（五）破解制约畜产品加工发展的瓶颈

通过延链和补链，打通养殖、加工、销售通道，增加生产附加值，提高畜产品加工业发展层次和水平。加大对肉牛屠宰企业的改造升级，拉长产业链条。采取屠宰加工冷鲜牛肉成品与半成品供应、电商与物流服务的产业系统化发展模式，按市场化的规则分段务实地实施高品质肉牛产业在确山落地、发展、壮大。通过招商引资争取建成年加工能力达 10 万头以上牛肉产品精深加工企业。

（六）培育畜牧业发展的龙头企业

支持鼓励各类经营组织（个人）并通过招商引资新建一批肉牛规模饲养、营销企业，大力推行"龙头企业+合作社+农户"的新型产业经营模式，培育出一批规模效益较好、市场覆盖面较广、带动能力较强的龙头企业。加大政策和资金支持力度，加快培育确山畜牧业龙头企业，扩大龙头企业规模，壮大龙头企业实力，提升龙头企业生产经营水平，充分发挥龙头企业的示范带动作用，带动全县畜牧业快速发展。

小蘑菇做成大产业

——河南省清丰县乡村产业振兴案例

清丰县位于河南省东北部的冀鲁豫三省交界处，面积 828 平方公里，耕地 85 万亩，辖 8 镇 9 乡 503 个行政村，人口 75 万人，是一个传统农业县。2016 年以来，清丰县围绕食用菌特色产业，以建设"全国草腐菌第一县"为目标，扩规模、延链条、增效益，持续推进、持续加强、持续提升，小蘑菇迸发了新能量，做成了乡村振兴的大产业。清丰县先后荣获"全国食用菌优秀基地县""全国食用菌产业化建设示范县""河南省食用菌生产先进基地县"等称号。2019 年，成功创建"省级食用菌现代农业产业园"。

一 主要做法

清丰县委县政府高度重视食用菌产业的发展，经过近些年实践探索，初步理出了"党建作保障、政府作引导、公司作龙头、基地作示范、贫困户作股东、种植户作产业"的发展思路，着力实施"党建+扶贫+食用菌"工程，走出了一条特色产业强县富民之路，成为平原地区很有特色的在全国有重要影响力的蘑菇生产加工大县。

（一）强化组织领导

强化"党建就是生产力"理念，实现党建推进与产业发展有机融合。完善机制抓推进。突出"党建+扶贫+食用菌"工程，坚持县乡村三级党组织书记直接抓、党委副书记和农业副职具体抓、驻村第一书记蹲点抓的推进机制。实行乡镇建示范基地、党员干部创业种棚的推进模式，党员干部带头，示范引领，盈利驱动，极大调动了全县干部群众的积极性，为蘑菇产业的规模化、现代化发展奠定了坚实的干部基础。建立健全干部考核激励制度，明确激动导向，提高蘑菇产业发展在基层党建考核中的比重，月考核、季调度、年总评，结合乡镇科级干部横向比较排队和攻坚克难一线干部专项考察，把蘑菇产业发展好、带富能力强的 159 名党员吸纳进村"两委"班子，提拔重用干部 11 批 252 人，为蘑菇产业发展注入了内在动力，激发了全县干事创业的活力。凝聚合力求发展。围绕食用菌产业发展，先后引进高学历人才 104 名。对接中国农业科学院、河南农业大学等科研院所，组建了 30 人的食用菌专家服务团队，定期或不定期地开展技术指导与服务。开办河南先丰食用菌产业学院，建立食用菌人才实训基地，已培育乡土食用菌人才 450 名，为产业发展提供源源不断的人才和智力支撑。

（二）提升要素保障能力

化解市场风险、拓展发展空间是蘑菇产业发展的基础和前提。清丰县委县政府坚持多措并举化风险、强化保障促升级。横向上强化"五个保障"。

一是信贷保障。考察学习三门峡卢氏县、灵宝市等地金融扶贫先进经验，探索创新扶贫小额信贷资金助推食用菌产业发展机制，投入县级风险补偿金 5000 万元，撬动银行 4.64 亿元的贷款，贷款风险由"县、乡、银行"按照 4∶4∶2 的比例分担，解决了金融机构"不敢贷"的问题。

二是技术保障。对接中国农业科学院、河南农业大学、河南科技学院、太行山食用菌研究院，引进食用菌专业人才 10 人；聘请来自福建、黑龙江、山东等地的技术指导员 42 名；每个基地由龙头企业派驻 1 名技术员或培养 1 名乡土人才，对包棚贫困户进行有针对性的技术培训，提高蘑菇生产的科技化水平。

三是风险保障。设立"食用菌产业发展风险基金"，每逢遇到食用菌市场价格波动，企业托市收购，县政府给予企业一定的资金支持或补助。为承包贫困户投保"财产保障险""食用菌种植险"，对因自然灾害、棚体毁坏等导致的财产性损失，病虫害、异常高温天气等带来的食用菌产值损失进行赔偿，让食用菌贫困户实现"零风险"。

四是营销保障。依托万邦豫鲁冀农产品物流城等十余家电子商务公司，探索"互联网+食用菌"网络销售模式，与京东、阿里巴巴等知名电商加强合作，并成功上线"中国社会扶贫网"电商平台，菇菌产品以国内全覆盖的态势"飞入各地百姓家"。同时，促进了产品精深加工、保鲜冷藏、纸塑包装、冷链物流运输等相关产业发展，带动了800余名贫困人口实现就地就业，月工资额达1500元以上。

五是引领保障。坚持开放合作、引外强内，先后引进山东远洋、北京宏康建华等食用菌种植龙头企业7家，培育"丰"字头工厂化生产企业14家，建成全省最大的食用菌工厂化生产基地，引领食用菌产业集群发展，提高致富和带贫能力，为蘑菇产业可持续发展保驾护航。同时，纵向上落实奖补促升级：对于投资300万元以上、建筑面积5000平方米以上的标准化菌棒厂，日生产规模2万袋以上的，奖补设备投资额的1/3，日产4万袋以上的，奖补1/2；对在标准棚内改造安装出菇床架、采用钢骨架或竹木结构，层架式出菇的，投资200万元以上、发酵隧道按标准建设的，按基建与设备投资额奖补资金50%；获省级以上食用菌工程技术研究中心、省级以上食用菌重点实验室资质的，每项奖补5万元；获国家地理标志产品认证、河南省著名商标的，每项奖补10万元；新获有机、绿色、无公害食品标志的，分别奖励5万元、3万元、2万元；对年腌制量500吨以上、烘干鲜菇量1000吨以上、收购量2000吨以上、废弃菌糠处理5000吨以上、线上销售2000万元以上的，均一次性奖励10万元，有效引导推进了产业技术规范，实现了产业提档升级。

（三）以产业富民助力脱贫攻坚

脱贫攻坚是乡村振兴的首场硬仗，产业振兴是脱贫攻坚的重要抓手和载体。围绕乡村产业振兴和脱贫攻坚，清丰县委县政府探索创新五种带贫扶贫模式，助力脱贫致富。

一是包棚创业。部门联乡建棚，贫困户"零租金"承包种植，集中产供销，降低风险，提高效益。其中，贫困户包棚创业1200户，棚均年增收1.5万元以上。

二是劳务承包。食用菌种植企业与群众合作，将食用菌大棚承包给种植户，企业负责菌棒购买、产品销售以及保温保湿设施，贫困户负责种菇、喷水、摘菇等，约定分成。贫困户人均年增收约1.2万元，实现了风险的最小化和利益的最大化，促进了企业和贫困户的"互利双赢"、合作发展。

三是菌棒托管。围绕脱贫攻坚，强化食用菌产业相关企业社会责任，对于无劳动力的贫困户，利用小额扶贫贷款、到户增收资金购买菌棒，将菌棒托管给企业管理，按约定参与分红。全县贫困户菌棒托管 1300 户，户年均增收 1.5 万元以上。

四是基地务工。突出食用菌基地用工量大、季节性强的特点，组织附近群众特别是贫困户就地务工、就近就业，从事采菇、削菇、分拣、包装等。全县贫困户基地务工 5000 人以上，人均日收入 50 元以上。

五是受益帮带。针对年老体弱、不符合贷款条件的五保、孤寡老人等贫困户，引导鼓励合作社和商户每年拿出部分利润实施临时救助，每户每月可得到 300 元的帮带资金，真正做到"小康路上不落一人"。

二 取得的成效

近几年，清丰的食用菌产业已逐步走出了一条稳步、高效发展之路。主要表现为"四化"。

（一）种植规模化

强化基地建设，全县 17 个乡镇建成食用菌标准化示范基地 70 个，标准化大棚 1.2 万座，种植面积达 1700 万平方米，年产蘑菇 30 万吨，综合产值突破 25 亿元。

（二）生产工厂化

围绕拉长链条、完善体系、增加效益，先后培育龙丰实业、瑞丰农业、科丰生物、和丰农业等"丰"字头工厂化生产企业 14 家，日产鲜菇 300 吨。食用菌全年生产，成为全省最大的食用菌工厂化生产基地；培育大汉食品、龙乡红食品、桃园建民、春韵食品、天口食品等食用菌加工企业 5 家，开发烘干、盐渍、清水、休闲、调味等系列产品 5 大类 30 余个品种，效益显著提升。

（三）产业链条化

围绕全链式发展，依托万邦豫鲁冀农产品物流城，发展华董科技、大地密码等一批电商，线上线下"领鲜一步"。通过食用菌产业的持续推进和发展，有效带动物料加工、餐饮、物流、包装、信贷、保险等相关产业发展，有效推进了一二三产业有机融合，为乡村振兴和县域经济发展提供强力产业支撑。

（四）营销品牌化

围绕名牌效应，打造"幸福朵朵""菇雨""一生有你""幸福365""三农科丰""顿丘菇娘"等品牌20个，清丰食用菌知名度不断提高，品牌效应凸显。食用菌产业的快速发展，引起了全社会的高度重视。近两年，清丰县先后成功举办"全国第十四届菌需物资博览会暨食用菌工厂化发展论坛""中国·清丰食用菌行业大会暨全国食用菌烹饪大赛"。2020年，"清丰食用菌"作为全省遴选的九个特色农产品之一，在全省推广。河南省委书记王国生、省长尹弘等省领导对"党建+扶贫+食用菌"工程给予了高度评价。

三　发展启示

发展乡村产业是实现乡村振兴、促进群众增收致富的重要抓手，实现产业的现代化、高效化发展，必须立足实际，突出特色，一以贯之，持续推进，真正造福乡邻。

（一）发展特色产业是乡村产业振兴的有效途径

"一招鲜，吃遍天。"发展产业必须立足全局找特色、错位发展求实效。清丰县立足传统优势，把发展基础好、市场前景好的食用菌产业作为特色产业，既实现了产业总量大、质量高、效益好、结构优，实现了产业振兴，又实现了收入高、就业稳、群众富，实现了强县富民。实践证明，产业选得准、发展路子才能走得稳，因地制宜发展特色产业，切实把优势明显、辐射带动能力强的特色产业作为重点发展对象，才能确保产业能落地、做得强、见实效。

（二）符合群众意愿是乡村产业振兴的前提

2016年以来，清丰县立足群众传统种植习惯和优势，就势引导，出台优惠政策、制定推进措施，短短几年时间，产业规模呈几何级发展，技术水平向高端化推进，产业呈全链式发展，食用菌产业真正发展成为清丰县强县富民的主导产业。实践证明，群众认可的产业才是好产业，才有良好的发展土壤和广阔的发展空间。必须立足群众需求，尊重群众发展意愿，发挥群众的积极性和主动性，掌握产业发展走向，掌握群众发展需求，真正将产业做成富民产业、民心产业。

（三）组织统领是乡村产业振兴的保障

清丰县坚持县委引领带动、乡党委凝聚调动、村党支部执行落实的机制，建立三级书记微信群，形成了"三级党组织上下联动、三级书记齐抓共管"的工作推动方法。坚持把党支部建在基地，充分发挥基层党员身先士卒的先锋模范作用，实现了党建大提升、产业大发展、群众得实惠的目标。实践证明，加强党建引领是推动乡村产业振兴的重要保障。必须牢固树立"党建就是生产力"的理念，深入探索融合党建新路径，切实把党建引领与产业发展紧密结合起来，把党组织的政治优势转化为产业发展优势。

（四）持之以恒是乡村产业振兴的希望

清丰县持续发扬"钉钉子"精神和"蚂蚁啃骨头"的韧劲儿，紧盯产业不放松，科学发展求实效，一以贯之求提升，清丰赵家食用菌生产基地成为全国最大的黑皮鸡枞菌生产基地，清丰县成为全国最大的标准化生产基地、全省最大的食用菌工厂化生产基地。实践证明，长效是产业长远、健康发展的法宝。必须围绕主导产业，持续解难题、融元素、促发展，不断赋予产业发展动力和活力，打造地区特色品牌，真正将地方优势产业打造成"百年老字号"。

狠抓小麦"四专" 积极融入茅台产业链

——河南省息县乡村产业振兴案例

息县作为贵州茅台集团原料基地之一，积极开展订单种植，常年为茅台集团供应酿酒专用小麦 1 亿斤左右，占全县小麦产量的近 1/10。2020 年以来，息县坚持把壮大优势产业作为落实"六保"任务的重要抓手，深化与茅台集团的战略合作，狠抓小麦"四专"工作，在建设 10 万亩原料基地的基础上，进一步扩大订单种植面积至 20 万亩，稳定茅台原料供应链，积极融入茅台产业链，带动县域以酿酒专用小麦为主的优势产业发展壮大。2020 年，息县收获酿酒专用小麦近 2 亿斤，较上年增长 75%。5 月 10 日，河南省优质弱筋及酿酒专用小麦产业发展研讨会在息县召开，息县宏升公司成为茅台集团全国十家有机产品供应商之一。

一 狠抓专种

坚持把原料品质作为融入茅台产业链的首要条件，着力在土壤、品种和麦田管理上狠下功夫，努力扩大有机标准种植面积。

（一）区块化种植

划定 7 个行政村为酿酒专用小麦核心区，选用"扬麦 13""郑麦 103"等优质小麦品种，并与茅台集团、省农科院联合研发"茅台 1 号"小麦品种。实施高标准粮（农）田项目向酿酒专用小麦项目区倾斜，保证用地质量达标。

（二）专业化防治

建立"县、乡、村、组"四级联防联控工作机制，2020 年共组织直升机、无人机等植保施药机械 600 架，完成小麦统防统治作业 140 万亩。加强小麦病虫害普查检测，发布病虫预警 12 期，有效遏制了病虫害暴发流行。

（三）优质化服务

加强与中原农险合作，由政府买单对全县 140 万亩小麦实行保险全覆盖，降低小麦种植风险。组织县农业、农科等部门通过"村村通"广播、微信视频、到地指导等形式开展技术服务，提高小麦生产品质。

二　狠抓专收

坚持以助农增收作为融入茅台产业链的出发点，加强专用小麦收购资金、政策、信息的支持，有效避免群众"卖难""卖贱"问题。

（一）保障收购资金

设立粮食收购贷款信用担保基金，推行限时办贷制度，全力支持小麦收购工作，优先保障专用小麦收购信贷资金不断档、不脱节。2020 年共发放小麦收购和加工贷款 374 笔 1.41 亿元，其中通过信用担保基金发放贷款 50 笔 2285 万元。

（二）实施定向收购

加强与茅台集团合作，设立专供专销收购点，建立托市收购机制，敞开收购酿酒专用小麦，且每公斤销售价格高于普通小麦 0.20～0.50 元，提升群众种植专用小麦的积极性。

（三）畅通收购信息

通过电视、"村村通"广播、微信公众号等及时发布粮食收购政策、收购进度、库点分布等信息，大力推广预约收购方式，引导收购企业进一步优化服务，实现群众少跑路、快交粮、降成本。息县项店镇依托宏升公司发展酿酒专用小麦产业，带动 60 个自然村 4000 余名农民年增收超过 300 万元。

三　狠抓专储

坚持把原料供应充足作为融入茅台产业链的优势，加大仓储建设和储存管理力度，保证专用小麦质优量足、随需随调。

（一）建设专储仓库

投入财政资金 3500 万元，建成小麦专储仓库 12 座，实现专用小麦应储尽储、专仓专储。建设豫南低筋小麦仓储物流园，规划浅圆仓、平房仓 13 座，总仓容量 9.3 万吨。

（二）实施专业管理

聘请专业机构定期对专储仓库开展安全评估，及时发现并消除储粮安全隐患。选派专业技术人员入驻专储仓库，发挥粮情视频监控、粮温自动检测等科技优势，及时处置异常情况，确保专用小麦储存安全。

（三）推进产业联合

进一步加强县内优质小麦生产经营、仓储加工等 11 家企业的关联协作，打造省级农业产业化联合体，增强小麦收购、储存和调运能力，保障小麦流通的快速性。截至目前，该产业联合体已储存酿酒专用小麦近 3 万吨。

四　狠抓专用

充分发挥茅台集团的品牌效益，在融入茅台产业链的进程中助推绿色食品主导产业发展壮大，全力打造"中国生态主食厨房"县域产业品牌。

（一）加强研发创新

加强与中国食品工业集团、河南工业大学等科研机构、高校合作，联合成立"信阳市生态主食产业开发工程技术研究中心"，提升农业产业科研能力，推动小麦绿色、有机等技术应用及产品质量创新。

（二）深入宣传推广

加强与快手、抖音等网络平台合作，开展"百城县长、直播助农"息县专场直播活动，累计观看人数超过 64 万人次，不断叫响"息县小麦中国酒"。以"一村一品"活动为基础，举办息县首届名特优农产品博览会，评选包信牌小麦胚芽等"息州十宝"，让更多的群众了解酿酒专用小麦。

（三）发挥品牌效益

以茅台有机小麦产业为品牌，吸引省内外大企业、大集团通过参股、控股、联盟等方式联合发展，谋划引进中粮集团等大型企业，推进"农业企业+知名品牌""农业企业+物流行业""农业企业+高校研发机构""农业企业+互联网"等多种合作模式，深化农业供给侧结构性改革，实现茅台集团和县域经济互利共赢。

五　几点启示

（一）农业特色种植业发展潜力巨大

息县发挥农业地理环境优势，抓住茅台酒厂对特殊小麦产品的需求，科学育种，科学种植，科学管理，科学营销，为当地过去并不看好的小麦生产找到了一条高质量发展、高效益持续发展的独特道路，值得各地借鉴学习。

（二）乡村特色产业发展要立足于为民服务

息县能够在传统农区找到为高端茅台酒服务的可行之路，关键是县委县政府主要领导拥有一片浓浓的为民情怀，也善于在复杂多变的市场竞争中寻求为民服务的具体方法。其实，在河南省南部淮河沿岸地区，当地的自然地理环境都适合种植适应茅台酒生产使用的特种小麦，可只有息县等少数县以科学的方法进入了这种渠道，其根本原因还在于其主要领导有强烈的为民服务意识。

（三）农业特色种植需要先进科学技术支撑

息县之所以通过专种、专收、专储、专用，顺利完成为茅台酒配套使用的专用小麦生产与供给，确实在产业链内部形成了严密的科学逻辑关系，是因为有河南省农科院先进技术与高水平科研人员的支持与支撑，有息县推动该项产业发展领导的科学方法把控，有茅台酒厂与小麦生产者之间互联互通的衔接。科学技术是第一生产力的发展规律在其中发挥了关键作用。

转型发展　产业振兴

—— 河南省淅川县上集镇大坪村乡村产业转型发展案例

实施乡村振兴战略是党的十九大做出的重大决策部署，是新时代"三农"工作的总抓手。为贯彻落实党的十九大精神，全面实施乡村振兴战略，淅川县上集镇大坪村以脱贫攻坚为统揽，以实现高质量发展为主线，以改善农村人居环境为重点，以全面深化农村改革为动力，针对南水北调中线工程水源地环境保护要求高的特殊情况，在关闭了 60 多家米黄玉加工厂的基础上，通过转型发展，推动乡村产业振兴，着力打造生态宜居新大坪，为乡村产业振兴提供了一种新的案例。

一　村情特征

（一）历史演绎

相传公元 25 年，刘秀被王莽追杀，一路来到淅川，在一处山巅庙宇内最后躲过一难。刘秀称帝后，再次登临该山，特册封庙宇所在的山为太子山（即现在的金华山），把山下的村改名为太平村，立意天下太平。后经历史演变，成了今天的淅川县上集镇大坪村。

（二）基本村情

大坪村位于淅川县城区东南方 13 公里处，地处浅山区到深山区的过渡地带，东与内乡县接壤，地理位置较好，交通便利。境内有道教圣地金华山、天然山泉黄龙泉等资源禀赋。全村占地 26 平方公里，辖 14 个村民小组580 户 2289 人，其中贫困户 129 户 423 人，劳动力人口 1123 人，耕地面积1568 亩（其中山坡地 595 亩），荒山面积 22000 亩，人均耕地面积不足一亩，是个典型的人多地少的贫困村。大坪村依山傍水，历史悠久，文化厚重，古遗址随处可见。村东大坪河穿村而过，两岸绿树成荫，村西金华古庙山水辉映。山顶老寨遗址可见一斑，俯瞰大坪社区，一览无余，彰显新农村建设成果。拦水大坝透出山清水秀，古朴村落映射一片山水田园风貌。

（三）山村"小康"生活

昔日的大坪村是典型的农耕村庄，穷乡僻壤，村民在土里刨食，靠天吃饭，穷得叮当响，土坯房、泥巴路，家无余粮，娶不起媳妇的比比皆是。20 世纪 80 年代以后，该村村容村貌、生活水平发生了翻天覆地的变化。特别是从 2000 年开始，当地开始发展米黄玉加工产业，2003 年在淅川县委县政府和河南省科学院驻村工作队的大力支持下，米黄玉加工企业数量快速扩张，逐步成为远近闻名的乡村产业比较发达的特色村。2016 年以来，300 余农户搬入了新农村社区，建起了新村部，周边配套了幼儿园、污水处理设施、文化广场等，极大便利了老百姓的生活。全村 129 户贫困户已于 2020 年全部脱贫摘帽，人均收入 6000 元以上，真正实现了山村的"小康"生活。该村先后荣获河南省新农村建设先进村、文明村、生态示范村、基层治理先进村、治安模范村等多种荣誉称号，涌现新时期农村党支部书记的杰出代表、党的好干部李来华同志。

二　主要做法

（一）注重规划先行

大坪村面积较大，涉及居民户较多，建设布局比较分散，各类建设有些散乱，不仅影响乡村景观，而且也影响土地的集约利用和农业的规模经营。由于建筑布局混乱，通风、采光、消防等难以保障，且基础设施投资效益不高。考虑到城乡统筹发展、基础设施综合配套、生产力布局和产业化需要及村庄分布现状，以节约用地、适当集中的原则，将部分居民点整合集中，对一些规划较好、布局合理的居民点适当加强，同时完善各项基础设施和公共服务设施，提高村民素质，树立社会主义新农村的崭新形象，发展现代农业和观光休闲业。该村自 2006 年开始谋划，编制了《上集镇大坪村新农村建设总体规划》，结合大坪村的自然条件、历史文化和经济条件状况，统筹经济、社会和环境的协调发展，促进经济效益、社会效益和环境效益的统一，加强村庄的环境和生态建设，营造广大人民群众适宜的生产和生活环境，从而促进了乡村健康及可持续发展。

（二）强化基础设施建设

一是道路交通状况持续提升。行政村已通硬化水泥路，所有的村民小组也已通硬化道路，整个村庄道路系统分为12米、8米、6米三个等级。目前，通村3条主街道路全部硬化，干道总长度十余公里，基本实现了户户通水泥路的目标。

二是水电气设施逐步完善。目前，全村使用统一的供水方式，自来水铺设入户，全村以引山泉水及地下水的方式实现供水，有效解决了吃水难问题。供电系统也已全覆盖，居民日常生活燃料主要为瓶装液化气等清洁能源。

三是绿化亮化提质明显。在村内主干道道路两侧广植行道树，加之山地植树造林及1460亩公益林面积，全村村庄绿地率达65%以上。主干道沿线配套了太阳能路灯，方便了村民的生产和生活，极大地改善了农村人居环境。

四是村庄保洁、治污设施基本齐全。村内垃圾收集设施较为完善，大型转运垃圾箱在集聚区都有放置；修建了太阳能供电污水处理设施和人工湿地污水处理设施各1处，为新村配套了完备的治污设施。

五是社会事业设施配套完善。医疗条件显著提高，村部综合办公楼整合有村级卫生室，有1名村医进驻。教育事业不断提升，村里有一所小学，可满足适龄未成年人接受教育的需要，同时在该村村部广场边建设了综合性幼儿园，弥补了周边村庄没有幼儿园的缺陷，既解决了本村幼儿教育的难题，也方便了周围内乡有关村的幼儿就近入园。师资力量由上集镇中心学校配备管理，所有教师均为正规教师。文化氛围浓厚，村委二楼整合有农家书屋和远程教育室，可满足村民基本学习需求，并建设有戏台和宣传栏。村委四楼有村史室，大坪村历史、村内名人等内容丰富，起到了很好的教育引导作用。体育健身稳步推进，村内目前有2个篮球场，村小学、村广场内建有简单的运动设施。民政事业闪亮，总投资65万元、总占地6000余平方米，拥有房间56间、床位60张的幸福大院投入使用。配套有厨房、餐厅、图书室、洗澡间等公共设施，并在活动广场配套安装健身器材，便于群众参与健身活动。

六是其他设施健全。行政村已通网络宽带和固定电话，自然村已通广播电视，全村已实现手机通信信号全覆盖。

（三）推动乡村产业转型发展

由于地理位置特殊，大坪村虽然不是石材原产地，但2003～2010年曾经一度成为全县闻名的石材加工基地，吸纳63家石材加工企业入驻，所生产的米黄玉等石材远销国内外。近年来，随着南水北调工程建设和村民环保意识的不断提高，大坪村坚持以水质保护和绿色发展为主线，将产业发展思路调整为"主攻短线、巩固中线、提升长线"，大力调整产业结构。短线发展食用菌、迷迭香等特色产业，已发展食用菌10万袋，种植迷迭香200余亩，发展小龙虾、白玉蜗牛养殖。中线发展加工业。引入森森藤编加工专业合作社开展藤编加工，已带动40人就业。利用天然黄龙泉开发了金华圣泉矿泉水。2020年，引进艾草加工车间，计划2021年投产。长线抓生态旅游。将乡村振兴、全域旅游、乡村旅游等有机结合，推动农旅、文旅深度融合。正在开发利用的金华山景区、黄龙泉、老寨遗迹园等旅游项目已进入实质性建设阶段，是当地转型发展的代表性项目之一。

三　当前面临的主要问题

（一）乡村产业振兴投入不足

由于现有金融体制的约束，当地缺乏普惠金融的政策支持，乡村振兴中稳定的资金投入机制尚未建立，而该村过去过度依赖财政专项资金投入，进一步发展的投入渠道有待拓宽。在现有条件下，由于缺乏对小微企业的有效激励约束机制，金融资本和社会资本进入乡村的意愿不强。乡村公益性基础设施用地储备不足，缺乏新产业新业态发展用地供给，农业设施用地建设标准低、审批手续比较繁杂，推动现代农业发展必要的配套设施用地和附属设施用地审批难度较大，直接影响了乡村新产业发展。

（二）乡村产业振兴缺乏带头人

在实施乡村振兴战略的过程中，当地缺乏有能力、有热情、有情怀的带头人，以及适应产业转型的乡村本土实用技能人才，农民自主创业、自我发展能力也较弱，这些都成为制约农民在乡村振兴中发挥主战作用的主要因素，滋生了向上级要项目、等资金、靠支援的思想，乡村振兴中"政府在干、农民在看"等异常现象依然存在。同时，基层党组织力量有限，基层组织发挥领导核心作用不够，组织发动群众投入乡村振兴的方式方法仍然比较陈旧，新型农业经营主体与农民的利益联结机制尚不够紧密，辐射带动农户的能力有待提升。

（三）乡村产业转型发展路径探索不够

大坪村早期定位为工业村，由于生态环境保护力度加大，该村米黄玉等几十家石材加工企业目前已全部被环保部门关停。近年来，该村虽然引进了香菇、草莓种植，艾草、藤编加工，小龙虾、白玉蜗牛养殖等，但是规模不大，带动能力较弱。对于如何顺利实现转型发展，确实在具体路径上探索不够。近几年，新上的乡村产业项目还处在试验探索状态，也没有形成龙头企业，需要持续耐心地进行探索，逐步培育出新的骨干产业，以营造出必要的产业生态。

（四）推动乡村绿色发展任重道远

一方面，乡村生态功能恢复和建设任务较大，过去几十年来的石材加工，导致粉尘和矿渣等堆积较多，河流水源也受到一定污染，对乡村生态安全造成一定的隐患；另一方面，村庄清洁行动力度不大，随着生活水平的提高，百姓购买的物资增多，大量的可回收、不可回收垃圾逐年增多。同时，由于管理不到位，当地还存在随地乱丢垃圾、垃圾不分类入箱、保洁不主动、不爱护公共设施等现象，导致垃圾落地，甚至夏天气味重、蚊蝇多。

四　促进乡村产业振兴的建议

（一）增强推动乡村产业振兴的组织力量

一是村党支部与村委要主动采取措施，认真讨论推动乡村产业振兴的具体方法，包括究竟选择什么样的骨干项目，如何解决技术人才不足问题，如何解决乡村产业发展中的资金约束问题等。要研究解决乡村产业振兴过程中遇到的实际问题，确保乡村产业振兴稳定推进、逐年见效。

二是以组织的力量有序推进乡村产业振兴。要坚持因地制宜原则，坚持先点后面、示范引领的方法，从不同项目的实际需要出发，明确乡村产业振兴的具体要求和年度目标，整合力量，集聚更多资源投入乡村产业振兴。

三是落实责任，推进乡村产业振兴的骨干项目实施。要着力完善乡村产业振兴的领导责任制，明确村两委班子和村组干部推进乡村产业振兴的责任；县直相关部门和乡镇也要将各项工作任务统筹考虑、协调推进，推动部分乡村产业振兴的骨干项目尽快见到发展实效，加快当地转型发展的步伐。

四是积极发展壮大农村集体经济。按照全国农村工作会议精神要求，全面推进农村集体产权制度改革，将村组两级集体资产、资金、资源纳入统一管理系统，推动集体经营性资产股份合作制改造，夯实乡村自我发展的经济基础，增强村级集体经济投入乡村公益性基础设施建设的资金实力。整合村集体各种资源，利用集体积累资金、政府扶持资金等，通过入股农业产业化龙头企业、村企共建等方式发展集体经济，巩固提升基层组织的领导地位，为当地居民创造更多的福利，增强基层组织的吸引力。

（二）充分发挥农民在乡村产业振兴中的主体作用

一是不断完善乡村基层社会治理。以强化乡村基层党组织和自治组织建设为重点，提升乡村社会治理水平，让乡村居民处在有组织的状态，共同努力推动新的乡村产业振兴。

二是想方设法充分调动农民参与乡村产业振兴的积极性。坚持农民在乡村产业振兴中的主体地位，引导鼓励农民对直接受益的乡村基础设施建设投工投劳，对财政支持的小型项目，优先安排农村集体经济组织、农民合作组织作为建设管护主体，不断增强广大农民群众推进乡村产业振兴的责任感。

三是有效激发乡村各类人才活力。建立健全完善农村就业服务体系，以加强职业教育培养为重点，分批培训当地实用技能人才，把与乡村产业振兴相关的专项技能培训纳入财政补贴范围，稳步提升农村劳动力的就业质量，为乡村产业高质量发展提供技能人才支持。

（三）加快补齐乡村产业发展的短板

一是补齐乡村基础设施短板。将补齐农村垃圾、污水处理、通信设施短板作为乡村人居环境整治的主攻方向，引进先进技术，开展乡村垃圾分类和无害化、堆肥垃圾处理，研究制定乡村生活、生产污水治理标准，建设完善小型污水处理设施，做到污水和垃圾应治尽治，改善乡村生态环境质量。推广经济实用、符合乡村实际的无害化改厕模式，探索乡村生活污水与粪污同步处理方法。

二是建立乡村居民持续增收的长效机制。按照把资源变资本的思路，积极推动农村土地、宅基地、林地等转化为农民可经营、可收益的资本，赋予农民更多财产性收益权利。以提升小农户的市场化、组织化程度为目标，明确将带动小农户发展、农民增收作为工商资本进入乡村发展的条件，给予优先准入和政策支持。将建立与农民紧密的利益联结机制作为各类新型经营主体享受乡村优惠扶持政策的前提条件，通过保底收入、股份分红、利润返还、品牌溢价收益等方式，推动建立农民持续增收的长效机制，支撑农民持续增收。

三是加快提升乡村教育、医疗、文化、公共卫生服务水平，改善乡村基本公共服务。根据乡村实际需要，改善人口集聚较多乡村的办学条件，确保乡村现有小学健康运行。建立健全乡村医疗与医保制度，引导优质医疗资源下沉到乡村。加大乡村文化建设力度，在保障村级文化室、文化广场、大舞台配套的基础上，增加"文化下乡"活动次数，为老百姓提供丰富多彩的文化娱乐享受。推动乡村移风易俗，弘扬真善美和孝道文化，倡导尊老爱幼的优良民风，带动基层治理向善向好发展。积极开展爱国卫生运动与村庄清洁行动，持续提升乡村人居环境绿色化水平。

（四）加快推进乡村绿色发展

一是强化以绿色发展为导向的支持乡村产业振兴的保护政策。设立耕地土壤修复基金，加大对乡村清洁生产的财政支持力度，支持建设符合要求的绿色工厂，完善对畜禽粪污、农作物秸秆等农业废弃物多元化利用的财政补贴制度。

二是统筹乡村生态保护、生态修复和资源合理利用。按照国土空间规划要求，科学划定乡村生态保护红线、永久基本农田、城镇开发等管控边界，并依法依规做好三类边界的管控。在确保生态环境质量安全的基础上，合理开发利用乡村生态资源，把山水林田湖草、农耕文化、康养资源转化为乡村产业发展优势，让良好生态环境成为乡村产业振兴的重要支撑点。

三是建立健全乡村生态保护补偿机制。按照谁开发谁保护、谁受益谁补偿的原则，加大中央财政转移支付和受益地区财政支持力度，既保障淅川县作为南水北调渠首的水源安全，又以足够的生态补偿资金投入促进当地美丽乡村建设。

小兔子大产业　强融合促共赢

——河南省济源市乡村产业振兴案例

近年来，济源深入实施乡村振兴战略，以产业兴旺为重点，依托济源阳光兔业科技有限公司大力发展兔业经济，形成了"公司+农户+加工""公司+合作社+农户"等多元发展模式，促进了农民增收致富，探索出了"公司延链补链强发展，基地服务创新促共赢"的发展之路，形成了集"种、养、加、餐、旅、研"为一体的肉兔全产业链循环模式，建立了与国际接轨的现代肉兔产业链体系，实现了"小农户"与"大市场"、传统农业与现代工业、畜牧养殖与休闲观光的有机联结，走出一条企业增效、产业发展、农村增收、农民致富、乡村振兴的合作共赢之路。

一　主要做法

（一）围绕产业谋发展

济源围绕肉兔产供销做文章，引进了先进的种兔繁育项目，建成了现代化饲料加工厂，开展了全过程跟踪服务、产品订单回收，拓展了兔肉加工、产品出口业务，改造提升了养殖场区，发展餐饮文化服务，构建了肉兔全产业链闭环循环，实现了肉兔产业的快速发展。并相继投资近 2 亿元，建成两个标准化育种基地、两个大型饲料厂、一个兔肉食品加工厂、两个农业专业合作社、一个有机肥厂，先后在两个育种基地建设了曾祖代、祖代、父母代核心种兔繁育场，拥有标准化兔舍 60 余栋，年可出栏伊普吕配套系种兔 40 万只，生物实验用兔 10 万只以上，商品兔 100 万只，成为全国唯一的法国伊普吕曾祖代配套系种兔供种基地、河南省规模化实验兔供应基地。两个大型饲料厂年产畜禽饲料 30 万吨，食品加工厂年加工生熟兔肉 3000 吨，兔肉合作出口 2000 吨，有机肥厂利用养殖场兔粪，年产有机肥 1

万吨，流转土地 5000 余亩，每年为饲料厂直接提供优质小麦、玉米 5000 余吨；建设了兔文化和兔餐饮示范点，拓宽了生态营养、文化传承等多种功能，从而构建了从养殖到餐桌的肉兔全产业链，产业链内原材料自给率和资源利用率达到 95% 以上，辐射本地饲料、运输、有机肥等产业发展，形成了产业融合发展新格局。

（二）强化科技促创新

济源始终以科技创新为方向，持续加大研发投入，先后与河南农业大学、河南省农业科学院、法国克里莫集团、维泽慕集团建立了长期技术合作关系，设立了国家兔产业技术体系济源综合实验站、河南省肉兔繁育及加工工程技术研究中心、河南省肉兔产业技术创新战略联盟、济源市肉兔饲料营养重点实验室等科研平台，主动对接国际前沿技术开展创新研究，先后引进了国际优良种兔和配套繁育技术，运用了智能化养殖技术。阳光兔业公司主持研究的"肉兔高效生产技术集成创新与应用"成果达到国内行业领先水平，自主研发的国家专利、科技成果、地方标准 80 余项，先后在生产实践中应用，取得了显著的经济社会效益，促进了肉兔产业的健康快速发展。同时视质量为生命、把品牌当形象，开发"伊啦"兔肉产品 20 多个品种，通过了 HACCP、ISO22000 认证，产品先后荣获第 14 届中国国际农产品交易会金奖、第 22 届中国农产品加工投资贸易洽谈会"金质产品奖"，"伊啦"兔肉入选"河南省知名农业品牌目录"之企业品牌，阳光兔业公司营业额每年都得到跨越式发展，主营收入由 2017 年的 1.3 亿元增长到 2019 年的 1.9 亿元，公司科技研发能力和核心竞争力跃居国内同行业领先水平，相继承担国家级农业产业强镇、国家农业标准化示范区、河南省科技创新引导计划、河南省"农业物联网应用示范基地"等项目建设，有力促进了区域产业可持续、高质量发展。

（三）利用平台搞合作

济源以企业增效、农民增收为目标，不断探索、完善与农户的利益联结机制，形成以龙头带基地、基地连农户、农户共发展的体制机制。持续推行"龙头企业 + 合作社 + 基地 + 农户"的产业带动模式，采取"五统一"服务机制，实行订单生产、保护价回收，对农户进行标准化技术指导，最大限度让利于民，确保养殖户最大收益，拉动农户进入产业链增收，实现企业、合作社、农户多赢局面。同时依托国家级阳光兔业星创天地、河南省肉兔产业技术创新战略联盟等创业孵化平台，集聚各类经济主体，开展产业技术、创业培训等服务，有效推动了产业发展，带动了地方经济发展。目前，累计在济源及周边辐射发展兔业合作社、家庭农场 20 余个，带动种养户 4000 余户，辐射了河南、山西、四川、贵州等重点区域，为农业增效、农民增收创造了更加广阔的发展空间。

二　取得的成效

（一）进行土地流转助增收

阳光兔业公司牵头成立新大地农机专业合作社，通过"保底+分红"方式流转梨林镇大许村土地 3500 亩，开展饲料玉米规模化种植，既保障了公司饲料原料的稳定供应，又推进了农业适度规模经营。托管周边土地 2500 亩，为 1500 余户提供耕种收全程社会化服务，推动小农户与现代农业有机衔接。

（二）合作开发荒山荒坡助增收

与承留、坡头两镇合作，盘活闲置土地资源，流转荒山、荒坡、低效农用地 200 余亩，建设了年出栏 20 万只种兔繁殖基地，年出栏 150 万只自由兔养殖基地，年出栏 5 万只商品兔养殖基地，年加工 1 万吨有机肥生产线等产业项目，村集体经济组织年均增收 30 万元，带动当地劳动力就业 100 余人，实现了企业做大、产业发展、集体增收。

（三）入股发展集体经济助增收

规划建设了占地 100 余亩的阳光兔业产业园，分别与承留、思礼、邵原、克井等 7 个镇 30 个村的集体经济合作社签订合作协议，每村入股 100 万元，阳光兔业公司按年度支付每村不低于 10 万元的固定收益。通过实施"阳光兔业产业园扶贫项目"建设，带动济源 7 个镇 30 个村集体年均增收 10 万元，带动贫困户 436 户、贫困人口 1445 人，安置项目所在地村民十余人家门口就业；以产业辐射国家重点地区精准扶贫，已带动新疆和田皮山县、宁夏银川市、湖北十堰房县、河南新乡长垣市等大型肉兔产业扶贫基地 4 个，中小型产业扶贫基地十余个，年出栏肉兔 5000 万只左右，有力地推动了村集体经济发展和贫困群众脱贫致富。

（四）鱼渔相授助增收

阳光兔业主动对接当地农民专业合作社，签订购销协议，以高于市场价收购贫困户玉米等农副产品，同时向农产品种植户、贫困户低于市场价供应兔粪有机肥等生产资料，帮扶贫困户提高收益。2019 年，相继与济源市永福种植专业合作社等 5 家合作社签订为期 2 年的《玉米购销协议》，解决了农户的销售难题，助力脱贫攻坚。组建专家技术团队在全国开展"携手阳光共创辉煌"科技扶贫服务宣讲活动，免费发放养殖技术资料 1000 余份，组织贫困户学习培训、微信讲课、进村入户技术指导 3000 余人次，鱼渔相授，不仅促进了阳光兔业肉兔产业在全国的推广应用，而且让更多的贫困户掌握一技之长，实现稳定脱贫。

三 发展启示

（一）坚持绿色化、标准化、集约化养殖

以绿色化、标准化、集约化目标为引领，以区域化布局、专业化养殖为原则，持续开展生产模式、饲喂方式、设施设备、环境控制等方面的创新研究，连续引进法国伊普吕配套系优良种源，推广国际先进饲养繁育技术，更新改造基础设施和设备，建立健全养殖标准和质量检测体系，优化"肉兔高效生产技术集成创新与应用"技术，实施"无抗日粮、减抗养殖"等试验项目，逐步形成一套可推广、可复制的标准化生产模式。紧抓 2019 年"伊普吕肉兔现代化养殖标准化示范区项目"被列入第十批国家农业标准化示范区项目的机遇，持续优化生产技术，打造产品品牌，实施产业带动，助力企业可持续发展。

（二）开放合作集聚产业优势资源

瞄准国际、国内先进产业技术，加大开放合作力度，整合优势资源，搭建合作平台，助力高效发展。持续深化与法国克里莫集团海法姆公司的

战略合作，继续引进伊普吕曾祖代配套系种兔，着力优化种源和配套系技术，逐步扩大在全国的推广应用；持续完善与维泽慕集团的饲料技术合作，通过在饲料配方、化验检测等领域的深度合作，做大做强饲料产业；持续加大兔肉出口业务合作，出口兔肉备案养殖场规模达到年出栏 70 万只，年出口兔肉 1000 吨；持续加强与新疆昆仑绿源、宁夏澳中农业等龙头企业的产业战略合作，实现了资源共享、优势互补、合作共赢。

（三）履行龙头企业责任担当

企业的发展离不开政府的关心扶持，离不开农户和社会的认可支持。要充分履行龙头企业的社会责任，依托肉兔全产业资源优势，服务大局，回报社会，巩固与农户建立的紧密利益联结机制，带动农户增收致富；踊跃参与扶贫攻坚活动、新冠肺炎疫情捐赠、济源市光彩基金等公益活动，开展多模式帮扶活动，同心同向发力，立足济源，辐射全国，最终实现"农企双赢"。

（四）乡村振兴需要做实产业大文章

济源市尽管只是瞄准了一个看似并不起眼的小兔子，但是用"公司+农户+加工业"的特殊模式，做成了在国内外有重要影响、对当地农民增收有重要支撑作用的一个特色产业，最大的受益者是当地的企业与农民，他们从该产业的快速发展中获得了特色产业发展的红利，既培育了地方性特色产业，促进了乡村振兴，又造福于普通百姓，成为可靠的致富之路。下一步，济源将继续以兴企富农为己任，进一步转变发展思路，深化对外合作，加快全产业链融合发展，建设一流的兔产业技术服务平台，倾力打造全国最具实力和规模的肉兔配套系供种企业、最具标准化的肉兔食材供应商、最具影响力的实验动物供应商，打造中国兔业卓越品牌，不断完善企业与农户的利益联结机制，以肉兔产业的发展带动农民增收致富。

发展特色产业　助推乡村振兴

——河南省夏邑县郭店镇乡村产业振兴案例

夏邑县地处豫东平原，过去长期是以农业为主的地区。近些年，夏邑县郭店镇在推进乡村振兴战略过程中，打造以蛋鸭养殖为主导、多业态发展的农业产业模式，重点培育壮大蛋鸭、火机、板材、食品、面粉、瓜果等特色产业，形成了一二三产业深度融合的"新六产"。多维度的产业融合方式以及创新的产业发展风险防控机制，带来了乡村的巨大变化，为发展特色产业推进乡村振兴探索了路子。2020年4月，郭店镇被农业农村部命名为全国农业产业强镇，成为豫东农区乡村振兴的一颗明珠。

一　坚持特色产业支撑

近年来，郭店镇紧紧围绕建设"蛋鸭养殖小镇"目标，将产业建设与精准扶贫工作相结合，把种鸭养殖作为扶贫主导产业。引进全球最大的种鸭养殖集团广西桂柳牧业集团，采取"公司+基地+农户（贫困户）"的发展模式，引领种鸭养殖规模化标准化发展。全镇养殖种鸭100万羽，辐射全县十多个乡镇养殖种鸭200万羽，占全国总量的1/6，成为全国生态养鸭第一县。桂柳鸭唱出致富曲，种鸭养殖已成为全县五大特色产业之一。2020年1月，夏邑县被中国食文化研究会授予"中国蛋鸭之乡"称号。

（一）规模发展

郭店镇坚持把培育龙头企业作为带动产业发展的突破口来抓，全力扶持企业做大做强。以总投资15亿元、占地600亩的广西桂柳牧业集团夏邑产业园为龙头，通过建设标准化养殖小区，将贫困户吸收进来，扩大养殖规模和覆盖面，推动了产业发展。全镇建设种鸭养殖小区31个，年产值十亿多元，净利润达3亿多元，直接或间接从事养殖的贫困户1000多户，全镇 4.8 万人仅种鸭养殖一项人均增收 6000 元，成为当地居民增收的好项目。2019 年 12 月 15 日，央视《新闻联播》"在习近平新时代中国特色社会主义思想指引下——新时代 新作为 新篇章"专题播出《一鼓作气 尽锐出战 决胜脱贫攻坚》，为郭店镇"一村一品一户一业"的蛋鸭扶贫模式点赞。

（二）产销一体

通过建立合作组织，有效引导贫困户参与到基地建设和产业发展之中，实现了"小群体""弱群体"与"大龙头""大市场"的有效联结。桂柳公司采取"统一鸭苗、统一饲料、统一技术、统一管理、统一防疫、统一销售"的"六统一"模式，减小种鸭养殖的疾病风险，降低了种鸭养殖户的养殖成本和市场风险。以针庙村为例，该村养殖种鸭 23 组 6.9 万羽，年利润额近 2000 万元。一组两个鸭棚，投入 10 万元。每组养殖种鸭 3000 羽。母鸭产蛋 365 天，产蛋数不低于 310 枚，每只鸭子赚 300 元，一组 90 万元。种鸭产业已成为第一支柱产业，真正实现了产业强、百姓富。

（三）资源整合

郭店镇将项目、政策、技术等资源进行有效整合，向养殖小区倾斜。镇里先后制定了《产业扶贫实施规划》《种鸭养殖发展规划》等一系列产业扶贫的政策性文件，确定了产业的方向、思路、发展目标和具体措施。建设扶贫产业园。该园总投资 800 万元，占地 23 亩，养殖蛋鸭 15 万羽，带贫 40 人，开发公益性岗位 63 人，每人每年增收 2400 元。成立扶贫合作社。总投资 200 万元，成立 4 个合作社，与百事得火机厂联建 1 个、新建 3 个蛋鸭养殖合作社，带动贫困人口 400 人，每人每年增收 3600 元。扶贫小额贴息贷款。每户可贷 5 万元，3 年期，政府贴息、免担保、免抵押，663 户贫困户通过贷款 2423 万元进行养殖。创业扶贫贷款。由劳动部门提供不少于每户 10 万元的创业无息贷款，由养殖小区给养殖户提供担保，财政给予贴息。目前，已先后为养殖户协调贷款 600 多万元。贫困户养殖种鸭不出一分钱，养殖收益按五五分成。

二　激发乡村产业发展活力

不断加大改革力度，推动各种要素资源向乡村聚集，激发乡村产业发展的活力。

（一）培育经营主体

实施专业合作社示范典型创建活动，全镇农民合作社 300 多个，国家级示范社 1 个，省级示范社 1 个，市级农业产业示范园 1 个，家庭农场 280 个。

（二）打造平台载体

加快桂柳产业园区、扶贫产业园、扶贫合作社等各类园区建设，为乡村产业发展提供平台与载体，引导支持乡村产业集聚发展，形成高效资源配置方式，提升乡村产业的市场竞争力。

（三）发展村级经济

根据不同村庄类型制定分类政策，精准施策，放大政策效应，形成"南养北种中加工"的产业格局。全镇板材加工企业 80 家，年产值 10 亿元，仅何集村板材加工年产值就达 4 亿元；全镇年产火机 5 亿只，7 个村产值 2 亿元；王刘庄生态果园占地 2000 亩，年产值 2000 多万元；种植 8424 和美都西瓜 1 万亩，年产值 1 亿元；中原粉业、圣源粉业、金利粉业等面粉加工年产值 6000 多万元；食品加工年产值 7000 多万元。

三 强化"四链同构"

按照"粮头食尾""农头工尾"要求，着力延长产业链、提升价值链、打造供应链、完善利益链，"四链同构"推进乡村产业融合发展，从整体上提升产业链发展水平。

（一）延长产业链

致力于打造"6+2+2"的蛋鸭产业体系。其中，6 是指"6 大产业板块"：养殖、屠宰、孵化、饲料、食品、羽绒加工。第一个 2 是指"2 个国家级研究院"：总投资 2 亿元的英国樱桃谷农场、浙江农业科学院、县政府和广西桂柳牧业集团合作的桂樱蛋鸭育种研究院，投资 1 亿元的南京农业大学与广西桂柳牧业集团成立的南京农业大学桂柳现代食品产业研究院，填补了县产业集聚区没有国家级研究院的空白。第二个2是指"2个新兴产业项目":纸箱加工厂和绿色油脂厂。

(二) 打造供应链

挖掘农业多种功能,新产业新业态新模式快速发展,为主导产业发展提供各个方面的要素供给。依托养鸭产业,郭店镇被农业农村部命名为全国农业产业强镇,全省16个,全市唯一。申报全省休闲农业和乡村旅游示范经营主体7个。全镇2个农产品电商示范街初步形成,农村益农信息社实现全覆盖。

(三) 提升价值链

在疏导小乱散养退出、发展标准化规模化养殖的同时,发展精深加工,打造驰名品牌,促进价值链提升,提高乡村产业发展效益和企业的核心竞争力。

(四) 完善利益链

积极发展产业化联合体,推行合作制、股份合作制、股份制等组织形式和"公司+基地+合作社+农户和贫困户"等经营模式,推广"保底收益+按股分红""五五分成"等分配方式,让农民更多分享第二、第三产业增值收益。

四 坚持绿色发展方向

坚持把生态保护作为产业振兴的重要保障,着力推行绿色生产方式,推动乡村产业可持续发展。

(一) 实施绿色养殖工程

种鸭养殖属于生态养殖,养殖饲料内添加益生菌,无异味。基地栽植绿化树,在每个鸭棚间作种植吸附异味强的香椿树;建有粪水处理池,粪水统一处理后流入鱼塘。鱼塘进行生态养鱼,还配套种植莲藕;种鸭排出的粪便和残余饲料为鱼类提供饵料;鸭舍垫料和鸭粪经堆积生物发酵后成有机肥料,供庄稼地、蔬菜地施用。每亩鱼塘放养各类鱼种3000尾,加上种植莲藕的收入，亩均收入可达 6 万多元。

（二）实施绿色种植行动

王刘庄生态果园创新推广土壤改良模式，减少化肥农药使用，取得了良好效果。减少化肥农药使用量，全面提升种植业的绿色化水平。

（三）推进资源综合利用

努力解决农业面源污染问题，减少化肥农药使用，加大畜禽粪便、秸秆、农膜等资源化利用，示范推广粪污运输、贮存、处理全程机械化作业，为打造绿色有机农产品品牌打下品质基础。

五　理论启示

作为豫东平原的一个传统农业县，在乡村振兴中如何找到切实可行的路子非常重要。近几年，夏邑县郭店镇所进行的实践探索以及取得的明显成效使我们对乡村振兴更加充满信心，也得出一些理论启示。

（一）产业振兴是乡村振兴的关键

各地在乡村振兴中遇到的具体情况非常复杂，无论是原有的经济基础，还是现在的资源条件，地域差异非常大，因此，因地制宜特别重要。但是，无论哪里，乡村与城镇最大的差异仍然是产业发展不充分不均衡导致的经济发展水平的差异。而要缩小这种差异，最为关键的就是推动乡村产业加快发展。只有乡村产业振兴了，当地农民手中有钱了，乡村的全面振兴才能够健康推进。

（二）乡村产业振兴要充分发挥当地的优势

作为豫东平原的传统农区，当地过去有蛋鸭养殖的基础。在乡村产业振兴过程中，当地抓住这个有一定基础的产业，集中各方资源，进行聚焦发展，形成了比较好的发展成效，使当地原有的优势进一步放大，确实成为老百姓喜爱的一个致富门路，契合了科学发展的需要。

（三）乡村产业振兴中引入行业性骨干企业具有引领发展的重要作用

夏邑县郭店镇在建设"蛋鸭养殖小镇"的过程中，引入了在全球同行业具有巨大影响力的广西桂柳牧业集团，打通了与同行著名企业的全方位合作渠道，可以使用最好的技术与管理，这对当地蛋鸭养殖规模化高质量发展起到了非常好的引领与支撑作用，值得其他地方学习与借鉴。

（四）乡村产业振兴要沿着绿色化方向前行

不管是考虑农村生态环境建设的需要，还是考虑乡村产业发展的长远趋势，绿色化都是要坚定不移坚持的大方向。这是"十四五"时期我国乡村振兴全局的大势所趋，也是为全国尽快完成碳达峰与碳中和历史性任务应该作出的贡献。

探索乡村产业振兴的美学新路径

——河南省修武县乡村产业振兴案例

河南省焦作市修武县，最近频频因为"美学经济"登上热搜。他们正在探索的美学经济，把一个哲学分支和乡村产业振兴融合到一起，产生了极大的社会影响力。"汉服节打卡""西村乡观鸟""孙窑村电商直播""岸上村网红民宿""大南坡村艺术策展"……源源不断的乡村振兴新业态，很快激活了全县 187 个村的绿水青山、特色农产品、历史文化资源、民风民俗和传统村落资源等乡村产业振兴富矿，实现经济效益和产业利润的倍增，让乡村振兴在"留住乡愁，传承文脉，调动原住居民积极性，实现投入产出相对平衡和全民美育"中擦亮高雅的美学底色，在全国率先走出了一条超越"大拆大建"的美学新路径。

一　主要做法

（一）明确美学定位

近年来，通过从习近平总书记"传承和弘扬中华美学精神""建设美丽中国""绿水青山就是金山银山""人民对美好生活的向往就是我们的奋斗目标"等重要指示精神中汲取养分，修武县创新提出了发展美学经济的思路。在当地人看来，美丽中国就是中国的未来，中华美学精神就是美丽中国的底蕴，而广袤乡村就是中华美学的根脉。因此，在实施乡村振兴战略中，修武县聚焦美学赋能，把美学设计人才提升到和科技创新人才同等重要的战略高度，创造性地将设计师和艺术家的原创作品作为提升乡村美学体验、创造美学价值的重要抓手，在绿水青山与金山银山之间架起了一条可转化的通道，为乡村振兴探索出美学经济新模式。

（二）用美学留住乡愁

乡村振兴内容丰富，既要塑形，有产业支撑；也要铸魂，有精神追求。乡村振兴的这个"魂"，就是"乡愁"。修武县在做好农村垃圾治理、污水处理、厕所革命等人居环境整治工作的基础上，另辟新径，致力于用美学设计与美学产业项目"留得住乡愁"，避免了"乡村城市化"的破坏式开发。在挖掘乡愁资源上，通过对全县戏曲、故事、古驿道、古建筑、特色农产品、特色小吃、传统工艺等分类整理与完善，建立美学经济资源数据库，因地制宜制订"三年保护性开发计划"。在充分激活美学资源价值上，先后联手清华大学罗德胤、场域建筑梁井宇、张唐景观以及哈佛大学毕业设计师陈曦、周实、任祎、刘焉陈等60余位海内外知名设计师，进行美学建筑设计和美学资源包装，全面启动大南坡、天空之院、水塔餐厅、七贤会客厅等第一批60个美学经济与产业示范项目，在全县美学资源基础较好的8个乡镇构建美学建筑及其相关业态网状布局。在提升乡愁品质方面，建立美学项目设计审核、观摩评比等6项推进机制，把牢项目品质和乡村特色关口，确保新上项目"无设计，不建设"；无特色，不推进。通过高质量美学设计"针灸点穴"，绿水青山、麦香磨坊、石屋古井和鸟语花香的诗意栖居之美全方位回归，成就了城市居民最稀罕的美学体验，不少美学项目成为"网红打卡地"。

（三）以美学传承文脉

作为中国优秀传统文化的重要组成部分，乡村文脉既是乡村振兴的软实力，也是乡村产业发展的生产力。修武县创新美学载体，有效激发乡村文化的生机活力，调动乡村居民创新的热情，避免了乡村振兴"千村一面"的量产式开发。

一是赋能乡土文化。将全国最先进的乡村文化思想建设和优秀设计团队的智慧输入乡村，通过对诸如大队部、大礼堂、合作社等公共资源与村民夜校、农耕劳作等乡村生活场景进行美学赋能和内容创造，形成了手工艺合作社、乡村大讲堂、乡村市集、农耕工具陈列等一系列扎根乡村的文化新业态。原来已经废弃的大队部，经美学改造转化为日均收入3000元的碧山供销社（焦作店）和方所书店，这样的乡村资源成功转身创造经济效益的例子比比皆是。目前,该县正在联手清华同衡开展村庄总规设计和乡土景观修复,联手左靖工作室推进乡土文化生产和文化氛围营造,联手隐居乡里团队培养乡村文化产业经理人,联手成都明月村团队进行社区营造和村民培训,联手安哲设计所改造乡土美学空间,联手中方智库推广乡土文化品牌,通过一系列"组合拳"带动了乡土文化加快复苏。

二是丰富居民精神文化生活。聚拢散落在乡村的民间艺人和技艺,复兴大秧歌、怀梆剧、二夹弦、推花车、霸王鞭等表演形式,让群众零距离感受到身边丰富多彩的文化遗产。将艺术美学融入乡村文化建设,引导农民成为乡村文化的主角。村村不乏自编自导自演的文化能人,展示了中国特色社会主义新时代农民群众的幸福生活和精神风貌。

三是激活历史文化资源。融入现代前卫的美学理念,将历史传统文化变为可听、可看、可参与、可感受的体验项目和文旅产品。联手中戏、北影、北舞等全国顶尖文艺人才团队,推出"永不落幕的汉服节",融入汉族服饰、传统打击乐、国风剑舞、装置艺术等美学元素,3 次活动总客流量近 20 万人次,曝光量突破 2.5 亿次。以"竹林七贤"为脚本,联手互联网美学设计团队,设计"云台小七"文创旅游 IP 形象,衍生出雨伞、T 恤、公仔、手办等一系列文创新产品,打造了金银花、玫瑰花茶、蜂蜜、香油等一系列农副土特产品,带动总投资 1.8 亿元的 7 个产业项目投资落地,成为乡村产业振兴的支撑。借助该 IP 热度成立"云台小七"电商直播小镇,促进电商新业态发展,孵化农民网红主播近 300 人。

(四) 调动原住居民积极性

只有当村庄的原住居民受到尊重与肯定,通过还权、归位、赋能站到"舞台"中央,乡村振兴才拥有凝聚力和向心力。修武县拓展思路开启乡村营造,点燃乡村群众参与热情,有效避免了原住居民在乡村振兴过程中被边缘化的现象。

一是帮助原住居民找寻乡村生活内涵。免费举办 14 期面向全县乡村的《南坡讲堂》,与村民分享"陈统奎以农业美学经济再造故乡""吴开建以文创和工艺激活乡村发展"等一系列先进理念和发展案例,帮助当地群众更新对乡村发展的认知;成立少儿武术队、重组乡村艺术团、开办青少年美学班,系统培养村民发现美、创造美和享受美的能力;引导村民以参与者的姿态融入乡村美学经济新业态，成为乡村旅游讲解员、文创产品推销员、乡村家宴服务员等，村民自创的"南坡家宴"接待了全国各地慕名而来的游客。

二是鼓励原住居民创作乡村原创艺术。以"南坡秋兴"为代表的乡村艺术策展为村民留足想象空间，群众自发通过诗歌、散文、弦乐等艺术载体，描绘乡村、宣传家乡，逐步激活本村和周边村落的文化与公共生活；以草木染等为代表的文创旅游产品，在村民手中成为美学名片，增强了群众自力更生和积极向上的自信心。

三是构建原住居民参与乡村建设平台。着眼保障原住居民在产业发展中持续受益，明确村民是乡村产业发展决策的主体，政府只负责基础设施建设、政策支持和美学业态的帮扶，充分调动人民群众的积极性与创造力。在乡村民宿改造中，政府帮助岸上村引进青年建筑设计师王求安，在由设计师把关设计方向、整体建筑风貌、空间利用建议方案的同时，充分考虑村民对设计风格、经营业态和运营模式的实际需求，广泛征求村民的意见。正是由于充分尊重村民意愿，如今的岸上民宿街区一家一种设计、一户一种业态、一人一个故事，既丰富多彩，又运行有序，节假日客人入住率超过85%。该街区不仅成为《人民日报》点赞的"小镇夜经济"样本，还带动岸上村700余名村民实现了家门口就业。

（五）社会化运营

单单依靠党委政府的力量，难以保障乡村振兴的常态化与可持续，只有构建完善的社会化的运营机制，充分调动农民、企业家、社会公益组织等不同主体共同参与的积极性，才能实现投入产出相对平衡，避免因推进乡村振兴工作而形成新的县域债务风险。

一是政府把关定向，精打细算项目收益。修武县成立正科级全供事业单位美学经济服务中心，在每个项目实施前预判投入是否可控，回报是否稳定，避免造成资金和资源的浪费；注重项目功能性与美学内涵并重，既杜绝脱离实际的"为美而美"，又保证美学品质带来的体验升级。该县716公里的"四好农村路"借助美学设计成为风景路、旅游路、网红路，扮靓了沿线34个贫困村、15个党建示范村和16个美丽乡村，促进了8个旅游景点、8个美学经济项目、6个产业园区（特色小镇）加快发展。

二是注重推广运营，接轨市场化路径。以发展全域旅游为载体，在大南坡、金岭坡、陪嫁庄等乡村旅游示范村开发中，布局乡村艺术中心、自然教育基地、社区营造中心、山居院落民宿等重点吸引物，聘请左靖、方所、一条等全国一流策划包装与营销管理团队，丰富艺术策展、文创咖啡、精酿啤酒、特色农产品等美学消费业态，打通美学与经济联动的"最后一公里"，带动包括党建在内的乡村美学业态实现了良性健康运转。哈佛毕业设计师周实设计的城关镇秦厂村共产主义信仰家园由于颜值高，推出的政治生活"体验套餐"3 个月就吸引 60 余批次党政考察团近 3000 人慕名而来。

三是坚持平衡守中，引导各方利益联动。完善政府资金、社会资本、企业（设计师）投资的美学项目建设机制，构建完善多方共同参与的乡村振兴"命运共同体"，同步放大项目的经济效益和社会效益。以哈佛毕业设计师陈曦设计的田园书屋为例，通过 10 万元的政府设计费+30 万元的社会资金建设成本，不仅示范带动当地村民共建民宿获取稳定收益，还引导 120 余名群众接受直播培训成为村播达人，为 20 名建档立卡贫困户和残疾人员培养了新的创收技能。

（六）市场化推动

乡村振兴的美学路径带来资源聚集，同时也带来人才的聚集、人才的培育。设计师、艺术家、策展人、青年创客这些对于城市都异常稀缺的人才，通过美学经济"市场的手"，让企业家在实现乡村美学项目盈利的同时，把乡村家庭和青少年对美好生活渴望的建筑美学产品、文创产品、美育工程直接送到群众身边，突破了以往乡村美育主要依靠政府投入和公益赞助的杯水车薪难题，实现了全民美育工作在乡村振兴中的推广普及。

一是用先进理念引导家长和孩子。通过企业赞助及"豫沪少年伙伴计划"、"乡村儿童艺术教育月"等常态化活动，修武的家长和青少年可以在家门口的美学建筑里直接接受哈佛大学的先进育儿理念，学习明尼苏达大学教育学博士设计的子女教育辅导课程，使用北京当代艺术基金会设计的美育课本，与最先进的教育理念无缝对接。

二是丰富载体带动美育落地。创新"家长暖心工程"，畅通学校、家庭和学生三方交流互动渠道，推出特色音乐教育和即兴表演课程，帮助万余个乡村家庭的孩子增强自信心和创造力；由教育局牵头，在全县推广快乐家务活动，丰富汉服、国学、传统手工艺等中华传统美育载体，引导青少年德才兼备、全面发展。

三是营造艺术氛围，增强感染熏陶能力。围绕基础设施建设、人居环境整治、数字农业农村建设等 6 个方面，在"四好农村路"、矿山修复治理、田园综合体建设等总投资 724 亿元的 103 个社会资本投入的乡村振兴项目中全面融入美学和艺术元素，多数免费对公众开放，让老百姓在企业家美学经济逐利的同时，在无形中免费感受美的力量和熏陶，在潜移默化中提升审美水平和生活质感。

二　初步成效

（一）乡村产业也可以充满美感

对标党中央乡村振兴"产业兴旺、生态宜居、乡风文明、治理有效、生活富裕"的总要求，在美学引领的乡村振兴实践中，乡村产业不再是"初级和低端"的代名词。从挖掘、唤醒乡村沉睡资源，建设旅游核心吸引物，到开发美学产品和美学 IP，提升体验和附加值，再到打通美学产品销售最后一公里，赚到更多现金流，构建起乡村产业和产品升级的闭环。废弃民居通过美学设计变为人均消费 500～1000 元的精品民宿；怀菊花通过美学设计，从每公斤 400 元卖到每朵 30 元；彩虹西瓜、孤山崖蜜、富硒豆浆等养在深闺的乡村特色农产品，借助美学包装和电商直播，走上城市人的餐桌。正是这些新鲜的美学味道，吸引了城市消费者的眼球，该县乡村游、休闲游、民宿游等泛旅类产业接待游客数量年均增速达 46%，促进了乡村旅游产业的快速发展。

（二）乡村环境更具有美学价值

通过打通生态环境与经济发展的转化通道，让村民实打实感受到绿水青山和美丽乡村带来的经济效益和生活改善，从源头激发了农民群众的内生动力。每月 26 日党员活动日全县干部捡拾垃圾，乡村自发建立环保基金奖优罚劣，巾帼志愿者、青年志愿者等 6 类志愿者联动，月月开展人居环境整治活动，自下而上形成人居环境治理维护的长效机制，乡村环境不再是

"脏乱差"的代名词，而是充满美学价值的宝贵资源。

（三）乡村文化自有美味

将长效设计、社区营造、自然教育、即兴表演、Z世代消费和乡村艺术国际化等前沿理念导入乡村，搭建活动、节会、直播平台，用当今社会特别是年轻群体更容易理解和接受的美学创意唤醒沉睡的乡村历史文化资源，既打破在地文化与世隔绝、传播不畅的困境，又提升了乡村的文化吸引力和话语权，乡村文化不再是"落后和凋敝"的代名词。

（四）乡村治理也可以通过美学赋能

将美学理念引入基层党建，以党建阵地美、组织生活美、党员行为美、制度设计美为重点，持续提升基层党组织的政治领导力、思想引领力、群众组织力和社会号召力。基层党建引领的基层治理成效显著，广大群众纷纷向党组织靠拢，过去每年只有几个年轻人写入党申请书的村子，一下子猛增到57人积极申请入党；中国首个村民自筹资金建设的农村队部，中国首对在队部结婚的夫妻，都在修武涌现，乡村治理不再是"软弱涣散"的代名词。

（五）乡村生活也很幸福

通过全域美学引领全域旅游，全域旅游带动乡村振兴，不仅打开了乡村快速发展的突破口，也为乡村生活带来了品质提升。现如今，修武最好的资源在乡村、最美的风景在乡村、最优的产品在乡村、最贵的房价也在乡村。近4年来，通过发展美学经济，总人口27万人的修武县，接待过夜游客从257.5万人次增长到558.5万人次，旅游总收入从35.16亿元增长到43.51亿元，旅游业对县域GDP和就业的贡献率超过15%和24%，全县在册登记的1/4贫困人口借助文化旅游实现脱贫，乡村生活幸福感明显提升，乡村不再是"贫困和穷苦"的代名词。

三 启示与思考

修武县探索的乡村振兴美学模式，以美学经济为引领、以美学资本为核心、以美学设计为抓手、以美学产业为路径，全方位展现了美学驱动在践行新发展理念中的应用性和增长性，既是对传统乡村"大拆大建"模式的重大超越，也为推动乡村振兴和县域高质量发展提供了思考与启示。

（一）美学引领乡村产业振兴能够一招求多效

美是有能量且可以创造价值的。美学引领的乡村振兴，秉承生态绿色、共融共生的理念，以极强的包容性和延展性，联动产业、人才、文化、生态、组织五大振兴背后的体验升级，实现美学赋能，巧妙打通了五大振兴推进中的堵点。将美学设计旗帜鲜明地作为一种和科技创新同等重要的生产力，不仅培育了乡村特色产业，又保护了自然生态环境；既聚拢了高端乡建人才，又增强了乡土文化魅力；既巩固了基层组织建设，又增强了乡村治理活力，为乡村各项工作提速提质提效找到了系统性的抓手。

（二）"科技创新+美学设计"双轮驱动能够为县域乡村振兴找到突破口

我国中西部有成百上千个工业基础底子薄、科技创新压力大，但绿水青山和文化资源丰富的县域，短时间内难以实现依靠科技创新驱动工业发展、反哺农业农村农民的目标。一旦通过美学设计补充科技创新，将乡村特色资源套入"美学+旅游+N"的万能公式，瞄准"Z世代"、国际化和艺术化三个重点方向拓展市场，打造附加值高、体验性强的美学产品，就能破解长期以来这些县域在地化资源"叫好不叫座"的难题，加速资源变现、三产融合、强县富民。

（三）美学与经济联动可为弘扬中华美学精神注入新动能

美学是非功利的，而经济则追求高成长和高收益，二者融合就会形成一种互促互补的张力。一方面，融入美学为经济发展创造高溢价的利润空间，引导生态文明价值以商品和服务的形式实现向经济价值的转变，体现了中央以经济建设为中心的要求；另一方面，以中华优秀传统文化为主体的中华美学精神能够借助市场经济运行机制，找到传承弘扬的载体和路径，为增强文化自信，推动中国作为东方美学文明共同体获得世界更多国家的认同与追随汇聚强大动能。

加强基层组织建设　促进乡村全面振兴

——河南省辉县市张村乡裴寨村乡村振兴案例

习近平总书记指出，"人民对美好生活的向往，就是我们的奋斗目标"。辉县市张村乡裴寨村在村党支部书记兼村委会主任裴春亮的带领下，认真践行习近平总书记的重要指示和党的十九大精神，以"五个助推"保障和改善民生，党员群众团结一心、艰苦奋斗，把一个位于太行山区原来只有595人、人均年收入不足千元的省级贫困村，发展成入住11800人、人均年收入近2万元的新型农村社区，实现了"人人有活干、家家有钱赚、户户是股东"的致富梦，促进了全面乡村振兴，为贫困山区农村脱贫致富、实现乡村振兴提供了可资借鉴的鲜活经验。

一　主要做法

裴寨村位于太行山南麓丘陵地带，土薄石厚，十年九旱。过去，村民吃的是地窖水，走的是泥土路，住的是土坯房，群众生活困苦，人均年收入不足千元。该村以"五个助推"保障和改善民生，彻底改变了贫穷落后的面貌，促进了乡村全面振兴。

（一）选好带头人

裴寨村过去不仅群众生活贫困，而且村里宗族内斗，五大门、两大派为了一己私利闹得乌烟瘴气，基层组织软弱涣散，村委会主任连续三届空缺。2005年4月，在老支书裴清泽和党员群众的再三邀请下，裴春亮以94%的得票率当选裴寨村村委会主任。2010年，他又挑起了村党支部书记的重担。裴春亮暗下决心，绝不让乡亲们对他的信任打水漂！靠党的改革开放政策率先富起来的裴春亮致富不忘家乡，感恩回馈社会，致力于扶贫帮困、兴修水利、捐资助学、异地扶贫和乡村文明等慈善事业，先后累计捐资 2.1 亿多元，帮助 2 万多名困难群众告别贫困，走上富裕生活的道路。裴寨村把建强党组织作为头等大事来抓，重视发挥党组织的战斗堡垒作用。制定并严格落实党支部"五个一"制度：每月进行一次政治理论学习，每月召开一次干群联席会，每月组织一次义务劳动，每季度组织一次培训，每年开展一次评选表彰活动。制定并严格落实党支部书记"五个一"制度：每月到居民家吃一顿饭，每月走访一次困难户，每季度给党员讲一次党课，每年走访一遍居民家庭，每年主持召开一次群众大会。双"五个一"制度的落实，进一步密切了党群干群关系，党支部的凝聚力、战斗力显著增强。重视发挥党员的先锋模范作用。要求村里党员佩戴党徽、主动亮明身份，实行设岗定责和联包帮带，做到平时能看得出来，危急时刻能豁得出来。党员、干部带头做表率，乡亲们打心眼里信服。

（二）集中解决村民住房和用水难题

2005 年时，裴寨村大部分村民还住着 20 世纪五六十年代的土坯房，因为穷盖不起新房，17 个光棍汉娶不上媳妇。裴春亮个人捐资 3000 万元，带领乡亲们苦干三年半，挖平荒山不占一亩耕地，建成 160 套上下两层、每套 200 平方米的连体别墅楼。2008 年冬至，全村 153 户居民欢天喜地搬进了两层小洋楼。在裴寨，和住房一样突出的是用水问题。咋让乡亲们用水不作难？裴春亮和村"两委"又琢磨着找水的事儿。先是用毁 8 根钻杆，钻了 530 米深，打出一眼活水井。吃水问题解决了，农田灌溉咋办？他们决定修渠引水，拦洪蓄水，乡亲们一致拥护。第一步，利用辉县南干渠，遇山劈开，遇沟架桥，把 100 公里外的水引到村头的蓄水池，再用地埋管道通到田间地头；第二步，利用村里一条天然深沟建水库。确定好方案，全村人就上了工地，一干就是 2 年 7 个月。通水那天，十里八村的人像赶集一样聚在水库边敲锣打鼓，像过年一样热闹。乡亲们住上别墅楼、用上清澈水，开始走上了脱贫致富奔小康之路。

（三）积极发展乡村产业

一是发展高效农业和设施农业。经过精心研究规划，决定拆除老村，腾出老宅基地，复垦出 600 亩耕地，兴建了钢架地温大棚和玻璃日光温室，成立了家家入股的蔬菜花卉种植专业合作社，申报无公害蔬菜种植基地，与超市对接进行销售。以前种小麦、玉米，一亩地收入最多不过五六百元。在科技人员的帮助下，种植无公害蔬菜，一亩地收入 2 万~3 万元。种植鲜切花，一亩地能收入 6 万多元。2018 年，村里引进农大蔬菜专业的硕士研究生秦航，发展食用菌种植，成功培育出了珍稀名贵的羊肚菌，一亩羊肚菌收入达十多万元。乡亲们高兴地说，由科技创新支撑，土里真能刨出黄金呀！目前，全村已发展高效农业 1500 多亩，各类温室 750 余座，1200 多名村民从事高效农业种植和养殖。

二是发展现代水泥产业。2006 年 9 月，裴寨村创建了以水泥为主导产业的春江集团，带动周边群众 3000 余人在家门口就业创业。春江集团让村里家家入股，每家每年基本都能得到 20% 的入股分红。村民裴明军得过小儿麻痹症，妻子残疾，家庭生活困难。村里有 8 户像裴明军这样的困难户，除了享受国家兜底政策外，春江集团给他们每户 2 万元企业干股，让他们衣食无忧。每年农历腊月二十三是裴寨村的"分红日"，仅 2019 年全村就分红 600 多万元。

三是发展红薯加工产业。利用当地传统农业优势，积极进行农产品深加工，实施"红薯革命"行动。倡导举办了"中国太行首届红薯粉条文化节"。没想到，十天时间销售了十多万斤粉条，乡亲们大呼想不到，栽种红薯的积极性越来越高。为了让更多的人增收致富，通过"公司+农户"的模式发展红薯产业，成立了以红薯粉条酸辣粉为主打产品的河南九月天食品有限公司，生产的红薯酸辣粉等产品畅销全国，还出口到韩国、越南、菲律宾等国家，年销售额超过 8000 万元。代加工的品牌达 178 家，拥有员工 442 人，贫困户 41 户，人均月工资 3000 元以上。2020 年，又投资年产酸辣粉 10 万吨生产线 1 条，进一步发展规模会更大。

四是发展红色旅游、乡村旅游产业。利用新乡市先进群体等红色资源，开展红色旅游。积极开发太行山生态文化旅游，创建国家 4A 级宝泉旅游风景区，帮助群众在景区就业，使太行深山区 453 户 1798 名群众易地脱贫，间接带动农民数千人就业致富。

五是发展现代服装定制产业。投资 2000 多万元建设服装产业园，吸收就业可达 2000 余人。引进上海衣尚和苏州澄新服饰成立河南禾合服饰有限公司，主要定制生产男女正装、羊绒大衣、衬衣等各类定制类服装，年产量超 40 万件。

六是发展跨境电商产业。积极推进"品牌化输出+农村电商+农业产业化+乡村振兴"的发展战略，重点打造以"裴寨村"品牌为引领的农产品品牌，推动农产品电商发展。

（四）建设农村新社区

一个村富了还不算富，把周边更多的村都带富才算真正的富。2009 年，中央提出"大力推进新型城镇化，建设新型农村社区"。张村乡以裴寨新村为依托，整合 11 个行政村，建成了入住 11800 多人的裴寨社区，任命裴春亮担任社区党总支书记。精心搞好社区公共服务。裴寨社区建起了小学、幼儿园、卫生院、污水处理厂，水电暖、天然气户户通，新乡城际公交通到了裴寨社区。还规划重建了宽 25 米的裴寨商业街，建成了 900 间楼房门店，面积 3 万平方米，180 多家商户承包入驻，银行、超市、饭店一应俱全，裴寨社区像城市社区一样宜居宜业、富裕舒适。

（五）弘扬乡村文明新风尚

乡亲们的日子越过越好了，但红白喜事相互攀比、大操大办等陈规陋习依然存在。为破解这种不良风俗，村里成立了红白理事会，建起了红白理事会大厅，定下标准，每桌不能超过 200 元钱。村干部裴晓峰的父亲去世后，他几个姐姐都想让大办。他说，我是村干部，更得带头按规矩办。村支书裴春亮的儿子结婚时，酒用的是 50 块钱的百泉春，烟是 10 块钱的红旗渠，只待客不设礼桌。由于村里党员干部带头做表率，乡亲们都很认可，节俭办红白喜事的新风尚蔚然成风。村里制作了宣传社会主义核心价值观等通俗易懂的标语，在全村张贴，还建起了党建展览馆，开办"习书堂"、农民红色课堂，建成初心广场、太行初心馆、家风馆，7 名年轻党员创办了"大喇叭朗读时间"，义务轮流播报时事新闻、法治案例、健康常识等，在潜移默化中影响教育群众。裴寨村认真落实习近平总书记提出的"没有全民健康，就没有全面小康"的重要指示精神，不断提高村民健康水平，村里设置了 18 块健康提示牌，提醒村民"少吃油和盐""吃米带糠、吃菜带帮""按时入睡，定时起床"。还与河南省职工医院建立共建关系，以家庭为单位签订《裴寨村家庭保健协议》，让村民不出家门就能寻医问药，享受全方位的健康服务，努力营造健康向上、文明和谐的社会环境。

二　主要成效

（一）把一个省级贫困村建设成为人均年收入近 2 万元的"全国文明村"

裴寨村坚持听党话跟党走、同创业共致富，艰苦奋斗，建设新村，兴修水利、发展高效农业，兴办工商业、创建股份制企业春江集团，促进产业兴旺，建设生态宜居新型社区，打造"豫北特色小镇"，使这个省级贫困村发展成为人均年收入近 2 万元的"全国文明村""全国乡村旅游模范村"，实现了"人人有活干、家家有钱赚、户户是股东"的富裕梦，现在大多数村民家庭都有了轿车。还积极参与精准扶贫和"千企帮千村"行动，辐射带动 11 个行政村共同富裕。发展文化旅游产业，建设宝泉旅游景区，结对帮扶辉县西部太行深山区 4 个贫困村实现搬迁脱贫，捐资 8000 万元新建宝泉花园社区，让搬迁群众安家居住。协调 6000 万元信贷资金，帮助 6000 户贫困家庭增收，为实现共同富裕和全面小康作出了积极贡献。

（二）乡风文明建设硕果累累

裴寨村坚持把提高党员群众的道德修养、法律意识、文化素质放在和发展经济同等高度来抓，创办了"裴寨村读者服务站"，创建了"习书堂"，制定《党员学习制度》、每周一为"党员学习日"，建起了"农民红色课堂"，经常邀请老党员、退休干部、党校老师等宣讲红色故事。建起了"远程教育学习室"，开展现代农业知识、创业技能、法律知识等分类培训，有效提升了党员群众思想觉悟和科学文化素质。优良家风和文明乡风得到大力弘扬。创办了"家风馆"，传承和弘扬优良家风家训，每两年开展一次"五好文明家庭"和"爱在裴寨——身边的道德模范"评选活动，用身边人、身边事感化教育身边的群众。实施文明积分换物办法，调动了村民参与优良家风和文明乡风建设的积极性，社区居民互帮互助、乐于奉献。村民裴龙东股骨头坏死急需手术治疗，村"两委"发起捐款倡议，乡亲们热情伸出援手，短短一天时间全村义捐善款 14680 元，解决了困难群众的燃眉之急。裴寨村先后荣获"全国文明村""全国乡村旅游模范村"等荣誉称号，被河南省确立为第二批社会主义核心价值观建设示范点，被中组部确定为"新乡先进群体"教育培训示范基地现场教学点，仅 2019 年就接待参观学习团队达 9 万余人次。

（三）"三治融合"治村成效显著

2010 年，村党支部就探索提出了"情德法"融合治村的理念，坚持"大家的事儿，大家商量着办"，形成支部党员大会、村民代表大会统一意志，排小组会反馈听取社情民意，监督委员会全程跟踪问效的联动工作机制，逐步构建自治、法治、德治"三治融合"的乡村治理体系。以楼排为单位实行自治管理，及时发现身边的好人好事，调解邻里矛盾，劝阻各类不良陋习，群众无论谁家有什么紧急事儿、难缠事儿，吼一嗓子正副排长就能听得到。健全社团志愿服务组织，群策群力实行自治。由党支部牵头每月召开的干群联席会雷打不动，围绕村里的大事小情开会协商，群众代表监督落实，做到了事事有回应、件件有落实。创建 24 小时值守社区服务中心，让群众的心里话有处说、牢骚话有人听、烦心事有人管，做到小事不出村、急事不过夜。曾经的矛盾恩怨消除了，宗族纷争平息了，近十年来，裴寨社区没有出现一个上访户，没有一起治安案件，整个社区呈现一片和谐稳定的氛围。

（四）群众幸福感获得感日益增强

"小康不小康，关键看老乡。"裴寨村群众安居乐业、团结互助，都以自己是裴寨人为荣，幸福指数不断攀升。党员干部和德高望重的人带头参加公益活动，全村人哗哗跟上去。经常有人自觉把街道打扫干净，孩子们扶着老人过马路；谁家有困难，邻居们都主动帮忙。村民宋秀姐在麦收时候发愁了，丈夫半身不遂，两个儿子分别在外地上班和上大学，她正准备打电话让俩儿子回家收麦，村里的党员干部已经把打下来的麦子运到她家来了，她被感动得热泪盈眶。村民裴清义的妻子查出身患癌症，治病的几万块钱让他感到压力。面对这种情况，村干部帮他妻子申请了低保，医疗费可以在新农合基础上二次报销，裴春亮多次出钱以党支部的名义资助他，确实解决了他的难题。裴清义在干群联席会上动情地说："我要感谢共产党，感谢村'两委'！"

三 主要启示

裴寨村通过发展乡村产业，促进乡村全面振兴的实践和做法，带给我们以深刻的启示。

（一）加强农村基层组织建设是促进乡村全面振兴的重要保障

基础不牢，地动山摇。裴寨村能从一个省级贫困村发展成全面小康村和"全国文明村"，得益于社区党建工作做得扎实有效。该村坚持落实党支部"五个一"和党支部书记"五个一"活动，把党小组建在产业链上。村党支部每月牵头召开干群联席会，由党员干部代表和群众代表就村里的发展开会协商，事事有回应，件件有落实。村里党员佩戴党徽，主动亮明身份，做到平时能看得出来，危急时刻能豁得出来。党员、干部带头做表率，乡亲们打心眼里信服。党员威望高了，党支部的凝聚力、吸引力就强了。在疫情防控斗争中，更加体现了农村社区党建工作的极端重要性。因此，必须把农村社区党建工作放在更加重要的位置，切实抓紧抓细抓好，夯实党的执政根基，确保农村和谐稳定、长治久安。

（二）选好有情怀的"带头人"是保障乡村全面振兴的关键

"火车跑得快，全靠车头带。"从小吃百家饭、穿百家衣长大的裴春亮，最懂得贫穷的滋味，确实有热爱家乡的情怀。靠党的好政策，凭着山里人能吃苦、不服输的劲头，他艰苦创业，开拓进取，带领大家把一个名不见经传的小厂发展成为集建材、化工、旅游、金融、电商、水力发电等多元产业的企业集团。他担任裴寨村村委会主任、党支部书记和社区党总支书记以来，把报答乡亲、回报社会、建设家乡作为毕生信念，带领党员群众艰苦奋斗，先后捐资 2.1 亿元建设新村、发展致富产业，使裴寨这个过去的省级贫困村发展成为人均年收入近 2 万元的"全国文明村""全国乡村旅游模范村"，并辐射带动 11 个行政村共同富裕。每当国家遇到困难时，裴春亮从不缺席。2020 年抗击新冠肺炎疫情期间，他主动向新乡市红十字会捐款 500 万元建设太公山医院。他在四川汶川地震、青海玉树地震、四川雅安地震时各捐款 10 万元。正是他的无私奉献，使他赢得了一系列重要荣誉，他先后荣获全国优秀共产党员、全国劳动模范、全国道德模范、新中国最美奋斗者、全国抗击新冠肺炎疫情先进个人、全国脱贫攻坚奖奋进奖等荣誉称号，光荣当选党的十九大代表、全国人大代表。裴寨村的发展实践证明，农村社区要搞好、抗疫要成功，必须下大功夫选拔好社区党组织"带头人"，这是被许多农村社区发展事实反复证明的经验，值得认真学习借鉴。

（三）提高乡村治理能力和治理水平是乡村全面振兴的长远大计

裴寨村坚持"外在美"与"内在美"一块儿抓，实施的"情德法"融合治村方法务实管用，加强乡风文明建设，推行《文明积分换物实施办法》，开展"爱在裴寨——身边的榜样"评选，建成初心广场、太行初心文化馆、家风馆，打造红色文化室，开辟《大喇叭朗读时间》广播，传播新风尚。坚持依法治村，引导村民依法办事。在疫情防控中运用"情德法"融合治村效果明显，筑起了疫情防控的坚固防线。实践证明，构建自治、法治、德治"三治融合"的乡村治理体系，要重视吸收基层治理经验和方法，为保障和改善民生、促进乡村振兴创造优良社会环境。

四 面临的问题及对策建议

（一）乡村全面振兴仍然面临一些突出难题

根据裴寨村目前发展中遇到的实际情况，实施乡村振兴战略，保障和改善民生仍然存在部分突出的难题。一是乡村产业发展存在"用地难"问题。耕地红线要保护，乡村振兴要发展，土地不足成为乡村产业发展的最大制约因素。二是乡村人才缺乏、发展不充分不平衡的问题突出。尤其是山区年轻人大多数到城镇工作，留守老人、留守儿童、留守妇女多，使保障和改善民生、实施乡村振兴战略面临较大困难和压力。

（二）破解乡村振兴面临的难题需要新的政策支持

一是要加大对乡村尤其是山地丘陵区全域国土综合整治力度，适当扩大试点范围。2020年中央一号文件提出"要开展乡村全域土地综合整治试点，优化农村生产、生活、生态空间布局"。要求对田、水、路、林、村、矿进行综合整治，形成农田集中连片、建设用地集中集聚、空间形态高效节约的用地格局。这必将为乡村振兴提供有力的土地支撑。如辉县市张村乡整治后，至少能增加 2000 亩以上耕地。

二是要打造一支强大的乡村振兴人才队伍。用政策引导，在乡村形成人才、土地、资金、产业汇聚的良性循环。积极鼓励和支持科技人才、机关干部、管理人才、企业家、教师、大学生、医务人才等向乡村流动和在乡村工作，鼓励各类人才到乡村开展志愿服务和干事创业，努力补齐乡村人才缺乏的短板弱项。

三是要发挥基层组织振兴的引领和保证作用。加强乡村基层党组织和自治组织建设，选好配强"带头人"。要用创新的思路和举措为村集体增收、百姓致富搭建平台，奋力建设美丽富饶乡村，为推进乡村全面振兴、实现中原更加出彩和中华民族伟大复兴贡献智慧和力量。

用"五个起来"探索乡村振兴之路

——河南省新乡县乡村产业振兴案例

独院别墅小高层,智能充电车棚,图书室、文化站、村民活动室、文化广场、健身广场、文化长廊等文化服务设施一应俱全,村内公共场所被绿荫覆盖。这是在河南省新乡县翟坡镇东大阳堤村展示的情景,是该县以党建引领、以工促农、科技强农的方式探索乡村振兴之路所取得的有效成果。作为省级乡村振兴示范县,新乡县全面贯彻习近平总书记提出的县域治理"三起来"要求,探索用"五个起来"走好乡村振兴之路。

一 健全基层组织让乡村治理"活起来"

(一)配强基层组织

自实施乡村振兴战略以来,新乡县大力传承弘扬以史来贺、刘志华、刘兴旭等为典型代表的先进群体精神,选优配强"村两委"班子,大力创建"五星党支部",在全县上下营造学典型、赶先进、求发展、比出彩的浓厚氛围,夯实了基层党建基础。

(二)破解基层需求

据翟坡镇东大阳堤村党支部书记陈来胜讲,他们村在治理前,各种车辆乱停乱放,整个村显得杂乱无章,村民们私拉电线给电动车充电,还造成了很大的安全隐患。村民代表们搜集群众意见,以提案书的形式反馈到了党支部,支部按照村民提出的申请,通过村民代表提案制,形成一致意见,建成了两座智能充电车棚,解决了村民停存车问题和电动车充电问题,消除了高层住宅的电车充电安全隐患,提高了村民的安全意识。

（三）规范"小微权力"

以推广村民代表提案制、规范村级"小微权力"、开展"访民情、解民忧"活动为抓手，着眼化解基层矛盾难题，把问题解决在村内，全县信访量持续下降，息访满意率达 90% 以上；着眼解决基层基础薄弱、侵害群众利益等突出问题，持续规范权力清单、运行流程、公开平台、教育管理，实实在在地给小微权力戴上"紧箍咒"，保障农村"小微权力"规范运行；着眼提升公众安全感和执法满意度，组织 352 名干警分包联系全县 178 个行政村，登门入户察民情、解民忧，构建矛盾纠纷多元化解机制，打通政法机关联系服务群众的"神经末梢"。

二 以产业发展让农民钱包"鼓起来"

（一）做大产业促就业

以壮大优势产业带动就业的方式，大力推进心连心化肥、新亚纸业、华洋铜业等大企业集团转型升级，加快发展壮大锂电电池、绿色装配式建筑等专业园区。目前，全县规模以上工业企业达到 146 家，吸纳就业 28000余人。做强做大新科学院、新永基教育城等科教产业，近 5 万余人的科教产业新城建设进展顺利，已经初具规模，直接带动了周边人口集聚、交通物流、餐饮住宿等业态发展，激发了县域经济发展的活力；大力发展阿里巴巴农村淘宝、哼哼猪电商物流园等农村电子商务新业态，连续举办农产品展销节、网销大赛等活动，助力电商销售，推动农产品上网销售。全县电商从业者近万人，网络零售交易额突破 9 亿元，有力助推了农民返乡创业、自主就业。依托五得利集团、喜世食品和新亚集团等涉农龙头企业，该县推动农产品加工及销售服务平台建设，谋划建设公铁物流园，加快一二三产业融合发展，进一步缩小城乡差距，拓宽就业渠道，促进农民增收致富。

（二）促进乡村居民增收

新乡县是传统工业大县和新兴工业强县，工业产值占生产总值的比重在 60% 以上。近年来，围绕促进当地群众就业创业，新乡县依托良好的产业基础，突出以工促农、以城带乡，不断壮大县域经济实力，带动农民增收致富。该县围绕做精第一产业、做强第二产业、做大第三产业、促进融合的思路，持续壮大支柱产业、优化产业布局，提高带动群众增收致富的能力。2019 年，农村居民人均可支配收入达到 20145 元，位居全市第一、全省前列；全县农村居民人均食品消费支出占生活消费支出的 21%，达到富裕水平。

三 以科技创新让农业底色"亮起来"

（一） 加强农业科技创新

近年来，新乡县围绕中国农科院试验基地、中国杂交小麦科研试验基地和心连心现代农业示范园区为核心的"两基地一园区"，探索共建共享的新合作模式，加快农业科技创新和科技成果转化，大力发展高效农业、精品农业、观光农业，为现代农业发展提供了有力的科技支撑。

（二） 建设农业科学试验平台

借助中国农科院新乡综合试验基地，兴建科研基地总面积近万亩，作科所、郑果所等 6 个国家级科研所 80 多个课题组的 100 多名科学家及 180 多名博士硕士研究生研发团队进驻开展试验，先后承担了国家 973、863 课题、国家自然科学基金项目和省部级重点科技项目 200 余项，产出新成果 1000 多项，获省部级以上奖励 60 多项。其中，国家科技进步一等奖 1 项、二等奖 5 项。目前，已培育通过审（鉴）定各类新品种 150 多个，累计推广面积超过 2 亿亩。强化产学研对接，与河南科技学院著名的茹振刚教授科研团队合作，建设中国杂交小麦试验基地，并被定为全国农业科技试验基地和国家科技农业园区。在以该基地为代表的育种试验中心带动下，全县种子产业不断发展壮大，成为地方发展的一大优势。现一共拥有种子企业 20 家，年生产销售种子 1 亿公斤，形成了产学研、育繁推一体化的现代种业体系，成为黄淮海粮食生产核心区重要的种源基地。

（三） 加快农业现代化步伐

依托心连心化工集团产业优势，流转土地 5000 亩，与中国农业大学张福锁院士合作，开展智慧农业、绿色农业、可追溯农业、体验农业等综合性项目研究,全力打造中国氮肥高效利用研究基地、都市农业休闲科普基地和绿色发展农业示范试验园区,为农业高质量发展提供强有力的科技支撑。该县在"两基地一园区"的引领带动下,农业发展呈现"种植种业化、经营规模化、生产标准化、结构多元化"等特点,现代农业发展步入了快车道。

四 以人才培育让乡村科技队伍"壮起来"

(一)培育实用人才

新乡县立足现有人才,把重点放在自主培养和自我发展上,突出强化培训。采取在职学习与脱产培训相结合、外出考察与课堂相结合、理论培训与实践相结合的多种灵活多样的方式,加强对专业技术人才的培养教育。组织实施新型职业农民培育工程,以种子企业管理人员、育种人员、种子经营人员等为主的生产经营型100人,先后进行了专业技术培训。开展农技服务活动,遴选20名农技指导员、114个科技示范户,实行包村联户,开展技术服务,落实小麦生产、病虫害防治等关键措施。

(二)提升农村干部队伍综合素质

大力提高农村干部的综合素质,连续举办农村干部培训班,培训农村党支部书记178人、村委会主任123人、农村妇女委员87人,提升农村干部综合能力。加强本土技能人才队伍建设,实施高端带动,推动全县技能人才梯次增长,积极探索以企业为主体、以职业学校为基础、校企联合、政府推动的高技能人才培养模式,2019年共培养高技能人才355人。开展"人尽其才,为新乡县添彩"活动,组织该县49名拔尖人才发挥自身的专业优势和特长,通过组织义诊、讲座、送教下乡、服务培训等方式,将专业技术送达农村,为乡村振兴助力。

五 以特色文化让乡村环境"美起来"

(一)建设特色文化广场

"村支部牵头、村干部积极参与,对村里的废旧坑塘、边角地、废闲地进行摸排，提高土地资源利用率。通过多方面努力，增加了有效使用面积约200亩，变废为宝种植葫芦，建设'葫芦大观园'，举办'葫芦节'。"新乡县大召营村党支部书记说。围绕葫芦种植，他们建设了葫芦文化街；围绕荷花规模化种植、修建新时代文化广场，打造廉政文化；利用腾退、闲置宅基，打造"画家民宿村"，促进了乡村环境美化。

（二）建设特色文化村

围绕建设文化高地，依托新时代文明实践中心（所、站），在育亮点、树品牌上下功夫，着力打造非遗、孝道、书画、戏曲、鼓舞等文化品牌，大力发展以"广场舞""书法绘画""戏曲演出""大鼓村""高跷村""背桩村"等为特色的文化村。积极谋划大召营文旅小镇项目、合河森林文化小镇项目、七里营毛主席视察田等文化产业项目，为不同乡村赋予地方特色的文化色彩，强化乡村美学韵味，吸引热爱特色乡村的游客。目前，该县翟坡镇朝阳社区、大召营镇分别被评为河南省乡村旅游特色村和特色生态旅游示范镇。

（三）挖掘黄河文化资源

围绕黄河流域生态保护和高质量发展国家重大战略，该县充分发挥文化建设在乡村振兴中的巨大推动作用，主动发掘黄河文化资源，结合当地邻近黄河、引黄灌溉、黄河文化沉淀丰厚的优势，讲好新乡县黄河故事，以黄河文化为引领，盘活文化产业，打造文化地方品牌，为党的建设和经济社会高质量发展提供强大的文化支撑和精神滋养。

六 几点启示

（一）加强基层组织建设是乡村振兴的重要保障

在广大乡村地区，基层治理任务比较重。如果当地有比较坚实的基层组织建设基础，让乡村治理"活起来"，对乡村全面振兴影响非常大。从新乡县乡村振兴的实际情况看，基层组织起到了强有力的促进当地乡村振兴的组织领导作用，是乡村振兴的强大动力源泉，是不可或缺的集聚各类资源、有序推进乡村产业发展、带领当地居民致富的基本制度保障。

（二）做大做强产业是乡村振兴的关键

乡村振兴涉及方方面面，但是乡村产业振兴是关键，因为只有当地产业发展了，才能增加就业机会；有了比较充裕的非农就业，居民收入自然就会较大幅度地增加。新乡县正是长期重视当地产业的发展壮大，经多年持续努力，在当地形成了规模以上工业企业 146 家，吸纳就业人员近 3 万人，加上近几年发展农村电商安排就业近万人等，使当地乡村居民非农就业保障程度比较高，从而大幅度提升了乡村居民的收入。

（三）促进科技进步是乡村振兴的长远大计

新乡县大力推进乡村科技进步，建设农业科研试验基地，普及农业科技知识，培育集聚各类科技人才与实用新型人才，使创新发展之光照亮乡村振兴的未来，让农业底色"亮起来"，让乡村科技队伍"壮起来"，为乡村振兴形成可持续能力奠定了坚实的科技基础，是高瞻远瞩之举，值得学习借鉴。

（四）弘扬传承创新地方特色文化意义重大

新乡县在推进乡村振兴过程中，高度重视地方特色文化的挖掘、弘扬、传承与创新，结合当地实际，建设特色文化广场和特色文化村，挖掘黄河文化资源，让乡村环境"美起来"。既增加了乡村特色文化的吸引力，也确实美化了乡村环境，提升了当地农民的获得感、幸福感、自豪感，一举多得，成效明显，对乡村振兴具有长远的战略意义。

发展小麦经济　助力乡村振兴

——河南省延津县乡村产业振兴案例

延津县位于河南省北部，是一个典型的以粮为主的农业县，同时也是全国优质小麦生产基地、河南省农业标准化示范县，多年来在优质粮生产方面走出了一条独特的路子，有力地促进了粮食持续稳定增长和县域经济健康发展。

一　主要做法

（一）推动小麦生产绿色化

延津小麦产业的发展过程实际上是一个小麦产业链条的不断完善的过程，通过不断地延链与补链，形成了目前的从田间到车间再到餐桌的"全链条、全循环"产业链。在小麦生产过程中，不断调整小麦生产结构，逐步完善小麦生产模式，由原来的普通小麦生产逐渐调整为无公害优质强筋小麦生产、绿色食品小麦生产、有机小麦生产。

一是建立无公害优质强筋小麦标准化生产基地45万亩。对强筋小麦栽培技术进行研究，探索出不同土壤、品质、播期、播量、施肥、灌水、农药使用、收获时期等因素对强筋小麦产量和品质的影响，总结出综合配套的强筋小麦生产技术，实现了高产与优质同步，产量、质量、效益统一。在国内率先制定了《无公害优质强筋小麦生产技术规程》（DB41/T296－2002）、《无公害优质强筋小麦》（DB41/T295－2002）、《无公害优质强筋小麦产地环境条件》（DB41/T297－2002）三个省级地方标准，建立无公害优质强筋小麦生产基地45万亩，通过国家产地认定和产品认证。实现了区域化布局、规模化种植、标准化生产，无公害强筋小麦品质及品质一致性明显优于国内其他小麦。2002年11月延津2.5万吨优质强筋小麦首次作为食用磨粉小麦出口印度尼西亚、菲律宾、新西兰等国，实现了磨粉小麦出口零的突破。

二是建立绿色食品小麦标准化生产基地45万亩。为进一步调整小麦种植结构，扩大品种供给，增加农民收入，延津县在发展无公害优质强筋小麦生产的同时，开始研究、试验、示范绿色食品小麦生产技术。2010年，45万亩绿色食品小麦标准化生产基地顺利通过农业部认定。同时集成了《绿色食品小麦标准化生产技术规程》（DB4107/T143－2014），并作为新乡市地方标准颁布实施。

三是建立有机小麦标准化生产基地3.1万亩。从提高小麦供给质量出发，为满足市场对小麦产品的个性化需求，2010年9月延津开始发展有机小麦生产，经过基地规划论证、生产技术研发、基地转换，2013年2月，2万亩有机小麦顺利通过南京国环有机产品认证中心验收，并获得了有机小麦认证证书。同时集成了《有机小麦生产技术规程》（DB4107/T259－2013），并作为新乡市地方标准颁布实施。

四是成立了黄淮海冬麦示范农场，建立了小麦种子繁育基地25万亩。以中国农科院、河南农大、河南农科院、西北农大、河南科技学院、新乡市农科院等科研院所及国家小麦产业技术体系为依托，通过土地流转，在延津县僧固乡建立了3000亩高标准、节能增效小麦品种展示示范田。每年引进强、中筋半冬性小麦品种50个以上，从中筛选出适合新乡种植的小麦品种5~8个，用于下年度的小面积示范，通过3年以上的品种示范，筛选出多抗、广适、高产、优质小麦品种3~5个在小麦种子繁育基地进行推广。全县建立小麦品种繁育田25万亩，每年生产小麦良种1亿公斤以上，销往山东、江西、安徽、湖北、河南、河北及陕西的关中等地，覆盖小麦种植面积1000万亩以上。同时推进了当地小麦优良品种更新换代，不断提升小麦品质。延津强筋小麦2000~2020年经过了四次大的更新换代，即藁优503、小偃54→郑麦9023、豫麦34→郑麦366、新麦26→小麦45、郑麦158、小麦26，使小麦品质不断优化，加工制品更加适应市场需求。

（二）发展小麦经济

一是通过壮大本地企业，引进国内知名食品加工企业，建立了延津食品工业园，促进了小麦产业的转型升级。强化技术研发机构建设，依靠科技创新推动产品创新。同时，通过引进、合资、合作、重组等多种方式，延伸小麦产业链条。在延津小麦品牌的影响下，先后引进了克明面业、鲁花、云鹤食品、精益珍食品、笑脸食品、鑫香园食品等一批全国知名企业入驻延津，逐步实现了产品由粗加工到精深加工的升级和跨越，形成了年加工小麦100万吨的面粉—面条—面点—速冻食品产业链，推动了县域经济的快速发展。

二是探索出不同的小麦产业组织形式与运作模式。依托河南金粒麦业有限公司探索出的"公司+推广单位+合作社（专业协会）+基地+农户"的组织形式和"订单+现货+期货"的经营模式，确保订单如期履约。河南金粒麦业有限公司成立金粒小麦协会，各乡镇设立分会，村设立中心会员。由于中心会员本身就是村里的农民，对村里的情况和本村技术需求非常熟悉，也容易得到村民的信任，在订单签订、良种供应、技术服务、组织交售等方面便于开展工作。为发展优质小麦生产，县农技推广部门抽调业务能力强的骨干人员直接进驻企业，乡镇区域站直接为合作社或专业协会提供技术服务。形成了"公司+推广单位+合作社（专业协会）+基地+农户"的组织形式，架起农户和企业沟通的桥梁。小麦生产"五统一"即统一供种、统一机播、统一管理、统一机收、统一收购得到有效落实，小麦品种及品质一致性得到保障。同时，河南金粒麦业有限公司将优质强筋小麦期货合约在郑州商品交易所挂牌上市。通过小麦期货市场，公司可以看到未来一年内的交易价格。在与农民签订订单时，根据期货市场价格与走势，以来年收购期的期货价格为参数，确定一个明明白白的价格，让农民吃颗定心丸。企业为规避市场风险，在期货市场上做一定数量的卖期套保持仓，待从农户手中按订单约定价格收到麦子后，经过整理运到交割库，注册成仓单。临近交割月时，如果市场价格有利于平仓就平仓获利，不利的话就交割仓单，依靠期货市场，规避了企业风险，锁定了订单利润，达到套期保值的目的，也使农民的收益得到了保障。通过期货保值，金粒公司为农民售粮提供了多种结算服务形式。其一是先把粮食存到公司，待日后认为价格理想了再进行结算。其二是现款现粮，按照订单及时结算。其三是与公司签订了保值订单的农户，可以把粮食存到公司后，到9月底进行结算，结算价格为7、8、9三个月中的最高市场价格，这样企业减少资金占用量并节省三个月的银行利息。在此期间粮价上涨给企业造成的风险，则由企业通过期货经营在期货市场上规避，如果利润较大则二次返利给农民，农民也从中收益。这种"公司+推广单位+合作社（专业协会）+基地+农户"的组织形式和"订单+现货+期货"的经营模式，确保了订单如期履约。依托新乡市隆嘉实业有限公司探索出了"企业+原料战略供应商+合作社+农户"的订单生产模式。贵州茅台酒业股份有限公司与基地原料战略合作供应商签订合作框架协议，贵州茅台酒业股份有限公司制定有机小麦基地管理方案，包括基地面积、生产计划、价格确定、合同签订、农资供应、基地管理、信息报送等，由基地供应商与基地村合作社签订协议，合作社再与基地农户签订协议。贵州茅台酒业股份有限公司把基地作为生产第一车间，农民作为"车间工人"，根据企业需要，由基地生产高质高效商品小麦。确保订单顺利实施。依托延津县克明面业有限公司探索出了"克明面业+帝益麦种业公司+基地+农户"的种粮一体化模式。克明面业有限公司根据企业加工需求，提出生产用种及品种商品质量，由延津帝益麦种业有限公司与育种单位合作根据品种属性，引进筛选出企业需要的小麦品种，通过试验、示范、品质化验，将最适合企业需要的品种在基地推广种植，按照种子生产标准生产企业所需的商品用粮，企业按照种子回收价格给基地农户结算。

二　取得的成效

（一）建成优质小麦生产基地

建立强筋小麦生产基地50万亩，认定绿色食品原料标准化生产基地面积45万亩，认定有机食品小麦面积3.1万亩；认证绿色食品小麦5万吨、小麦粉7000吨、挂面1000吨，认证有机小麦10499.33吨；制定省级地方标准4项，市级地方标准2项；同时，依托小麦资源优势，延津形成了以小麦食品加工为主业的产业聚集区，园区入驻食品加工企业48家，并成为国家级农业产业化示范区。拥有国家级、省级和市级小麦生产加工龙头企业22家。小麦年加工能力突破100万吨，年产挂面40万吨、速冻食品25万吨。获得国家驰名商标2个、省著名商标5个，形成省级地方标准4个、市级地方标准2个。

（二） 延津小麦名牌效应显现

2016 年 2 月 26 日，国家质检总局委托中国质量认证中心依据 GB/T29187《品牌评价—品牌价值评价要求》和 CQC9102-2015《区域品牌价值评价资产组合超额收益折现法》进行科学评估，"延津强筋小麦"区域品牌价值达 17.55 亿元，区域品牌年平均超额收益 1.62 亿元，品牌强度 648 分。这是国家权威部门对延津小麦品牌价值的首次科学量化评估。

（三） 优质小麦国家现代农业产业园落户延津

产业园规划为"四园、两区、一中心"，涵盖了延津小麦产业的主要亮点。其中，"四园"即小麦产品加工园、面制品电商物流园、农业废弃物资源化利用园和融合多项功能的麦香田园。"两区"即优质小麦种植区和小麦良种繁育区，包含了 45 万亩绿色食品小麦基地、3.1 万亩有机食品小麦基地和 5 万亩良种繁育基地。"一中心"即小麦产业综合服务中心。该中心位于农业产业集聚区内，计划建成集小麦产业科研、培训、展示、创业孵化等多功能于一体的综合服务中心。产业园创建计划总投资近 22 亿元，涉及小麦从种子到餐桌全产业链，帮农带农机制完善，创建完成后，将大力促进一二三产业融合，大幅带动农民增收，将把延津小麦产业园打造成代表国家级水平产业园区。

三　发展启示

农业产业的发展，必须走三化协同发展的路子。

（一） 产业一体化

现代小麦产业体系是产前、产中、产后紧密衔接，产加销、贸工农一体化的产业体系。产业一体化就是要改变传统的生产加工销售相互脱节的市场经营结构，形成紧密结合的一体化经营体系。现代小麦产业体系通过组织创新，使割裂的产、加、销环节通过组织纽带和市场机制衔接起来，构成了一个以高度专业化和社会化为基础的、完整的产业链条，重组了小麦生产与小麦加工销售服务为主的农业与非农业部门，实现了产业效益内部化，提高了小麦产业的整体效益，增强了市场竞争力。

（二）经营集团化

经营集团化（龙头企业、小麦协会或合作社与农户融合在一起经营）就是让农民以公司职工的身份专门负责一定面积的生产管理，不再以独立的生产者进入市场，把自身的经营与企业整体经营连为一体，有效地规避市场风险。小麦生产仿效工业化生产方式。延津县金粒麦业有限公司通过全县小麦协会400多个中心会员（大多数以行政村为单位）与全县十万多农户签订小麦订单，初步形成了优质小麦"生产车间"。在这里，中心会员为"车间主任"，订单农民为"车间工人"。

（三）生产生态环境可持续化

生产生态环境可持续化是现代小麦产业体系的重要特征。现阶段，小麦产业的发展必须走选择培育和保护资源、优化生态环境、提高综合生产能力的可持续发展道路。要严格保护耕地资源，坚持耕地用养结合，实现耕地资源的可持续利用；要发展绿色小麦、有机小麦，把小麦生产的集约经营同保护田间生态环境、治理环境污染有机地结合起来；要大力发展林业，完善农田林网和防护林建设，为小麦生产可持续发展提供良好的生态环境条件。

四　小麦产业可持续发展的建议

（一）提升基地水平

一是加强基础设施建设，全面改善和提升农业生产条件。二是提升优质小麦种子基地，构建育、繁、推一体化运行机制，提升统一繁育、统一供种的程度，把延津县建成在全国颇具影响力的优质专用小麦种子生产基地。三是提高小麦的品质和标准，在品种上积极扩大单品种规模化种植面积，在品质上积极扩大绿色和有机小麦生产规模，巩固提升延津县小麦原粮品牌和知名度。

（二）壮大龙头企业

整合从事优质小麦种植、购销、加工、营销的龙头企业，从事小麦科研、开发、科技服务的企事业单位，在延津县及其周边优势产区形成优质专用小麦种植业、食品加工业、商品流通业、物流业、种子业、生产资料供应业、运输业、包装业等优质小麦产业集群，以促进延津小麦经济的稳健可持续发展。同时，要将金粒公司、新良公司、克明面业公司、云鹤公司等发展壮大为全国驰名的优质小麦产业化龙头企业、粮食出口创汇企业。

（三）延伸产业链条

大力发展小麦专用粉、强化粉、预配粉等产品，以小麦面粉为原料，高档化、方便化面食制品加工，包括精制挂面、方便面、速冻食品和高级面包、糕点、饼干等烘焙食品加工，以小麦为替代原料进行新产品开发（精深加工），小麦谷朊（蛋白质）粉的提取、变性和利用，小麦淀粉的变性和深度利用，小麦胚芽、麸皮开发和营养素的提取利用，以小麦为原料生产啤酒、酒精等产品的进一步开发利用。

（四）促进集群发展

发展现代小麦产业化集群，纵向表现为不断拉长产业链条，实现加工、运输、仓储、销售等诸多环节逐步配套，小麦的产前、产中、产后融为一体，形成上下游协作紧密、产业链相对完善、辐射带动能力较强、综合效益达到一定规模的经营群体。横向表现为实现单个龙头企业带动向龙头企业集群带动的转变。小麦产业集群式发展主要体现为集群核心企业集中布局，加速食品工业发展，加快产业集聚区食品工业园的人口集聚和企业入驻，推进城镇化建设，以带动周边乡镇和协调区域经济发展，使其成为劳动密集型、资源节约型、生态良好型的食品加工生产基地。

（五）强化政策支撑

一是强化科技支撑，健全和完善技术服务体系。骨干龙头企业要有专职的研发机构和创新平台。二是强化现代服务体系支撑，推进现代小麦服务产业的发展。完善两大体系，即质量监测检验体系和市场信息体系，组建（健全或强化）"三大"中心，即优质专用小麦研发中心、电子商务中心和物流配送中心，不断提升产业化经营水平和农民组织化程度，增强国际竞争力。

（六）创建知名品牌

要在延津县一系列品牌的基础上，创建出该县小麦产业一系列在全国具有影响力的知名品牌。在小麦产品方面要创建出能够替代进口的小麦品牌和有机小麦品牌，创建国内一流的高端专用粉品牌，速冻休闲等特色食品产品要打造出国优品牌，小麦精深加工也要创建出名牌产品。

提升粮食生产能力　确保国家粮食安全

——河南省永城市乡村产业振兴案例

永城市位于河南省最东部，地处豫鲁苏皖四省交界处，是河南省 10 个直管县（市）之一，2020 年中国县域经济百强榜永城居于第 65 位。全市总面积 2020 平方公里，下辖 29 个乡镇，总人口 157 万，其中，农业人口 115 万。耕地面积 206 万亩，常年粮食种植面积达 320 万亩，素有"豫东明珠、中原粮仓"美称。主要粮食作物有小麦、玉米、大豆，是全国优质小麦主产区之一。2020 年粮食总产量 27.4 亿斤，是河南省第二产粮大县。国家在 2015 年制订的"十三五"规划中，提出了"藏粮于地、藏粮于技"的粮食安全战略。五年来，高标准农田的规划和建设让农业基础设施得到了进一步加强，农业新技术的推广和应用为粮食生产插上了科技的翅膀。近年来，永城市紧紧围绕"藏粮于地、藏粮于技"的粮食安全战略，以贯彻落实国家粮食安全战略为宗旨，以提升粮食综合生产能力为目标，开展了卓有成效的工作。

一　主要做法

（一）加快高标准农田建设

为提高粮食综合生产能力，近年来，永城市通过实施新增千亿斤粮食工程、农业综合开发、农田水利建设、土地综合整治等高标准农田项目，共建设高标准农田达 139.8 万亩，其中达到高标准的农田面积为 107 万亩。通过相关农业项目的实施，耕地质量明显提升，真正落实了"藏粮于地"。

一是拉高标杆，提高站位。坚持把高标准农田建设作为贯彻落实习近平总书记"三农"工作的重要部署，作为落实国家"藏粮于地"战略，作为扛稳粮食安全生产责任的重要抓手，作为实施乡村振兴战略的重要行动，作为永城高质量发展的重要举措，提高站位，形成共识，凝聚力量，加快推动高标准农田建设。

二是宣传发动，营造氛围。多渠道宣传，多方位引导，切实把党中央、国务院和农业农村部的方针政策宣传落实到位，让百姓真切感受到高标准农田建设带来的实惠和收益，调动全社会参与高标准农田建设的积极性、主动性。

三是加大配套，确保投入。积极争取部、省各类涉农资金。大力整合涉农资金，提高资金使用效益，支持高标准农田建设。大幅增加地方配套资金比例，确保资金足额投入。

四是有机结合，统筹推动。把高标准农田建设与正在实施的乡村振兴战略工程相结合，与国土绿化工程相结合，统筹城镇道路、乡村道路、田间道路建设，加快完善高标准农田基础设施，助力农业发展、乡村振兴。

五是科学用地，提升地力。在施用肥料方面，实施增施有机肥、化肥减量增效、配方施肥和农作物秸秆还田等项目，耕地质量得到明显提升。

六是创新机制，加强管护。在总结往年管护工作经验的基础上，学习借鉴外地工程管护的经验，积极探索工程管护新机制，建立了工程管护组织，从而确保了项目区各业工程完好率、保存率，持久发挥工程效益。

（二）引进农业高新科技

为提高粮食综合生产能力，近年来，永城市积极引进农业高新科技，大力推广农业集成新技术，农业科技贡献率不断提高，为粮食生产插上了科技的翅膀，真正落实了"藏粮于技"。

一是搞好院市共建工作，引进农业高新科技，落实"藏粮于技"。根据新时代农业农村经济发展面临的新形势新要求，发挥各自优势，不断提升科技合作水平，加速科技成果转移转化，共同推动农业科技进步和农业高质量发展。河南省农业科学院在全省遴选了几个县开展了院县（市）共建工作。永城市是河南省农科院 2011 年首批启动的 5 个院市合作共建科技成果转化示范市之一，在合作共建期间，双方密切协作，引进和推广了十多个小麦和大豆高产优质新品种，产品税量高质量好，经济和社会效益十分显著。2020 年，永城市又成功入围全省 15 个第二轮院市共建县市。通过院市共建，在省农科院专家的指导下，以引进农业高新科技为宗旨，以农业科技成果转化为载体，省农业科学院的一批新成果、新技术和新产品在永城市进行了集成展示和推广应用，并且取得了显著的经济效益和良好的社会效果，提升了永城农业生产的科技含量，带动了农作物均衡增效，推动了现代农业理念的传播与科技示范推广，为永城现代农业的发展提供了强有力的科技支撑。几年来，共建立小麦、玉米、大豆万亩方72个，引进示范推广新品种12个，集成推广高新农业技术16项。示范区表现出了显著的增产优势，累计新增产值约8.6亿元，有效促进了农业增效和农民增收，提高了永城市粮食综合生产能力。

二是抓好农业项目实施，推广农业集成技术，落实"藏粮于技"。永城市在认真抓好国家粮油高产创建、优质麦生产基地建设等农业科技项目的同时，积极推进农业供给侧结构性改革，落实河南省政府提出的"四优四化"战略部署。永城市政府围绕推进小麦产加销一体化融合发展，促进永城市面粉食品产业转型升级这一中心任务，在优质专用小麦种植、收储、加工转型升级、优化服务等环节，主动作为，大胆探索，形成了专种、专收、专储、专用和经营规模化、产加销一体化的产业格局。永城市抓住土地平坦肥沃、富硒土壤面积大、面粉加工能力强的优势，集中资金、集成技术、集汇力量，重点实施了"3030"工程，即全市建立优质强筋小麦生产基地30万亩，富硒小麦生产基地30万亩。

（三）认真落实河南省政府提出的"四优四化"部署

统筹推进布局区域化、经营规模化、生产标准化、发展产业化。重点采取了"八统一"措施。一是统一规划布局。按照优质强筋麦对生产条件的要求，重点在永城市南部的砂姜黑土地连片种植优质强筋麦；依据地质调查成果，在永城市的富硒土壤上连片种植30万亩优质富硒小麦。二是统一供应良种。项目核心区统一实行优质麦良种供应补贴，市财政拿出资金对种植优质麦良种给予补贴。三是统一技术指导。制定和印发了一系列的生产技术规程，开展各类技术培训、专题电视技术讲座，发布手机技术短信、手机微信6万余条。技术人员责任到村到户到田。四是统一测土施肥。播种小麦整地前，对项目区耕地土壤统一开展抽样养分测验，按照优质麦需肥特点，不同养分耕地指导配置不同配方肥料。五是统一产销订单。小麦播种前多次组织永城市境内大型面粉企业和项目区种植主体和农户代表座谈对优质麦的需求和种植面积，签订种植收购合同。六是统一机械播种。为确保一播全苗，苗齐苗匀，项目区在统一时间范围内统一机械播种。七是统一病虫防治。对项目核心区开展从播种到收货前的全过程病虫草害的统防统治，尤其是药剂种子包衣，返青期和抽穗期统一补贴药剂，组织社会化服务主体统一开展防治。八是统一优质优价。为保障项目区群众种植优质麦收益和提高群众种植优质麦的积极性，市财政拿出资金补贴优质麦收购，确保优质优价。

二　取得的成效

（一）提高了粮食综合生产能力

2016～2018 年，永城市实施了《河南省农业综合开发粮食增产科技支撑行动计划项目》，在建成的高标准粮田内推广农业集成新技术，开展粮食作物高产高效示范推广。生产实践证明，高标准粮田建设项目区的农业生产条件明显改善，抵御自然灾害的能力显著增强，生态环境日益改善，每亩年粮食生产能力达到 1000 公斤以上。农民劳动强度大大减轻，农民收入水平较快增长，综合生产能力有了较大提高，农民生活水平明显提高，农村经济全面发展，经济、社会、生态效益十分显著。

（二）提升了粮食综合生产能力

通过农业项目建设推广农业集成技术，大大提升了粮食综合生产能力，真正落实了"藏粮于技"，经济和社会效益非常显著。

一是优化了农业结构和提升了粮食单产。从优化小麦种植和品种结构入手，不断扩大优质麦种植面积，初步建立了以市场为导向的小麦生产体系。2017 年 6 月，河南省科技厅组织小麦专家对永城市种植的郑麦 7698 千亩高产示范方进行机收实打测产，千亩示范方平均亩产达 708.5 公斤，创永城小麦千亩示范方产量最新纪录。优质麦基地建设项目区平均亩产较大田增幅 12% 以上，为项目区农户增收约 3000 万元，为面粉企业节本增效约 1.5 亿元。

二是促进了面粉产业转型升级。永城市从壮大规模、集聚发展入手，提高了企业核心竞争力，推动了面粉产业转型升级。建设面粉食品产业园，实现集聚发展。做大做强龙头企业，实现规模发展，面粉企业由原来的150多家兼并重组为60多家，重点打造汇丰集团等5家龙头企业。

三是拉长了产业链条。永城市围绕"豫东大粮仓转型升级豫东大厨房""从田间到餐桌"小麦全产业链紧密衔接工程，实现了优势面粉加工企业向主食加工、方便食品、休闲食品、速冻食品等延伸拓展，初步形成了"种植—面粉—面制品"产业链，从"面粉城"成功转向了"食品城"。

三 启示与建议

作为一个14亿人口的大国，我国吃饭问题始终是头等大事。因此，我们要始终把保障粮食安全放在首位，长期坚持发展粮食生产。2020年12月召开的中央经济工作会议，在中国经济八大任务中明确指出解决好种子和耕地问题，是更进一步强调了"藏粮于地、藏粮于技"国家粮食安全战略。

（一）进一步完善高标准农田建设政策

在高标准农田建设中，存在农田建设投入标准较低，田间工程与电力配套难以同步，高标准农田建设后续管护缺乏有效机制等主要制约因素。对此的建议，一是把高标准农田建设亩投入标准提高。二是农业农村部出台高标准农田建设管理办法和绩效评价实施细则，绩效管理要突出受益群体的满意度。三是在高标准农田建设资金使用上，明确中央资金和地方配套资金的使用方向应该不同。四是加强项目建后管护，利用地方配套资金，采用政府购买服务的方式，委托专业公司来负责后期管护运营。五是利用中央转移支付资金，加大对粮食主产区特别是对产粮大县的支持和奖励。

（二）推动和规范土地适度规模经营

以基本农户种植小面积土地的经营方式进行农业生产，势必影响高标准农田建设和推广农业新技术步伐，不利于落实"藏粮于地、藏粮于技"战略。近年来，新型农业经营主体有一定的发展，土地流转也有一定的规模，但是，二者均存在一定的盲目性，很不规范，如土地流转价格过高、社会化服务组织少或不配套、农民专业合作社名不副实等。建议国家出台相关政策或指导意见，由专门的人员从事新型农业经营主体培育，规范土地适度规模经营工作。

（三）调动流转土地种粮积极性

政府出台政策支持土地流转经营并控制流转价格，国家的耕地地力保护补贴资金由过去的谁有所有权补贴给谁，变为谁种地补贴给谁，或者将国家每年列支的耕地地力保护补贴资金变更为土地流转经营粮食作物补贴。只有这样，才能充分调动广大农民从事农业以及流转土地种植粮食的积极性。

（四）提高农业科技培训质量

通过开展农业科技培训，普遍提高农民科学种植水平，确实能使农业提质增效，农民增收富裕。但是，农业科技培训工作开展起来有些困难。究其原因，一是在农村从事农业生产的大多数人年纪大或是女劳动力，文化水平较低，不爱学习而且理解能力偏差。二是农业生产受自然条件制约严重，产量不稳定，有时受市场因素调节也很大，增产不增收，农业劳动收入相对偏低，致使大量有文化的年轻农民外出务工。三是有些农技人员，也就是培训教师，知识面窄，技能不先进，实践经验偏少，导致培训水平不高，从而影响了培训质量。四是培训时间和农时季节的矛盾，农时季节正是农业生产出现问题的时候，正需要及时地、有针对性地开展培训，但是这时农民很忙，没有时间参加培训。这些因素造成农业科技培训工作开展起来很困难，很多农业科研新技术难以推广，造成"农技推广最后一公里"问题长期不能得到很好的解决。五是国家要大力宣传农业的重要性，全党全民重视和支持农业，营造农业重要、农民体面、农村美好的良好局面。从多方面加大财政对农业的扶持力度，对农业尤其是种粮业要有多种补贴并增加额度；从事农业有利可图了，高产优质能有好收入了，学习科学种田技术的积极性自然会高，就会由让我学我不学变成我想学我要学，农业科技培训工作就好做了，农业新技术新成果就会很快地转化为生产力，粮食综合生产能力才会持续提升，国家"藏粮于地、藏粮于技"战略才能够持续顺利实施，才能更好地推动乡村振兴，促进农业高质高效、乡村宜居宜业、农民富裕富足，实现伟大的中国梦。

以农业科技推动乡村产业振兴

——河南省浚县善堂镇乡村产业振兴案例

鹤壁市浚县善堂镇位于浚县、滑县、内黄三县交界处，地处华北平原黄河故道。由于土壤肥沃，利于花生种植，从 20 世纪 80 年代中期开始，善堂镇花生种植面积逐步扩大，初步形成区域花生交易市场。然而，受制于一家一户小面积种植模式，当地花生种植机械化程度低、品种杂乱，花生种植效益优势逐渐消失，"善堂花生"品牌优势不在。为了延续当地花生种植悠久的历史，重新打造"善堂花生"这一优势品牌，在当地政府的大力支持和推动下，2018 年初当地农业产业化龙头企业河南丰盛农业开发有限公司与河南省农业科学院进行深度合作，双方以重大项目为纽带，以品种和技术为支撑，大力推进单一品种连片规模种植，通过开展花生产品精深加工，成功开启了科技助力"善堂花生"产业振兴品牌化创建之路。目前，"善堂花生"作为当地主营产品，以色泽白净、果实饱满、口感香醇、品质优良而闻名，产品畅销山东、福建、广东、河北、辽宁、四川等多个省份，部分还销往国外，在全国花生市场上享有很高的声誉。目前，"善堂花生"已经通过国家无公害产品、绿色食品和国家地理标志认证，被国家农产品质量安全中心纳入全国名特优新农产品名录，被评定为"河南省知名农业品牌农产品区域公用品牌"，获得第二十届全国绿色食品博览会金奖。

一 主要做法

（一）开展科企深度合作

当地龙头企业河南丰盛农业发展有限公司成立于 2009 年，位于浚县产业集聚区永济大道东段。经过十年不断探索，该公司已经发展成为下辖 6 家子公司、3 家专业合作社，拥有固定资产 2.6 亿元、员工 156 人（大专以上

90人、专业技术人员46人、高级职称9人）的省级农业产业化龙头企业。公司是中国粮油学会花生食品分会会员单位、全国高油酸花生产业推进协作组成员单位。公司所属的浚县丰盛种植专业合作社2018年被评为国家级示范合作社，浚县丰盛优质花生（小麦）农业产业化联合体被认定为省级农业产业化联合体。为了发展花生产业，重振善堂花生，2018年初，时任浚县丰盛农业有限公司董事长的张国忠找到了在北京开会的中国工程院院士、国家花生产业技术体系首席科学家、河南省农业科学院院长张新友研究员，两人就如何振兴善堂花生产业进行了彻夜长谈，达成了科企深度合作意向，实现强强联合，"善堂花生"依靠科技助力重振之路就此展开。

（二）把准产业发展方向

为了高起点打造"善堂花生"这一品牌，省农科院组织院内及国家花生产业技术体系、河南省花生产业技术体系相关专家深入考察调研当地条件资源，认为在土壤环境上，善堂镇地处黄河故道，属于沙质土壤，昼夜温差大，适宜花生生长；在气候条件上，当地收获期晴好天气多，利于收获晾晒，是"河南省花生种植最佳区域"之一；在区位优势上，当地有种植花生的传统，常年花生种植规模超10万亩，通过善堂花生的辐射作用，可以带动周边滑县、内黄、延津等县约200万亩花生种植，区位优势十分明显。为进一步发挥善堂花生种植优势，专家组经过充分论证后认为，高油酸花生是今后花生产业发展的方向，该类型花生油酸含量超过75%，营养保健价值高、化学稳定性好，具有耐储藏、抗氧化、产品货架期长的特点，经济效益明显，利于在较短时间内实现农民增收。因此，高油酸花生被确定为当地花生品种改良首选品种。为推动花生产业发展，2019年3月，张新友院士带领省农科院推广处、经作所，鹤壁市农科院，河南秋乐种业等相关单位负责人和专家到善堂镇调研高油酸花生生产和科企合作推动一二三产业融合发展等情况，实地考察了善堂镇王礼村的优质高油酸花生豫花37示范基地，详细了解了"善堂花生特色小镇"建设与发展规划，与河南丰盛农业有限公司及当地有关部门进行了深入座谈交流，并为推进善堂镇优质花生产业化发展指明了方向。一是强化科技支撑，大力推广应用高油酸花生新品种及绿色高效栽培、农机农艺融合等新技术，扎实推进标准化生产。二是突出产业链延伸，做好不同产业之间的衔接，促进一二三产融合发展。三是进一步探索土地流转新模式，提高土地集约利用水平，推动优质花生规模化生产经营。经过反复调研论证，双方决定以高油酸花生种植为引领打造高端供应链，以"善堂花生特色小镇"建设为突破口提升价值链、延伸产业链，做大做强"善堂花生"品牌。

（三）突出科技引领示范

河南省农科院组织专家团队依据当地资源禀赋，首先选用加工型高油酸花生新品种豫花 37 号作为主推品种，该品种具有五大突出优点。一是丰产。研究表明，该品种比对照远杂 9102 增产 10.8%，在大面积示范中亩产超过 450 公斤，丰产优势明显。二是早熟。该品种在河南夏播生育期 115 天左右，完全可以满足当地一年两熟的要求。三是抗病。鉴定结果表明，该品种具有抗叶斑病和网斑病特性，不早衰。四是品质优良。农村农业部农产品质量监督检验测试中心测试结果表明，该品种多年油酸含量均超过 75%，油酸含量高。五是适宜加工。该品种口感细腻，适合产品加工。为进一步发挥豫花 37 号生产优势，河南省农科院组织专家团队与当地结合，围绕花生栽培、植保、土肥等多个学科组织省、市、县农科系统 35 家单位进行协作，集成示范了麦后直播花生"一选四改"和麦垄套种花生"1112"等一批先进配套种植模式，为豫花 37 号的区域化、规模化、标准化、产业化和大面积推广提供了科技支撑，为"善堂花生"产业发展"插上科技翅膀"。

（四）发挥龙头企业带动作用

河南丰盛农业发展有限公司作为浚县花生种植、加工、销售龙头企业，在当地花生种植户和花生收购加工市场中有重要影响力，对快速提升"善堂花生"产业发展带动作用明显。在花生种植模式方面，依托河南丰盛农业发展有限公司产业发展优势，采用"公司+基地+合作社+农户"的种植模式，以河南省农科院为技术支撑，采用自种与订单种植两种模式发展高油酸花生种植，实行"统一品牌、统一标准、统一农资、统一耕种、统一防治、统一销售"的标准化种植模式。在花生品质管控方面，该公司通过农产品质量追溯、生物物理防治、节水灌溉和种养结合，打造规模化、标准化、绿色化现代种养区，积极探索双低油菜与花生轮作代替小麦、花生轮作模式，持续改善土壤结构，大幅度提升了花生的品质。在花生生产管理方面，该公司充分发挥数字农业技术优势，引入专家团队——青岛农业大学打造数字化云平台，实现了从育种到整地、播种、田管、收获、运输及仓储、加工全程数字化管理，节省了人力成本，降低了花生批间差异。在花生产品精深加工方面，该公司新上了花生乳、裹衣多味花生、油炸花生三条全自动化花生精深加工生产线。同时，围绕花生产品精深加工与国内花生制品知名畅销企业开展合作，进行新产品研发，通过采取贴牌联合生产、代加工等形式"借鸡生蛋"实现自身发展，实现花生产业的快速做大做强。

二　主要成效

（一）科技支撑花生产业迅速发展

经过三年发展，善堂高油酸花生种植面积迅速扩大，2018年花生种植面积仅为500亩，2019年发展到1万亩，2020年达到5万亩，成为全国高油酸花生规模化种植的典范，善堂镇所在浚县花生种植规模达到31万亩，迅速成为华北最大的花生集散地、远近闻名的"花生之乡"。2018年9月21日，河南省农科院和鹤壁市农业局、浚县人民政府在浚县联合召开了"加工型高油酸花生新品种豫花37号及绿色高质高效生产技术"观摩会。2019年9月18日，又召开了"高油酸花生新品种豫花37号绿色高质高效生产技术现场观摩暨产销对接会"，提高了"善堂花生"的品牌知名度。河南省副省长武国定、中国工程院院士、国家花生产业体系首席专家、省农科院院长张新友，省农业农村厅厅长申延平，鹤壁市委书记马富国、市长郭浩、副市长孙栋，浚县县委书记郑辉、县长刘青等对善堂花生产业发展给予了充分肯定，《河南日报》《河南科技报》等新闻媒体多次对科技支撑善堂花生产业发展情况进行了报道，扩大了"善堂花生"的影响力。

（二）以花生为特色的产业发展链条初步建成

为延伸产业链、提升价值链、打造供应链，促进一二三产业深度融合和农村高质量发展，在省农科院专家倡导下，河南丰盛农业开发有限公司委托北京中农富通设计有限公司制定了"浚县优质花生现代农业产业园"

规划。该规划已被河南省农业农村厅批准为 2019 年度省级现代农业产业园，获得省财政奖补资金 3000 万元。目前，在现代农业产业园项目建设上，数字化农业和农产品质量追溯系统正在产业园得到应用，花生奶、花生休闲食品和裹衣花生三条生产线已建成投产，引入了黄飞鸿等知名花生加工企业，规划占地 1000 亩的 50 万吨物流产业园一期工程 10 万吨仓储和 1 万吨冷风库正在建设。此外，鲁正期货多次到丰盛农业调研，浚县有望成为优质花生现货、期货交割地，逐步形成全国高油酸花生原料供应地、现货期货交割地。目前，善堂以花生为特色的产业发展链条初步建成，为当地花生产业持续健康发展打下了坚实基础。

三 发展启示

（一）因地制宜培育特色农产品生产基地

实现乡村产业振兴，首先要根据乡村生态特点、资源禀赋、区位优势、产业基础等状况，通过整合和开发本地传统资源，形成区域性的经济优势，培育独具特色的农产品生产基地。本案例中，当地龙头企业结合善堂镇自然资源禀赋和历史种植传承，主动与农业科研单位开展强强合作，农业科研单位发挥自身优势，组织院内及国家花生产业技术体系、河南省花生产业技术体系相关专家对当地土壤、气候、生态环境、区位优势等进行考察调研，对当地种植品种、产业发展等进行前期科学研判和后期跟踪指导，提出按照"一乡一业、一村一品"的模式，规模化发展花生产业，重新打造"善堂花生"这一品牌的发展思路。在平原农区，由于县域农业种植结构单一、农业产业发展大致雷同，要想实现乡村产业振兴和突破，必须因地制宜培育独具特色的农产品生产基地，在已有的基础上把小产业做大，把弱产业扶强，从而形成自身的特色和优势，在发展上实现"弯道超车"。此外，因地制宜发展乡村产业的好处是产业发展一般有一定的基础，发展上不容发生方向性错误，在工作推进中也更易为当地群众所接受，有助于更快、更好、更稳妥实现村产业振兴。

（二）坚持农旅融合推进特色小镇建设

实现乡村产业振兴，要跳出产业看产业，围绕发展做产业。在具体操作中，要坚持农旅融合这个思路，强化打造特色这个定位，立足规划先行这个前提，围绕乡村产业振兴长远发展进行整体规划设计，为乡村振兴可持续发展打好基础。本案例中，为了实现"一乡一业、一村一品"，推进善堂花生产业发展，当地以"善堂花生特色小镇"建设为突破口，通过顶层设计、规划先行，统筹推进产业转型升级，实现农旅融合发展，"以农兴旅，以旅富农"，推动农业产业链延伸，打造一个有乡愁有故事能生金的"善堂花生"品牌。2018年，"善堂花生特色小镇综合体项目"总体规划完成，未来3~5年，通过建设20万亩花生科技产业园和年交易量50万吨的花生交易中心，促进农民从土地中解放出来到城镇就业和集聚，形成一个面积6平方公里、人口6万多人、生产总值100亿元以上、人均收入10万~20万元，产业兴旺、生态宜居、乡风文明、治理有效、居民幸福的美丽生态善堂花生特色小镇。

（三）科技支撑助力乡村产业振兴

实现乡村产业振兴，必须进一步强化科技支撑的保障作用。本案例中，科研单位充分发挥自身优势，紧紧围绕善堂镇花生产业发展中的关键技术需求，强化育种、植保、土壤肥料、加工、质量安全、农业信息化等学科技术力量协同，组建跨单位、跨学科的专家团队，围绕产业全链条，构建了新品种、新技术与新生产方式等相结合的一体化技术体系，有力地支撑了善堂镇花生产业的快速发展。在善堂镇推广应用了加工型高油酸花生新品种豫花37号，组建了省、市、县农科系统35家单位的花生栽培、植保、土肥等多个学科专家工作组，集成应用了麦后直播花生"一选四改"和麦垄套种花生"1112"等配套种植模式进行示范，为助力实现优质高油酸花生的区域化、规模化、标准化、产业化发展提供了有力的科技支撑。加强多学科技术集成应用，强化科技支撑，成为善堂花生产业得以迅速发展和产业链快速延伸的基本前提和根本保障。

（四）龙头企业带动一二三产业融合发展

实现乡村产业振兴，必须充分发挥龙头企业"火车头"带动和上中下游企业"同频共振"、协同推进作用。在具体发展实践中，必须从顶层设计层面进行整体规划，通过规划建设现代农业产业园，完善相关硬件匹配，落实各项支持优惠措施，种好"梧桐树"，引得"凤凰"来，引导相关行业集中入驻产业园，产生"集群效应"，推动一二三产业的融合发展和乡村产业的振兴。本案例中，经过省农科院专家团队科技助力，编制完成了"浚县优质花生现代农业产业园"规划，获得省财政奖补资金3000万元，推动了以农产品质量追溯系统为代表的数字化农业的快速建设。经专家团队牵线搭桥，引入了黄飞鸿等知名花生加工企业，花生奶、花生休闲食品和裹衣花生三条生产线已建成投产；规划占地1000亩的50万吨物流产业园一期工程10万吨仓储（含1万吨冷风库）正在建设。这些生动实践，很好地展现了"依托科技助力打造特色农产品生产基地——以特色农产品生产基地谋划县域产业发展布局——以县域产业布局推动特色产业发展链条建设——以特色产业发展链条建设助力乡村产业振兴"的一二三产业融合发展和品牌化创建之路，值得类似地区借鉴和推广。

河南省种养业发展模式案例研究

课题组长：胡红杰

小花生做成大产业

——河南省正阳县花生产业振兴案例

正阳县地处淮汝之滨，县域总面积 1903 平方公里，辖 18 个乡镇、2 个街道，总人口 86 万人，花生种植面积稳定在 170 多万亩，年产量达到 50 万吨以上。近年来，正阳县紧紧围绕挖掘花生产业潜在价值，通过延伸花生产业链条，构建了以国家现代农业产业园为引领的特优一产，以君乐宝、鲁花、维维、花生天地、正花集团、农业机械现代产业园为支撑的强劲二产，以电商服务中心、渤海花生交易中心等为载体的新兴三产，形成了"小花生"到"大产业"的"正阳模式"，走出了一条乡村产业振兴的新路子。2019 年，全县花生综合收入达 260 亿元，品牌价值 116.51 亿元。

一　主要做法

（一）创建现代农业产业园

正阳县紧抓国家政策机遇，2017 年成功创建全国唯一一家以花生产业为主的首批国家现代农业产业园，引领全县花生产业优化升级，实现了规模、质量、品牌、绿色、效益、速度六个跨越。一方面，整合涉农资金 4.8 亿元，吸引各类社会资金 63.2 亿元，投入国家现代农业产业园建设。通过"保险+信贷风险基金+新型农业经营主体"与"银行+信贷风险基金+新型农业经营主体"融资模式，支持 130 家相关企业先后融资 11.6 亿元。县财政投资近 3 亿元，推动花生公园和花生机械产业园水、电、路、气、网络等基础设施建设。另一方面，破解土地瓶颈。创新土地流转新模式，鼓励农民成立专业种植合作社，以土地托管和土地入股分红形式聚拢耕地，推动规模化经营。调整现有土地资源使用方向，优先满足科技含量高、对花生产业和农户带动能力强的龙头企业和农业合作社的建设用地需求，自 2018

年以来先后提供了3800亩建设用地用于现代农业设施建设。

（二）打造优质生产基地

围绕花生良种种植建立1个院士工作站、5个博士工作站，聘请张新友院士、农业农村部花生机械专家胡志超研究员、花生食品学会会长王强研究员等为花生产业顾问，科学选用优质专用高油酸花生品种，良种率达到100%。加强与中国农业科学院、农业农村部南京机械化研究所等科研单位合作，探索出了以起垄种植、病虫害绿色防控为主的绿色高产高效集成技术，并在全国复制推广。积极申请建立国家级花生质量检验中心，用科技手段阻挡黄曲霉毒素、重金属及农药等污染，确保花生品质。截至2019年底，全县170万亩"正阳花生"通过农业农村部农产品地理标志认证，成功创建了56万亩全国绿色食品原料（花生）标准化生产基地，正阳花生被评为"中国百强农产品区域公用品牌"，2020年7月，正阳花生进入《中欧地理标志协定》保护名录。正阳县先后被授予"全国花生种植第一大县""中国花生之都""中国富硒花生产业化基地县""中国（国际）花生产品交易中心""中国花生美食之乡"等荣誉称号。

（三）做大做强精深加工

先后出台《正阳县国家现代农业产业园招商引资的优惠政策》《正阳县加快花生食品加工企业发展的意见》等一系列支持政策，通过外引内培、招大引强，先后引进君乐宝、鲁花两个"国家品牌计划"龙头企业落户正阳；培育出花生天地、正花食品等本地花生精深加工企业32家，生产花生油、花生蛋白、花生炒货、花生食品等8大系列50多个品种；培育壮大花生机械生产企业38家，年产花生机械6万多台。围绕花生"吃干榨净"，大力推动循环发展，深入推动花生秧、花生壳等全资源化利用，花生综合利用率达到100%。成立"花生秸秆秧行"，利用花生秸秆加工成畜牧养殖饲料，饲养湖羊、奶牛；利用花生壳种植食用菌，开发花生壳枕头；利用花生红衣，积极开发红衣茶、红衣膏等健康养生产品。目前全县建有花生草场1200多个，年加工销售花生秧、花生壳50多万吨，产品远销韩国、越南等国家。

（四）拓展延伸服务模式

加快发展花生电子商务，组建花生电商服务中心。建设花生"双创中心"，面向花生产业领域"双创"群体，提供"技术孵化+投融资+园区配套"融合服务。为推进花生产业营销、贸易和结算等环节的市场化、互联网化及竞价化，2018 年，天津渤海商品交易所与正阳利和实业有限公司共同组建成立了正阳渤海花生交易中心。中心以花生及其上下游产品为交易对象，以服务花生全产业链条为目标，初步构建了集产业信息共享、电子化竞价、网上结算—支付、融资服务等功能于一体的综合性电商平台。以融资服务为例，正阳渤海花生交易中心加强与正阳农商行合作，通过发挥双方比较优势，为交易企业提供仓单质押等融资服务，到 2019 年底，已累计向 30 家交易中心会员单位发放贷款近 3000 万元。

（五）加大宣传推广力度

通过举办海内外交流大会、名人代言等方式，加大宣传力度，提升正阳花生知名度。每年举办中国·正阳互联网+花生产业高峰论坛、花生文化节等重大活动。邀请著名央视主持人海霞在第十五届农交会上代言推介"正阳花生"。县委书记刘艳丽亲自上阵做宣传，变身"花生书记"，借助《中国推介》栏目，向全世界介绍、宣传、推广"正阳花生"。积极争取与京东、阿里巴巴等大型电商合作，推动花生销售、物流等产业规模化发展，打通了花生产品"线下、线上"双向销售渠道，不断擦亮"正阳花生"这张名片。

二　取得的成效

（一）县域经济迅速发展

花生产业快速发展有力推动了正阳县域经济的发展，全县经济总量排名从 2016 年的全省第 89 位上升至 2019 年的第 50 位，3 年上升 39 位；产业集聚区排名从 2016 年的河南省第 120 位上升至 2019 年的第 42 位，3 年上升 78 位（见表 1），被评为河南省"十快"和"二星级"产业集聚区。

表1 2016~2019 年正阳县县域经济及产业集聚区排名

年份	县域经济排名	产业集聚区排名
2016	89	120
2017	89	114
2018	59	44
2019	50	42

资料来源:《河南省统计年鉴》(2017、2018、2019、2020)、河南省产业集聚区考核综合排序(2017、2018、2019、2020)。

(二) 品牌价值大幅提升

"正阳花生"品牌价值从 2012 年的 18.55 亿元上升到 2019 年的 116.51 亿元,品牌强度达到 857,居于全国第 32 位,成功打入国家地理标志产品中国百强农产品区域公用品牌。在首届中国品牌暨"一县一品"品牌建设发展论坛上,"正阳花生"荣获 2019 年"一县一品"品牌强县经典案例奖,并作为全国 10 个最具代表性的县域经典案例之一在陕西杨凌第 26 届农业科技博览会上进行了推介。

(三) 绿色发展稳步推进

积极推广测土配方施肥等先进农业技术,减少化肥、农药使用量,提高有机肥使用率,目前全县畜禽粪污综合利用率达到 90% 以上,高效节水灌溉面积达到 50%,化肥、农药使用量同比分别减少 10% 和 15%,农产品抽检合格率 100%。

(四) 农民收入稳定增加

正阳县打赢脱贫攻坚战的重要抓手是发展花生产业,对帮助农民增收发挥了重要作用(见表 2)。截至 2019 年底,正阳县初步形成了科技引领、品牌集中、种类齐全的加工体系,以花生油、休闲食品、花生饮料、花生蛋白、花生保健食品为主的精深加工企业达到 30 家,提供就业岗位 2 万多个,人均月工资 3000 元左右。

表 2 2019 年正阳县花生种植业对农民增收的重要性

常住人口（万人）	85
种植花生的农民（万人）	58
种植花生的农民占农村总人口的比重（%）	88.6
农民每年人均种植花生收入（元）	3550
农民每年人均种植花生收入占全年可支配收入比例（%）	34.5

资料来源：《正阳县农业农村局 2019 年度工作总结》。

三 启示借鉴

从高效种植、精深加工到循环经济，正阳县依托"小花生"形成花生"吃干榨净"一条龙深加工、包装的全产业链融合发展模式，走出一条农村一二三产业融合、产业结构优化升级的乡村振兴之路。

（一）乡村产业振兴要发挥现代农业园区的集成带动作用

现代农业园区是现代农业的展示窗口，是农业科技成果转化的孵化器，发挥了传统农业向现代农业转变的典型示范作用。正阳县珍惜创建现代农业产业园重大历史机遇，积极争取资金和政策支持，高标准规划、高质量建设，努力将其打造为世界级现代农业产业园。通过园区建设、扶持龙头企业、提升品牌知名度及促进农民增收等有机融合，为农业发展提供全流程服务，延长了花生产业价值链，既打牢了园区产业基础，又扩大了花生需求，实现了园区、企业、农民"三赢"局面，探索出传统农业向高产、高效、优质现代化农业转型的发展之路。

（二）乡村产业振兴要强化农业科技的推广应用

小花生做成大产业，关键是做好科技支撑。正阳县通过聘请花生种植、加工等专业技术人员，强化人才科技保障，建立完整的农业科技支撑系统。正阳县在现代农业产业园内实施科技创新示范，积极推广高油酸花生等新品种，实现传统农业提质增产，优良品种种植面积在全县稳步扩大，为其他传统农区借助科技力量实现农产品提质、农业增效、农民增收提供了可供借鉴的典型经验。

（三）乡村产业振兴要积极发展新模式和新业态

随着新一代信息技术发展，互联网、大数据等信息技术在现代农业中的应用越来越广泛。通过借助互联网，可以削减生产、分配、交换及消费之间的隔阂，降低交易成本，拓展产业价值链，助力农业产业创新升级。正阳县紧跟发展潮流，搭建了正阳渤海花生交易中心、中国花生供求信息网、中国小麦花生信息网等信息化平台，这不仅提高了产业信息化水平，还帮助正阳县实现了对花生供求、价格的合理控制。

农牧结合构建生态养殖新模式

——河南省宝丰县生态养猪产业振兴案例

近年来，宝丰县坚持"绿水青山就是金山银山"的理念，按照"农牧结合发展现代生态循环农业"的发展思路，不断创新体制机制和发展模式，首创的"百亩千头生态方"种养结合循环发展模式，在全域内探索出一条以畜牧业为龙头、种养结合、农牧循环、全面发展的现代生态循环农业新路子。该模式不仅打通了粪污资源化利用的"最后一公里"，而且以其独特的优势，在非洲猪瘟肆虐的情况下，"百亩千头生态方"没有发生一起疫情，实现了生猪的绿色养殖，保障了猪群健康，为恢复生猪生产、保障市场供应、促进地方经济发展作出了积极贡献。该模式多次被央视、新华社等主流媒体报道，在 2016 年全国畜禽标准化养殖现场会上被农业部确定为可复制、可推广、可持续的资源化发展模式，入选《中国农业绿色发展报告 2018》地方篇十大范例。

一　主要做法

（一）积极推动种养结合

宝丰县紧抓河南省现代生态循环农业试验区、国家农业绿色发展试点先行区和国家农业可持续发展试验示范区的重大机遇，支持龙头企业康龙实业集团积极探索并推广"百亩千头生态方"种养结合循环发展模式。该模式以 100～200 亩耕地为一个单元，修建大小约 3 亩、每年出两栏、每栏 1000 头生猪的养殖生产线，养殖产生的粪污无害化处理后直接就地利用。"百亩千头生态方"养殖生产线中的猪舍顶部采用塑料大棚结构，四周墙体需从地面向下挖约一点四米，冬暖夏凉，适合猪群生长。猪舍内部安装可使猪仔实现自主饮食、饮水的自动化设备。"百亩千头生态方"全面考虑土地消纳能力与生猪粪便排泄量，合理匹配种植用地和养殖数量，具有节约土地和资金、保护环境无污染、促进生猪快速生长等优点。更为可贵的是，该模式具有"可复制、可推广、可持续"特点，不仅有助于拓展养殖业发展空间、解决养殖用地不足难题，而且对提升土壤质量、改善农产品品质、提高农业产出效益具有重要作用。到 2019 年底，宝丰县已建设"百亩千头生态方"生产线 100 余个，覆盖种植面积 5 万余亩。

（二）稳步推进土地流转

由于一条"百亩千头生态方"生产线需要大约 100～200 亩土地，属于相对较大面积的地块，普通单个农户的农场面积难以达到要求，具体实施只能依靠农业企业、农业合作社、村集体或农业生产大户。围绕"充分利用、合理开发、打造特色、增产增收"的目标，本着"平等、依法、自愿、有偿"的原则，各乡镇采取印发宣传材料、入户动员发动、发放明白纸等方式，进行广泛宣传，大力推进土地流转，积极引导村民将土地流转给龙头企业、生猪养殖合作社或村集体。作为运营主体，龙头企业、合作社或村集体拿到土地后，根据实际情况开始修建并运营"千头线"，村民作为农业合作社的参与者或村集体成员每年可以获得经营收益分红。

（三）促进废弃物循环利用

"百亩千头生态方"循环发展模式充分利用养殖产生的粪肥，经固液分离机将粪肥中粗纤维分离出来做有机肥，分离出的液体则输送到沼气工程厌氧发酵罐发酵，经厌氧发酵产生沼渣、沼液和沼气。蔬菜废弃菜叶和部分粮食被运送到养猪场作为猪饲料；生物质厂将粮食作物产生的秸秆、果木枝条加工成生物质燃料，生物质作锅炉燃料用于大棚、猪舍加温，而燃烧后产生的草木灰可作为钾肥。

一是"农牧结合、就近利用"。适用于大型规模化养殖场，养殖场以沼气工程为纽带，冲刷污水、尿液、生活污水等液态废弃物通过暗管输送到沼气池进行发酵，沼渣做底肥种植蔬菜和粮食作物，沼液通过地埋管道输送至蔬菜大棚、大田、果园等混以清水用作追肥或直接灌溉；发酵产生的沼气用于提升蔬菜大棚和猪舍温度，也可用于居民生活。截至 2019 年底，全县各类循环农业企业有大中型沼气工程 5 个，年产沼气量超过 10 万立方米。

二是"林牧结合、自然利用"。适用于浅山丘陵区中小型养殖场,根据林业生产规模配套发展相适应的养殖业,种植生态林果,减少化肥使用,确保有机肥供应。截至 2020 年 6 月,宝丰县林牧结合面积达到 3000 余公顷。

三是"协议消纳、异地利用"。适用于种养相分离的企业或大户,养殖企业与种植大户签订肥料供应协议,养殖企业自建粪污处理设施,养殖废水经氧化塘处理后无偿供给周边生态农田、绿色食品基地、干鲜果基地。截至 2020 年 6 月,全县共有 80 多家养殖企业与种植户签订消纳协议,覆盖种植面积达 15 万亩。

四是"加工制肥、分散利用"。适用于有机肥生产企业、有机肥加工企业有偿收集养殖场粪便、病死畜禽、农作物秸秆,加工生产商品有机肥,商品有机肥用于本地或外地种植绿色生态粮食、蔬菜、经济作物。截至 2020 年 6 月,宝丰县运营着 1 座年处理能力达 30 万头病死动物的无害化处理厂,保有 2 条有机肥生产线,总产能达 8 万吨。

五是"就地还田、直接利用"。堆沤发酵池和污水沉淀池十分适宜于中小型企业使用,其可将发酵后的粪肥进行还田,贮存发酵合格后的各类污水用于浇灌田地。

(四) 构建资金多元投入机制

按照整合资金、集中使用的原则,2019 年以来,全县整合粪污资源化利用、农业生产发展、人居环境改善等各类资金共计 1.34 亿元,投入农业绿色发展先行先试支撑体系试点县建设。为吸引社会资金投资绿色农业建设,建立了贷款贴息、以奖代补等多种模式,构筑了多方投入机制,实现了资金保证。利用财政资金在贫困村建设"百亩千头生态方",实行第三方租赁经营,租金的 30% 归村集体,70% 归农户,5 年后产权归村集体,被誉为"竖在田间地头的扶贫车间"。

二 取得的成效

(一) 增加了亩均收益

投资一条占地约 100 亩的"百亩千头生态方"生产线大概需要 35 万

元，而同等规模传统猪场大概需要投资 105 万元，因此，"百亩千头生态方"种养结合循环发展模式极大地提高了资金利用率。据平顶山相关部门估算，即使是高标准农田，若仅用于种植，平均一亩每年能收约 1000 公斤粮食，100 亩田的总产值在 20 万元左右，减去成本，净收入也只有约 3 万元，但发展"百亩千头生态方"种养循环生产线，平均每年能出两栏优质猪，每头猪净赚约 200 元，两千头猪的利润大概为 40 万元。从整体来看，"百亩千头生态方"产值至少是单纯种粮产值的 20 倍，净收入至少是单纯种粮的 15 倍。

（二）提高了资源综合利用率

目前宝丰县已形成"畜—沼（有机肥）—粮""畜—沼（有机肥）—菜""畜—沼（有机肥）—果"等 6 类基本绿色生态循环模式，6 个畜牧业生态循环试验区初步建成。据评估，到 2019 年底，宝丰县秸秆综合利用率达到 92.3%，畜禽粪污综合利用率达 83% 以上，绿色防控面积比重在 60%以上，实现水肥一体化面积 10 万亩；每年宝丰县畜牧业向农业、林业供应有机肥 2 万多吨，化肥用量减少 5000 多吨，粪污被有效处理和达标排放，实现了农牧绿色生态循环。

（三）促进了土壤改良和环境改善

"百亩千头生态方"种养结合循环发展模式可以让猪和农作物和谐共处，粪污经过处理后通过管道回田，沼渣沼液就近用到蔬菜地里，真正实现了种养循环发展。粪污依次通过水泡、发酵池和大田三个发酵阶段后，可用于农作物底肥和追肥，其他粪污被以休耕轮作方式用于土壤改良，每条"百亩千头生态方"生产线每年可改良土壤约 20 亩，粪污得到资源化利用，实现无污染排放。被粪肥改良的土壤，有机质含量可由 18.5mg/kg 提升到 39.3mg/kg，并且还可以消除土壤板结，增加土壤团粒结构，增强土壤的蓄水、蓄肥和供肥能力，地力水平可提升 1~2 个等级。例如，康龙实业集团通过两年多的粪肥改良，将以前完全是"靠天收"的田地改良为适宜种植粮食作物的土壤，丘陵、岗地每亩年产量可增加 200 公斤以上，平地、洼地每亩年产量可增加 120 公斤以上。

（四）带动了农民脱贫致富

"百亩千头生态方"种养结合循环发展模式不仅符合绿色生态的发展要求，而且是一种重要的产业扶贫方式。宝丰县在实际工作中采用了通过龙头企业和合作社带动贫困户脱贫的手段。这种模式的农场，一方面为贫困户提供了务工机会，另一方面贫困户可以流转土地获得每年 1000 元左右的收入。

三　启示借鉴

以生态高效养殖为目标，以农牧结合、循环发展为导向，重点发展高效、绿色农业，探索出一条农业内部绿色高效融合新模式，实现了农村土地与人力等资源的高效利用、生态环境大保护、农民增收致富多方共赢。

（一）发展乡村种养业应统筹兼顾

统筹兼顾整个农业发展体系是实施种养结合发展模式的关键。首先，要一体化规划种养规模及布局，统筹考虑种植与养殖业规模，外部消纳能力必须能够满足牲畜的排泄量。其次，在建设猪舍、果园、农田等基础设施时，建立完整的农田渠系，以便利分散排泄各类粪污废水到田间，增强土地肥力。再次，与村庄居民区建设相联系，种养结合型农场的位置选择要符合乡村整体建设规划，同时要符合生态保护要求，与水源地及居住区要间隔适当距离。最后，因为"百亩千头生态方"种养结合循环发展模式对改良土壤有巨大作用，因此应当将丘陵、沙地等贫瘠土地作为发展重点，在合理高效利用土地的同时，还能改善土壤质量。

（二）发展乡村种养业应注重构建生态循环链条

生猪养殖存在一定污染性，主要污染源是粪污废水，传统养殖模式忽视对粪污废水的处理，十分容易产生各类环境问题。通过综合考虑养殖规模与环境消纳能力，并主动将生物发酵引入生猪养殖过程，"百亩千头生态方"种养结合循环发展模式实现了污染物的资源化利用：将各类污染物排入曝气池进行处理，然后通过管道将经过处理的粪污废水排灌至土地，用增强土壤肥力的方式解决了粪污污染。

（三）发展乡村种养业应适度规模经营

农业要实现现代化，离不开农业适度规模经营的支持。农业适度规模经营的实现，必须集中一定量的土地。土地的流转集中不是靠外部力量强制实施的，而是被更高的潜在收益吸引自发集中起来的。因此，找到更高的潜在收益点，并通过适当的模式收集土地、分配利润，是实现农业适度规模经营的基础，也是实现农业现代化的前提。宝丰县实质上为农业适度规模经营做了一次有益探索。"百亩千头生态方"种养结合循环发展模式既是一种土地集约化生产模式，也是一种能将利益妥善分配给各参与方，具有很强吸引力的模式。因此，"百亩千头生态方"种养结合循环发展模式对于实现农业适度规模经营，继而推进农业现代化具有重要意义。

全链条发展"蒜经济"

——河南省杞县大蒜产业振兴案例

杞县大蒜种植面积常年稳定在 70 万亩以上，年总产量超过 96 万吨，种植面积和总产量均居全国首位，销售量约占全国的 1/3。在杞县的带动下，杞县及周边地区大蒜种植面积近 200 万亩，已成为我国大蒜的重要产区、国内外大蒜的主要供应地。近年来，杞县大力实施大蒜产业"四化"战略（种植规模化、品种优良化、基地产业化、营销市场化），打出农技服务、冷链调峰、电商助力、政策保障等系列"组合拳"，打通了一条集科技研发、保鲜贮藏、精深加工、贸易流通等于一体的全产业链发展格局，破解了"蒜周期"不稳定等难题，开辟了一条具有杞县特色的大蒜产业化发展模式，为杞县乡村振兴奠定了坚实基础。

一　主要做法

（一）注重农技推广

针对大蒜种质资源退化、重茬病害严重、品种单一等问题，坚持产学研深度结合，加强新品种研发与种植技术推广。

一是建立农技推广服务平台。成立中国农大开封试验站大蒜研发转化基地、中国农大杞县教授工作站等机构，积极引进和改良无公害、绿色、有机、富硒优质大蒜新品种。加强与河南农大战略合作，依托专业合作社、种粮大户等成立大蒜科技小院，积极推广大蒜新品种。

二是开展"点对点"技术服务。成立大蒜专家服务团，建立专家服务团微信群，采取线上视频答疑解惑、线下现场指导生产等方式，对大蒜专业合作社、种植大户进行指导。把 80 个大蒜种植村作为基地，深入田间地头及时掌握苗情、墒情、病虫情等信息，围绕土肥、育苗、田间管理等各个环节，为蒜农提供技术咨询服务。

三是推广标准化种植。通过产政学研紧密合作，县政府牵头建立大蒜标准化生产技术规范，率先在傅集镇、圉镇等7个乡镇开展无公害化、标准化种植试点，目前已经基本形成了无公害大蒜标准化生产示范区。

（二）强化冷藏保鲜

为解决大蒜产出和市场需求之间的矛盾，有效降低市场价格波动风险，保护蒜农和蒜商利益，杞县把大蒜冷藏作为生产与消费之间的重要一环，加大政府补贴力度，支持县产业集聚区和苏木、邢口、葛岗、裴村店、阳堌等乡镇、专业村，加快保鲜冷库和恒温冷库建设，截至2019年底，全县大蒜保鲜和恒温冷藏库超过700座，总库容达到70万吨。通过冷库建设，有效促进了大蒜保鲜增值，实现了大蒜错峰销售，较好地发挥了市场价格"调节阀"和"稳定器"的作用。

（三）设立风险基金

由政府出资设立1000万元的"大蒜风险基金"，通过建立政府、保险公司、种植户三方利益联结机制，将风险从个体承担转到三方共同承担，有效规避了市场行情波动影响，减少风险给农户带来的损失。积极协调多家金融机构设立了"种子贷""蒜商贷"等专项贷款，当大蒜专业合作社、种植大户或相关中心企业有贷款需求时，可通过"大蒜风险基金"作为担保向金融机构贷款，从而提高贷款成功率，化解了融资难题。

（四）推动精深加工

针对大蒜深加工能力不足、产业链不强、附加值不高等问题，近年来杞县加大招商引资力度，大力推动大蒜延链、补链、强链工作，依托县产业集聚区集聚发展大蒜深加工龙头企业，截至2019年底，全县大蒜加工企业达到80多家，年加工大蒜能力超过10万吨，主要产品包括大蒜素、纤蒜、蒜油、蒜粉、蒜片、蒜氨酸等十多种，其中蒜片、蒜粉、黑蒜等产品在印尼、泰国、马来西亚等东南亚国家享有较高的知名度。以杞县潘安食品有限公司为例，公司拥有年加工大蒜2万吨、成品蒜片5000吨、蒜粉3000吨、黑蒜700吨的生产能力，年出口蒜片、蒜粉和黑蒜等加工产品

5000 多万元。

（五）创新交易模式

杞县充分发挥大蒜产地优势，加快专业交易市场建设，大力发展电子商务，推动"市场+电商"一体化发展，打造全国最大的大蒜现货交易基地。

一是建设大蒜国际交易中心。依托县城建设了占地 550 亩的金杞大蒜国际交易市场，完善交易、仓储、物流、电商等服务设施，积极引入大蒜贸易企业、专业经纪人等，进一步提升交易规模。目前金杞大蒜国际交易市场拥有各类大蒜贸易企业 130 余家，专业经纪人超过 1 万人，每年大蒜交易量达到 120 多万吨，其中出口贸易量 20 多万吨。

二是大力发展电子商务。规划建设杞县电子商务产业园，推动电商企业与合作社（村集体经济组织）、农户合作，构建大蒜产业与互联网相融合的现代发展模式，目前已入驻 70 多家企业，每年通过电商销售的大蒜突破 10 万吨。

三是网红直播带货。2020 年以来，受新冠肺炎疫情的影响，实体交易市场受到较大影响，为解决优质大蒜卖不出去等问题，县领导带头走进电商平台直播间，加强互动交流，将杞县大蒜推销、介绍给广大用户。比如 2020 年 5 月，县领导李胜伟同志直播宣传推介杞县大蒜，当天销售量达到 17 吨。

二 取得的成效

（一）大蒜产量持续增加

杞县大力实施"大蒜兴县"战略，推动大蒜种植区域由中部地区逐渐扩展到全县范围，随着种植面积大幅增加、农业科技应用推广，大蒜产量稳步提升。2020 年全县大蒜种植面积达到 70 万亩，产量达到 96 万吨，分别是 2008 年的 1.16 倍和 1.2 倍。

（二）农户收入大幅提升

在大蒜产业的有效带动下，蒜农的收入大幅增加。一是种植收入。2019

年，全县每亩大蒜可生产鲜蒜 3500 斤和蒜薹 350 斤，每斤蒜薹卖 2.5 元左右，再加上鲜蒜的收入，减去成本，一亩大蒜能赚五六千元。二是务工收入。每到大蒜种植、管理、收获、交易时期，务工人员每日可实现收入 300 元左右，每个蒜季务工人员通过积极参与劳动可收入上万元。

（三）就业机会不断丰富

一是直接就业。截至 2019 年底，全县有 30 万左右的农民从事大蒜产业，包括种植、加工、市场交易、电商等环节。二是脱贫户就业。2020 年疫情防控期间，杞县另辟蹊径，打开网上销售通道，通过电商平台、网络直播等方式，实现大蒜销量超过 2 万吨，新增 1000 多个就业岗位。此外，大蒜产业带动了当地文化旅游、餐饮住宿、仓储物流、保险金融等相关产业的迅猛发展，创造了更多就业机会。

三　启示借鉴

以农民增收、农业增产为目标，通过农产品产供销全链条的延链强链补链、企业与农户等经营主体的利益紧密联结，构筑出农业细分领域的"产业高地"，进而探索出一条单一农产品产业链延伸新模式。

（一）乡村产业振兴要推动全产业链发展

产业兴旺是乡村振兴的"牛鼻子"。有了产业的发展，村民才能有就业致富的机会，才能有安居乐业的条件。杞县牢牢抓住农业发展动能转换的重要契机，推进"产学研"融合发展，积极推广大蒜科技成果及先进实用技术，大力发展大蒜新业态，积极推动大蒜产业一二三产业融合发展，引导和推动更多资本、技术、人才等要素向农业农村流动，调动广大农民的积极性、创造性，保持农业农村经济发展旺盛活力。

（二）乡村产业振兴要补齐发展的短板

农产品种植具有周期性，杞县大蒜产业发展经验表明，应充分考虑影响农产品的外在"蒜周期"。杞县瞄准"蒜周期"关键点和薄弱环节，通过冷库仓储保鲜、产供销一体化运营发展、线上线下相结合，畅通了大蒜产业链条，"熨平"了"蒜周期"，补齐了农产品流通环节的短板，实现了农民多赚钱、企业大发展、政府出形象的多方共赢局面。

（三）乡村产业振兴要充分发挥骨干企业带动作用

注重培育和发挥龙头企业的带动作用，引导龙头企业更好发挥对发展现代农业生产的示范作用，率先开展标准化生产。充分发挥企业在品种、技术、管理、销售、市场等方面的优势，带动更多农民参与，做大做强品牌农业。政府应在政策、金融、保险、科技等各方面予以支持，帮助龙头企业解决在发展中遇到的困难，大力支持农业龙头企业做大做强。

（四）乡村产业要注重新技术新业态新模式的应用

发挥企业比较优势，在品牌、营销、科技等方面引领产业发展。结合当地实际经济情况，大力推动"互联网+"现代商贸模式，将电商企业与贫困户、农业合作社深度有机结合，充分发挥互联网平台信息优势，破解电商扶贫难题。紧跟时代步伐，把握好直播及短视频带货等潮流营销模式，借助"主播农产品销售"形式，吸引各类电商平台消费者注意力，打通特色农产品线上销售"绿色通道"。

传统肉牛高端化引领乡村产业复兴

——河南省郏县红牛产业振兴案例

郏县红牛具有毛色红润、抗疫病能力强、肉用性能好、结构匀称等特点，经较短时间育肥后，屠宰率可达60.65%，胴体产肉率可达83.69%，净肉率可达50.63%，是培育优秀肉牛品种和发展肉牛产业的宝贵资源，曾长期作为耕牛和肉牛存在于我国历史长河中。近年来，郏县大力实施乡村振兴战略，以高端牛肉开发为主线，先后实施了郏县红牛现代农业产业园及红牛产业集群等一批重大项目，不断提升养殖规模，打造具有全球影响力的高端肉牛品牌，初步构建了现代化的郏县红牛产业链。

一　主要做法

（一）统筹做好顶层设计

郏县坚持把红牛产业打造成县域经济重点产业、脱贫攻坚主导产业、特色农产品优势产业，加强规划引导，推动做大做强。

一是强化组织领导。成立振兴郏县红牛产业指挥部，并由县长任指挥长，将郏县红牛产业发展列入县委县政府重要议事日程，定期召开联席会议，及时解决振兴郏县红牛产业过程中存在的困难和问题。各乡镇成立相应的领导机构，把具体任务落实到人，确保郏县红牛产业持续健康发展。

二是编制行动规划。出台《振兴郏县红牛产业发展三年行动方案（2018～2020）》，通过政策引导、金融支持、龙头带动等方式，加快郏县红牛基础母牛群建设，做大做强红牛产业规模。

三是加大资金支持。政府与企业共同出资成立郏县红牛产业发展基金，对红牛发展实行补贴。鼓励和支持企业和群众养牛，每繁育一头郏县红牛犊牛奖励500元，从县域外新购一头郏县红牛母牛奖励500元，每成功配种一头郏县红牛补助 100 元；母牛保险费用在国家和省级财政补贴 50% 基础上，县级财政再补贴 40%。

（二）注重优质品种扩繁

为合理开发利用红牛这一宝贵资源，郏县加强产学研结合，集中力量进行研发。

一是扩大基础母牛群。扩建郏县红牛良种繁育中心，为广大养殖场（户）提供充足的优良冻精颗粒。通过政策引导、技术帮助、资金支持等形式，鼓励和支持农户养殖郏县红牛母牛，发展适度规模繁育大户，建立起以分户繁育为主的郏县红牛基础母牛群，2020 年能繁母牛达到 2.5 万头。

二是创新饲育技术。完善郏县红牛良种繁育、饲草饲料、疫病防控等技术服务支撑体系，推广应用性控冻精、全株青贮、疫病净化等新技术，为振兴郏县红牛产业提供技术服务。平顶山犇牛畜禽良种繁育有限公司积极研发繁育保种技术，达到国内领先水平，通过了原农业部以及财政部认定，获得"国家肉牛产业技术体系'岗位科学'示范基地"和"国家级郏县红牛保种场"两大殊荣。

三是建立多层次技术服务体系。聘请国家、省知名肉牛专家，作为红牛产业发展顾问团队，依托市、县畜牧技术人员组建郏县红牛产业技术服务专家团队。加强与中国农业大学、中国农业科学院、全国养牛业协会、河南农业大学、河南牧业经济学院等科研院校合作，联合开展郏县红牛分子遗传学、高档牛肉饲养管理技术集成、产品开发等各项研究。

四是成功研发"雪花牛肉"。龙头企业瑞宝公司通过多年自主研发，试验出郏县红牛新型饲育方法，2016 年推动高档牛肉等系列产品面世，使郏县红牛可连续稳定地产出 A4、A5 级别的高档雪花牛肉，且平均产出率达到 18%，远远高于日本神户肉牛 10% 的平均水平。在现代育种技术及养殖技术的帮助下，郏县红牛因生长速度快、营养丰富、高品质牛肉出产率高等特点，填补了国内高端牛肉缺乏的空白。2020 年 12 月，郏县红牛参加由国家畜牧科技创新联盟在北京举办的"首届中国牛·优质牛肉品鉴大会"，最终在全国 63 家参评单位中脱颖而出，喜获"高品质牛肉生产推介品种"和"综合评价优胜奖"（最高奖）。

（三）扩大养殖规模

为最大范围动员农户养殖红牛，针对缺乏启动资金的农户，采用签订代养协议模式，由企业提供牛犊与技术支持，农户仅负责养殖；针对缺乏场地的农户，采取租赁场地方式帮助其参与红牛养殖。鼓励个人养殖，一名农村闲散劳动力，根据个人实际情况利用空闲地方养殖 1~5 头郏县红牛；一对青壮年夫妻，依据自己的经济实力，饲养 20~30 头母牛或 50~100 头肉牛。发展合作养殖，支持有资金实力的投资者与有饲养管理能力者合作，采取利益分红的方式进行养殖，支持资金雄厚的投资人采用"公司+农户"模式进行红牛养殖。同时，引进有实力企业进驻郏县，建设郏县红牛养殖、产品深加工、饲料原料供应、畜禽粪污处理等企业，扩大产业规模。凡引进的红牛产业相关企业，按照工业企业招商引资优惠政策对待。为解决郏县红牛养殖规模小、养殖较为分散等问题，郏县将山区丘陵群众拥有的良好养牛习惯、丰富养牛经验、充足养殖场地等优越条件充分发挥出来，建设红牛养殖产业带。以堂街镇汪来湾、邵湾、龙王庙、寺后、小谢庄、张沟、上李、孟庄 8 个行政村和李口镇寺杨、大张庄、昝家、王辛庄 4 个行政村为中心，建设郏县红牛东南养殖带；以安良镇岩郭、磨石坑、三岔沟、老山薛、段沟、高门垌 6 个行政村和黄道镇黄南、黄北、石望河、老庄、谒主沟、门沟 6 个行政村为中心，建设郏县红牛北部养殖带；以茨芭镇上丁、北姚、山头赵、构树张、铁炉、清泉、山店、北竹园、空山洞、尖山、傅村、大庄、东庄 13 个行政村为中心，建设郏县红牛西北养殖带。截至 2019 年底，全县拥有 89 个规模化养殖场、268 户专业养殖户、150 个专业养殖村，存栏红牛达到 6 万余头。

（四）打造知名品牌

推动郏县红牛通过无公害产品、有机产品、绿色产品认证，将"郏县红牛"打造为豫产知名品牌并申报中国特色农产品优势区，提升郏县红牛知名度。在体育场馆、高铁站、高速公路口等人流量大的公共场所，放置与郏县红牛相关的标志物，在城区和各乡镇居民聚集区设置郏县红牛及其相关高档产品广告牌，充分利用各类媒体形式，加大推广宣传郏县红牛"五有"（有标准、有品牌、有形象、有文化、有故事）和郏县红牛高档牛肉产品。通过政府网站、郏县在线、郏县之窗等网络平台，定期发布郏县红牛产业发展动态。

（五）开发红牛文化

开发郏县红牛在中国历史发展中的物质文明——农耕文化、精神文明——祭礼文化，以及使郎牛庙文化、斗宝文化等宝贵文化资源。促进郏县红牛产业带与郏县"四保、四乡、三地"等特色元素协调发展，建设集旅游、观光、餐饮为一体的郏县红牛特色旅游文化。注册与"郏县红牛"相关的各类产品商标，打造"郏县红牛"相关系列产品品牌文化。开发"郏县红牛"牛角、皮革、牛骨等各类附属产品，发展郏县红牛工艺制品文化，努力激发创作郏县红牛文化的热情，把郏县红牛历史文化及特点制作成乡土教材在全县推广。

二　取得的成效

（一）"雪花牛肉"抢占高端市场

"雪花牛肉"含有许多更易于被人体吸收的活性脂肪酸，胆固醇含量低，相对而言比普通牛肉具有更高的营养价值。目前，高端"雪花牛肉"主要代表是日本和牛，由于其培育、养殖过程极为复杂，"雪花牛肉"的产量非常低，导致价格高昂，高端"雪花牛肉"价格通常达到每斤数千元，是普通牛肉价格的数十倍。经过多年的科学培育和喂养，郏县红牛"雪花牛肉"的质量持续提升，目前"郏县红牛"可以稳定产出能媲美日本和牛A5级雪花牛肉的高品质"雪花牛肉"，并且其高端品质已得到社会的高度认可，餐饮零售价为每公斤 2000～3000 元，每次推向市场迅速就被经销商抢购一空。

（二）品牌影响力不断提升

"郏县红牛"先后获得全国第一届农展会金奖，成功注册原国家工商总局地理标志商标，被列入全国品种资源保护名录。邀请国内外知名专家及各级领导，召开振兴郏县红牛产业专题研讨会和郏县红牛高档牛肉产品品鉴会，扩大了郏县红牛的知名度，为打入北、上、广、深等大中城市奠定了基础。2019 年，郏县红牛入选首批"全国特色农产品区域公用品牌"；2020 年 9 月，农业农村部通过了郏县红牛农产品地理标志登记评审，据估计品牌价值达 10.25 亿元。

三　启示借鉴

以合作共赢、利益共享为目标，郏县依托龙头企业，通过企业资金、设备、技术与农户的土地经营权等要素有机融合，构建出企业、新型经营主体、小农户风险利益共担共享的产业融合发展体，探索出一条龙头企业引导乡村振兴新模式。

（一）乡村产业振兴要深入挖掘当地特色资源

郏县红牛作为历史悠久的著名品牌，面临养殖规模小、饲养技术不高等问题。郏县为深入挖掘红牛传统宝库，通过加强组织领导、加大政策支持、积极申请国家级原产地及品牌认证等措施，带动郏县红牛进入了复兴阶段。目前，郏县红牛饲养规模逐年扩大，产品质量稳步提升，已成为带动全县乡村产业振兴的重要支撑。

（二）乡村产业振兴离不开现代农业科技创新

郏县红牛产业极其重视技术创新，通过组建技术服务团队、联合科研院所、聘请专家顾问等形式提供技术服务，通过建设省级郏县红牛现代农业产业园和国家级豫西南肉牛产业集群项目提升全产业链技术等级。通过龙头企业研发，在郏县红牛繁育保种和新型饲育方法等方面取得巨大突破，开发出品质高于日本和牛的"雪花牛肉"，大大提高了郏县红牛的知名度和影响力。

（三）乡村产业振兴要发挥龙头企业带动作用

为助力龙头企业做大做强，县委县政府出台了量身定制的特殊支持政策，解决了平顶山瑞宝红牛肉业有限公司工业用地、流动资金等问题，使企业尽快投产运行；支持企业开展高档牛肉等系列产品研发，建立企业产品标准体系；支持企业开拓市场，建设冷链物流体系和"互联网+销售体系"，使龙头加工企业尽快发展壮大，带动郏县红牛产业健康发展。

红苹果让乡村产业更红火

——河南省灵宝市苹果产业振兴案例

灵宝市地处黄土高原优势苹果产业带重点发展区域，位置优越，气候适宜，是海内外苹果最佳种植生产地之一，也是世界著名的苹果之乡。1923年灵宝苹果之父李工生立足本地实际，从山东省引进苹果种子进行栽培。新中国成立以后，灵宝市发掘区域优势，在寺河山打造几百亩国营苹果园艺场，为灵宝苹果壮大和发展创造了必要条件。1978年以来，灵宝苹果市场占有率逐年提高，苹果产业成为推动灵宝市经济社会发展的重要驱动力。到2020年10月底，灵宝苹果种植面积6万公顷，品牌价值186.42亿元，在国内外鉴评活动中，多次位居前列，并远销欧美、日韩、东南亚等国家和地区。目前苹果产业已成为灵宝市乡村经济的支柱产业。

一 主要做法

(一) 强化品质保证

通过将政策引导、品牌构建、农民参与紧密融合为一体，积极主动调整苹果产业结构，努力打造国家级现代苹果产业园，灵宝市构建了高品质苹果产业链。

一是立足自然禀赋。寺河山海拔高、温差大、空气好、光照足，土壤有机质丰富，是苹果种植的黄金地带，寺河山土壤富含硒、锶元素，被誉为富硒土壤基地，是"富硒苹果"的重要原产地。

二是拓展种植规模。立足寺河山特殊区域位置，积极建设以苹果种植为核心的国家现代农业产业园，加强配套设施建设，稳步推进老果园提质增效和现代果园智慧化管理。灵宝市以河南高山果业公司为重点，建立标准化富硒苹果示范园，示范带动寺河乡、苏村乡、五亩乡等大力发展富硒苹果生产。目前园区总面积高达 350 平方公里，苹果种植面积 25 万余亩，年产值 30 亿元。

三是严格生产标准。灵宝苹果从生长到收获要经过 99 道工序，每一道工序都精益求精，比如要求山泉水灌溉、施农家肥、套双层袋、给苹果穿上纯棉的"内衣"、生物物理防治病虫害、采摘 24 小时内要迅速入库冷藏、冷藏温度要达到零度左右等。

四是开展专项培训。结合当地苹果发展实际，吸纳先进种植技术经验，定期开展培训，广泛推广和应用矮砧密植高标准生产技术，促进灵宝产业标准化运营。适时开展举办富硒苹果培训班，指导果农科学合理选取使用富硒肥，按照工序操作，严格规范管理，达到富硒水果标准水平。

（二）建立利益共享机制

灵宝龙头企业组织带动苹果产业化发展的模式已初步形成，农户与龙头企业一体经营，形成"公司+农户"风险共担、利益共享的经济利益共同体。以鑫源果汁公司为例，通过公司和灵宝的苹果生产农户进行有机结合，公司获得了稳定的原料供应，降低了直接与农户联结的交易成本，并把企业的技术、管理等通过经济组织延伸到分散农户的种养过程，提高农户的种植水平。积极参与开展苹果"保险+期货"试点，创新政府支持农业发展补贴方式，充分利用市场金融工具，有效发挥保险和期货的联动互补作用，以"小投入"撬动"大保障"，解决"丰产不丰收"、价格风险难以分散等农业生产经营难题，有力保障农业生产者的合理收益。鼓励银行等金融机构结合农产品加工企业特点，创新金融产品，对符合产业发展方向、信用记录较好、带动作用明显的农产品加工企业优先给予信贷支持。鼓励各级政策性投资担保机构放宽担保条件，扩大有效担保物范围，对农产品加工企业融资项目，担保费率在市场同等条件下给予优惠。鼓励保险机构开发相对应的保险产品，扩大保险覆盖范围，为生产、储存、加工、物流、品牌及产品质量安全提供保险服务。

（三）创新发展业态

拓展延伸灵宝苹果产业链条，推进灵宝苹果生产种植、加工包装、存储运输、市场销售等相关产业发展，稳步推进产业、资金、市场、生态等链条发展。坚持线上和线下有机结合，依托互联网平台，畅通苹果生产、流通渠道，创新生产要素流动模式，加快产业融合，实现生产、存储、加工、运输等要素集聚，提升灵宝苹果市场竞争力。把果园经营和旅游业有机结合，发展苹果采摘观光、研学旅游、民俗餐饮、生态养生、体验娱乐等文旅活动，形成多层次、多类型的盈利方式，提高农户收入。以苹果为主题，建立了全国首家苹果小镇、苹果展示馆、苹果文化主题公园以及中小学生学农研学基地，连续成功举办了"中国苹果花节"等活动；开展了全国"小苹果"广场舞比赛及以央视《乡村大舞台》栏目"走进灵宝""畅享大自然·宵夜寺河山"为主题的萤火虫节等活动。

（四）加大品牌宣传

灵宝市以果会友，通过举办展销会、参与品牌评选等活动，使得灵宝苹果影响力大大提升。

一是积极参与品种评选。灵宝苹果享誉全球，在国内外水果鉴评会上位居前列，先后荣获中华名果、中国十佳苹果地标品牌等称号。2019年，灵宝苹果被授予河南省科技文化遗产项目，带动加工、运输、储藏、包装、电商等相关产业发展，成为灵宝农民脱贫增收的法宝。2020年，《中欧地理标志协定》签订，灵宝苹果成功入选该协定首批地理标志产品保护名录。

二是传递灵宝苹果名片。加强寺河乡姚院金苹果示范园、寺河山苹果线上线下销售点、寺河乡苹果小镇苹果文化展示馆、豫晋陕黄河金三角苹果展区、寺河乡智慧农业信息中心建设。定期举办豫晋陕黄河金三角苹果展销会暨灵宝市金城果会，借助央视强大的传播力及影响力，让全国进一步了解灵宝苹果，传递特有的苹果产业名片，为灵宝经济高质量发展注入新动力。

三是讲好灵宝苹果故事。举办灵宝工生果园开园暨《灵宝苹果之父李工生》赠书仪式、多彩营地生活农场、"庆国庆 庆丰收"狂欢节等活动；积极推进网红现场直播、消费扶贫，挖掘苹果发展历史文化，扩大灵宝市苹果品牌的影响力。

二 取得的成效

(一) 亩均收益稳步提升

苹果产业兴旺是推动灵宝市乡村振兴的重要支撑。近年来灵宝市苹果收益稳步提升，2019 年达到 121.63 万吨，比 2014 年少 0.52 万吨；苹果单位产值呈上升趋势，2019 年灵宝苹果单位产值 15.27 万元/公顷，是 2014 年的 1.8 倍（见表 1）。

表 1　2014~2019 年灵宝苹果产量和单位产值

单位：万吨，万元/公顷

年份	苹果园产量	单位产值
2014	122.15	8.52
2015	133.24	9.88
2016	136.14	10.62
2017	115.92	13.33
2018	113.78	14.13
2019	121.63	15.27

资料来源：根据 2014~2019 年灵宝市农业资料整理。

(二) 苹果市场占有率稳步提高

灵宝市是省内重要的苹果生产基地，苹果园种植面积上，2019 年灵宝苹果园面积为 60 千公顷，比 2014 年增加 21.48 千公顷，占河南省的 23.21%，比 2014 年提高近 1 个百分点。苹果园产量上，2019 年灵宝苹果产量分别占三门峡的 73.6%、河南省的 29.5%，分别比 2014 年提高 4 个和 1.95 个百分点。

(三) 有力促进脱贫攻坚

灵宝市出台和实施一系列支农扶农政策，以项目、产业为载体，明确扶贫工作责任分工，让帮扶措施落地生根，越来越多的贫困户通过帮扶摆脱了贫困。灵宝苹果国家现代农业产业园每年发展带动种植苹果 2000 余亩，通过产业带动、入股分红、劳动就业等利益联结方式，共计带动326户贫困户1251名贫困人口增收，平均每户增收2200元，为打赢脱贫攻坚战、推进全市贫困人口脱贫致富贡献力量。

三　启示借鉴

立足本地资源禀赋，围绕苹果产供销全链条，全方位畅通苹果产业链、生态链、组织链、资金链、市场链、价值链等，实现全产业链一体化发展，构建了林果业全产业链融合发展模式。

（一）乡村产业振兴需要政策支持

灵宝市委市政府大力支持苹果产业，统筹兼顾经济效益、生态效益和社会效益，稳步推进研学游、康养游、休闲游、采摘游等项目，促进三产融合发展。探寻苹果业发展新模式，加强产学研、智慧果园建设，做优做强苹果产业。用地方面，在土地规划中，优先布局农产品加工用地和苹果园区用地。深加工方面，制定相应的考评量化指标和考评办法，将农产品加工业发展情况纳入绩效考核体系，每年对全市农产品加工业发展作出突出贡献的农产品加工企业给予表彰奖励。落实农产品初加工用水、用电优惠政策，降低农产品加工企业运营成本，通过制定和实施奖补政策，培育更多龙头企业。采取市直单位与苹果重点村一一结对的方式，帮助果农销售苹果，扩大灵宝苹果的知名度和占有率。

（二）乡村产业发展要保障产品品质

灵宝苹果以"酸甜脆香、绿色有机、健康养生"而著称，灵宝苹果产业的发展壮大与严格的生产标准密切相关。把握现代果业发展新方向，按照"扩大产量、提升品质、增加效益、创立品牌"的思路，灵宝苹果品种研发借助多家试验站、院士工作站、技术推广站等科研平台，通过定期举办苹果产业高质量发展论坛，以苹果为媒介，诚邀贤达，借助外脑，集思广益，探索新技术、新方法、新模式，建立健全品牌体系框架，把"灵宝苹果"品牌推向纵深，实现果品"种得好、销路畅、收益高"的新突破。

（三） 乡村产业振兴要充分调动农民积极性

人民群众是乡村振兴的主体。灵宝在苹果产业发展中，充分考虑了农户利益，构建"公司+农户+保险"的利益联结机制，充分调动了农户的积极性。乡村产业振兴，首先是人的振兴。在推进乡村振兴中，必须坚持以人民为中心，紧紧依靠群众，充分尊重群众，广泛发动群众，注重发挥群众主体作用和首创精神，让群众在发展中出一份力、建一份功，增强荣誉感归属感，提升获得感幸福感，激发出努力奋斗的内生动力和推动产业发展的巨大活力，让乡村产业振兴与发展有动力、可持续。

（四） 乡村产业振兴要注重发展新业态新模式

构建果业、旅游、文化融合发展的特色苹果小镇，鼓励发展"果树认养"，为果树认养客户提供果园标准化管理、水肥管理、苹果采摘管理、收储管理、物流配送、观光接待等全程服务。引导龙头企业积极参与到网络直播之中，为农特产品宣传销售。加大对农民的专业培训，借助微信和抖音等短视频平台，进行现场直播或短视频拍摄，使大家深入了解农特产品生产状况，推动农特产品更好地销售。

花木经济助推乡村产业振兴

——河南省鄢陵县花木产业振兴案例

鄢陵县地处中原腹地，生态宜人，是北方花木重要的种植和销售枢纽，也是国内重要的花卉苗木种植基地。鄢陵县自古以来就有培育花木的优良传统，改革开放至今，在各届政府的支持与引导下，花木经济迎来大发展，成为鄢陵实现乡村产业振兴的主力军。鄢陵花木产业作为支柱产业，对推动当地经济高质量发展具有重要的促进作用。近年来，鄢陵县依托独特的自然和社会禀赋，统筹生态效益和经济效益，以花木为载体，积极向产业链条的上下游拓展，大力发展旅游、康养等第三产业，在推动全域花海项目和提高农民收入水平等方面取得了明显效果。

一 主要做法

（一）加强规划引导

在政府扶持和引导下，鄢陵县的花木产业在规模化、集约化等方面取得显著成果。20 世纪 80 年代中后期以来，鄢陵县委县政府在建立花卉生产基地、推进花卉规模化种植等方面出台了多项政策，为鄢陵县花木经济繁荣发展创造了有利条件。为进一步推动花木产业转型发展，鄢陵县人民政府专门成立了花卉办公室，在完善产业扶持政策、加强专业人才培养等方面形成了一系列制度，鄢陵花木产业进入加快发展的新阶段。吸引花木企业集聚发展。鄢陵花木行业的繁荣与企业的运营和园区的建设紧密相关。以花木企业为主体，出台一系列奖补激励措施，推进花木产业集约化生产经营。为实现花卉园艺业高效集约发展，鄢陵县还专门设立了 120 平方公里的花木产业园区，覆盖多个乡镇和村庄，在资金融通、土地指标倾斜、基础设施保障、科技研发支持等方面给予一系列的优惠措施。在鄢陵县委县政府的领导和支持下，2012年，鄢陵花木成为省内首批现代农业产业化集群试点。随着鄢陵花木市场占有率的不断扩大，名优花木园区于2015年正式成为省级"花木产业集聚区"。

（二）强化金融支撑

在直接支持花木产业发展的同时，鄢陵县积极打出金融"组合拳"，优先给予重点花木项目政策支持和财政补助，贴息扶持花木龙头企业，用于加强花木科研、安全监测等配套设施建设。加强花木担保体系建设，加大对花木产业集聚区企业的支持，并以城镇银行、农村合作社为载体，创新金融产品，提高金融机构对花木产业的帮扶力度，积极培育和发展花木产业集群。建立健全花木产业保险机制，将花木列入享受政策性农业保险补贴名单，通过设立专项资金，鼓励和引导花木行业壮大发展，为花农和花木企业持续发展保驾护航。

（三）推进产研结合

鄢陵县委县政府坚持生态立县的发展理念，在发展花木产业过程中，注重依靠科技力量助推产业向高端迈进，挖掘区域生态价值和经济价值。

一是与研究机构合作推进花木研发。鄢陵先后与30多家国内一流名校、研究机构建立了合作关系，通过实施"11122"工程，着力构建政、产、学、研、用协同联动的创新体系，为花木产业持续发展提供科研支撑，开创了校地协同的"鄢陵模式"。

二是鼓励企业自主开发花木新品种。充分调动企业积极性，鼓励企业不断培育花卉新品种，扩大市场占有率。以四季春园林公司为例，公司现有1.08万亩圃地栽植各个品种的紫荆，作为国内最完整的紫荆种质资源圃，种植的紫荆花品种有80%以上具有自主知识产权。

三是确立花木行业标准。为保障花木行业规范有序发展，鄢陵县相继组织制定了20多项花木生产及相关技术标准，其中包括3项已上升到省级层面的标准。鄢陵县花木产业集聚区作为国家级的苗木栽培标准化示范区，在国内花木市场占有重要地位。"鄢陵蜡梅"荣列"国家地理标志保护产品"名录。

四是推进花木科研成果转化。依托北京林业大学科研力量，鄢陵积极引入近 20 个科研团队的国家、省部等各级项目部分研发试验，研究对象覆盖梅花、紫薇等 20 多种花木，已获得省、市级科研项目 5 项，项目总金额 400 万元；成功申请市级重点实验室 1 项；累计培训当地花木产业高端人才 3000 余人。作为花木产业"产研用"的典型，鄢陵积极引进建业现代农业田园综合体项目，业务涵盖产品研发、冷藏储备、加工生产与观光农业等众多模块。目前，基地已培育近 30 个红掌新品种，每年盆花（切花）产量将近百万盆（支），累计解决了近 5 万人次的就业问题。

（四）建设专业交易市场

鄢陵县立足区域禀赋，挖掘花木产业发展潜力，拓展花木产业链条，打造以花木集散为主导，覆盖旅游、商业、养生等领域的现代花木产业生态圈，努力将资源优势转化为经济优势。

一是建设花木交易市场。在河南省委省政府、许昌市委市政府扶持帮助下，鄢陵依托花木产业基础，积极培育各类花木专业交易市场，完善配套服务设施，制定有针对性的帮扶政策，大力发展连锁配送等现代流通新模式，逐步形成规划合理、设备齐全、统筹线上和线下销售的花木产品流通网络和市场体系。

二是大力发展体验式采购。鄢陵不仅是全国重要的花木生产基地，也是重要的花木销售集散地。鄢陵县因花木品种门类齐全、物美价廉，备受客户信赖，逐步形成一站式采购中心。良好的采购体验吸引了大量采购商，进一步扩大了鄢陵花卉的影响力，提升了口碑，进而推进鄢陵花木交易范围不断向全国扩展。探索鲜花切花流通过程中有关包装和保鲜的技术，加快实施鲜花冷藏项目，完善物流交通，使鄢陵成为全国新兴鲜切花生产销售基地。

三是定期举办交易会和推介会。为持续扩大鄢陵花卉知名度，广泛吸引客商采购，鄢陵花木市场每年定期举办花木新产品推介会及交易会，汇聚各地苗木专家和企业，共同探究研讨苗木行业的新产品和新技术；通过会展吸引众多展销商和消费者前来参观、购买花木，成为推进苗木创新发展的重要渠道。交易会和推介会已经成为花木信息沟通的重要平台，不但可以更好地为商户服务，而且可以提升鄢陵花木市场知名度。

四是大力发展"互联网+"。鄢陵坚持实体销售和网上销售有机结合，为花木供求双方提供电商交易平台，通过门户网站等线上平台，可以查询产品的详细信息及实时报价，确保消费者可以足不出户掌握市场行情。此外，依托实体交易建立了鄢陵花木市场官方门户网与花木中国网两大电商信息平台，稳步推进花木行业全面信息化、交易便捷化，方便买卖双方依托互联网平台进行交易，有效地提高了鄢陵花木的市场影响力和竞争力。

（五）发展花木产品精深加工

鄢陵县严格落实县委县政府支持花木发展的政策措施，积极推动龙头企业发展，培养了一批从事鲜切花生产的科研人才和熟练工人，提升了种植技术水平，保证了鲜切花产品品质。积极拓展花木产业链，推进花木产品提档升级，形成新的特色产业。依托鄢陵产业集聚区，建设花木产品的生产、加工、制造基地，加快发展食药用和工业用途花木，积极引进花木食品、色素香料、保健品、药品等深加工企业，加强配套设施建设，完善服务功能体系，不断深化产城融合，荣获"河南省十快产业集聚区"荣誉称号，成为河南省"二星级产业集聚区"。

（六）大力发展"花木旅游"

在县委县政府的引导下，鄢陵县全民动员，充分发挥市场的配置作用、企业的主体作用，延伸花卉产业链，提升产品价值链，推动"花木+旅游+文化+健康+休闲"一体化发展。鄢陵县坚持"以花木为载体打造绿色生态，以旅游为媒介带动三产振兴"的发展思路，以曹魏三国文化、健康养生文化为基点，推动种植、加工、休闲等业态相互融合，不断推动花木产业向纵深发展。鄢陵相继建成唐韵樱花园、金雨玫瑰庄园、鹤鸣湖等20多个景区景点。2018年鄢陵县接待游客的数量首次突破1000万人次大关，总收入将近50亿元。以花木产业集聚区为平台，鄢陵县推动花木、旅游、康养产业有序融合发展，被誉为生态宜居之城、森林康养基地、中药材改革先行区，成为鄢陵高质量发展的靓丽名片。

二 取得的成效

（一）花木产业价值不断提升

1999年，鄢陵成功举办首届"花博会"，自2013年起，"花博会"正式上升为国家级的节会活动，经过20多年发展，"花木"逐渐成为鄢陵享誉海内外的重要名片。同时随着经济的发展和生活水平的提升，人们对更高层次休闲产品的需求不断攀升，花卉产品的购买量逐年增加，花卉逐渐大众化、平民化，鄢陵县花木总产值总体也呈现上升趋势。2019年全县花木种植面积达到53.8万亩，总产值达340725万元，是2014年的1.19倍；占第一产业总产值的42.2%，比2014年提高了11.4个百分点（见表1）。

表1　2014~2019年鄢陵县花木总产值状况

单位：万元，%

年份	花木总产值	花木总产值占第一产业总产值比例
2014	285163	30.8
2015	262471	28.9
2016	282580	35.6
2017	346025	40.6
2018	335401	41.4
2019	340725	42.2

资料来源：根据鄢陵县提供的资料整理（2014~2019年）。

（二）花木产业的带动作用不断增强

截至2019年底，鄢陵县花木涵盖2000多个品种，年销售额为77亿元，花木主产区农民人均收入达3万多元；全县有花木网店1500余家，销售各类花卉苗木类产品共计20多亿元。花卉种植逐步从点向面进行扩展，从最开始4个乡镇发展到全县所有乡镇，而专业村数量则从最初的4个增加到100多个，花卉种植品种也从最初的400个增加到上千个。花卉企业从"一家独秀"变成"百花齐放"，其中近40家企业已经取得了二级、三级园林绿化资质证书。

（三）促进了脱贫攻坚

截至2019年底，全县花木产业带动3320人脱贫，其中切花基地每年就可吸纳周边贫困人员务工4000余人次，人均每天收入80元，日结日清，灵活满足贫困户日常生活需求；通过开展花木电子商务进农村活动，设立400

个左右服务站，从业人员 2000 余名，其中贫困人员占近 1/4。

三 启示借鉴

充分发挥花木林业生态功能，不断推进花木业与文化、旅游、康养、教育等产业深度融合，打造具有独特魅力的乡村旅游乡镇、健康养老园区、休闲旅游景观，探索出花木功能拓展融合新模式，走出了一条乡村振兴、新型工业化、新型城镇化的融合发展新路子。

（一）乡村产业振兴需要依托当地特色资源

鄢陵县立足本地实际，以花木种植为载体，在谋划花木发展的过程中，自觉遵循市场经济发展规律，敢于提出创新的思路并投入实践，增强谋划的科学性和可行性。同时，鄢陵把区域优势产业与脱贫攻坚有机结合起来，通过产业振兴推动产业扶贫，通过产业扶贫促进强县富民。基于花木种植用地面积大、生长周期长、劳动力需求大等特征，鼓励和引导农户参与花木种植、盆景制作、绿化养护，积极探索"政府主导，金融机构扶持，花木企业助力，贫困户就业""政府支持，花木企业参与，构建扶贫基地，创造就业岗位""依托花木，借助科技平台，帮助贫困户脱贫""依托花木行业，发展生态旅游，帮助农户脱贫"等多种"花木+"绿色扶贫模式，妥善地解决了广大群众尤其是贫困群众增加收入过程中缺资金、缺技术、无信心、缺带动的问题，谱写了特色鲜明的县域治理"三起来"篇章。

（二）乡村产业发展需要政府统筹进行规划

鄢陵县花木产业的发展壮大离不开政府的扶持。为提升鄢陵花木竞争力和影响力，鄢陵县委县政府提前谋划，制定和实施花木产业专项规划，积极出台和实施优惠政策，给予税收、技术、搭建信息平台等支持。鄢陵县在名优花木生产园区发展过程中，政府科学谋划，统筹协调好土地流转、服务管理等各个程序。此外，政府积极筹办花博会、实施规模流转土地，以花木为契机，大力发展生态文化旅游，拓展花木行业产业链条，有力地推动了花木产业持续发展。

（三）乡村产业发展需要"引进来"和"走出去"紧密结合

"引进来"和"走出去"是推动鄢陵花木经济繁荣发展的重要举措。鄢陵县解放思想，主动接受先进理念，积极与全国各地区对接，拓展对外交流范围，增强对外合作力度，依托花博会、花事活动、外出招商引资等平台，积极探索花木行业发展经验，主动研发新品种，打造出一批花木产业项目，为花木经济繁荣发展注入了生机和活力。

（四）乡村产业发展需要一以贯之坚持推进

鄢陵县以花木规划为指导，尽管县委县政府领导班子不断变化，但以花木产业为主导的经济发展定位没有发生变化。鄢陵县始终坚持把花木作为县域支柱产业进行培育和发展，保证政策的连贯性和持续性，共同描绘花木经济繁荣发展蓝图，使花木经济在稳定的环境中不断发展壮大。

小香菇成为国际化大产业

——河南省西峡县香菇产业振兴案例

西峡县位于豫陕鄂三省接壤、中原伏牛山深处地区，同时还是亚热带和暖温带、半湿润区与湿润区的分界线，是世界公认的有机、绿色香菇生长黄金地区。立足"食用菌最佳适生地"的独特优势，西峡县积极引导香菇产业化发展，推动香菇产业转型升级，构建起以香菇为主的百亿级食用菌产业集群。西峡香菇产业经过近20年的发展，已成为西峡县的优势产业和绿色产业，逐步探索出一条香菇产业"前沿化科研、生态化栽培、标准化管理、科学化监管、多元化服务、品牌化运营、信息化提升、国际化发展"的产业升级之路，不仅有力带动了该县经济发展，还有效提高了当地居民收入，成为乡村产业振兴的"西峡方案"。

一　主要做法

（一）推动规模化种植

西峡县不断加大对香菇产业的支持力度，建立了全面指导香菇产业发展的三级领导体系，通过与知名科研院所合作，不断提高香菇产业的科技水平。

一是制定西峡香菇标准。西峡县聚焦食用菌产业发展，坚持院县（校地）合作，引才聚智，与北京市农林科学院、上海市农科院等科研实力突出的科研机构进行合作，建立技术研究、服务、督导三个团队，打造依托专家顾问和食用菌科研中心的科技成果转化路径，探索出靠科研支撑持续化、靠品质支撑生态化的产业升级路子。西峡县科委和西峡县食用菌科研中心通过多年的研究和推广应用实践，发明了袋料香菇春季栽培技术，总结出"春栽棚架中袋适度规模"的栽培模式，确定并完善了袋料香菇春季栽培技术规程，在参照国家有关标准的前提下，制订了"西峡县香菇标准（试行）"，指导袋料香菇规模化生产。

二是积极开发新品种。选取大山深处具有优质气候条件的河滩地，打机井、拉电线、搭菇棚、硬化机耕路，让菇农用于种植香菇，为菇农提供技术、物品、资金支持，全面提升当地菇农的香菇种植水平，建成了沿鹳河百公里香菇标准化长廊，实现集中连片种植，形成了河南省西峡县香菇地理标志产品种植基地。

三是完善技术服务体系。实施国家、地方、行业标准行动，组织开展对菇农、技术员、经销员的培训活动，梳理编制西峡香菇技术手册，免费提供给菇农使用。设立县、乡、村三级香菇生产服务指导体系，为全县香菇产业提供全面的技术指导。

（二）强化金融支持

西峡县通过完善金融平台、创新信贷产品，有力地支持了西峡香菇产业繁荣发展。

一是完善金融平台。为了解决香菇产业发展面临的资金短缺问题，西峡县打造了"政银担"合作平台，积极为中小企业、专业合作社和种植大户提高小额贷款发展，解决了资金短缺问题。

二是丰富融资模式。西峡县围绕香菇产业链上下游的农户种植、香菇收购、仓储保险、生产加工、成品销售"五个链条"，积极探索多元化的香菇产业融资渠道，已形成由行业协会担保、种植户自愿联保、信用部门综合授信等多种融资模式相结合的产业融资体系。

三是丰富信贷产品。在农户种植方面，采用线上申请、移动办贷方式，合理授信，有效完善"菌贷通"；精准识别收购商，对资质较好的收购商可以提前授信；根据仓储规模总量，灵活控制授信额度，开展仓储质押模式；提前入企摸底调查，分析企业经营状况及资金需求，推出"制棒工厂贷"等特色信贷产品；充分利用市场调研甄别出优质销售商，大力推广"龙乡快贷"等特色信贷产品。

（三）延伸加工链条

按照产业化经营的要求，帮助菇农打通种植、加工、销售各个环节，延长了产业链条，丰富了产品品类。

一是做强"农字号"龙头企业。龙头企业一头连着千家万户，一头连着大市场。西峡逐步培育壮大了仲景大厨房、家家宝、林之源、北京北方霞光等一大批农业产业化龙头企业，其中，仲景大厨房是国家高新技术企业，主导产品香菇酱全国市场占有率第一。目前西峡香菇冠以公司品牌的香菇产品有20余家，市场上较知名品牌有"仲景香菇酱""绿润达""欢乐菇""爱上菇""菇滋菇滋"等，极大地拉升了西峡香菇产业的知名度。

二是创新运营模式。在加工上，积极发展规模化制棒车间，推行标准化生产，建设标准点菌棚、出菇棚、香菇深加工企业等，实现规模发展。在运营上，通过"龙头企业+农户""龙头企业+基地+农户""龙头企业+中介组织+农户"三种运营模式，引导菇农转方式、调结构，实现种有定向、销有方向，既适应了市场需要，又避免了盲目生产。

三是丰富加工产品种类。西峡县鼓励仲景大厨房、家家宝等龙头企业大力发展香菇食品研发，开发了香菇酱、香菇罐头、香菇脆片、手撕香菇、香菇酱油、香菇菌汤、香菇粉一系列产品，形成了"上接基地、中连市场、下游打造骨干龙头出口企业"的完整产业链。仲景香菇酱的成功，为中小企业从事食用菌加工和品牌化经营提供了示范和引领作用，形成了以仲景食品为中心的香菇产业集群。

（四）加快国际化发展

西峡县通过健全产品质量体系、引导企业打造知名品牌、加强宣传推介等举措，成功打造了"西峡香菇"国际化大品牌。

一是严控产品质量。建立香菇国家检测中心，加强香菇原产地追溯，逐步建立起质量标准化、农产品安全溯源等质量安全体系，保证了香菇产品的质量，为塑造西峡香菇品牌构建了坚实基础。

二是建设国际化交易中心。建成集购销、加工、分级、包装、保鲜、储运于一体的双龙香菇专业市场，拥有购销加工人员1.5万人，专业门店800多家，市场年交易量达到700万公斤，成交额突破300多亿元。如今，西峡县不仅是全国最大的干香菇出口集散中心，还是全国香菇信息中心，对香菇市场价格影响巨大。

三是大力发展出口。成立河南省首批县级检验检疫办事机构——南阳出入境检验检疫局西峡办事处，开通了我国首列县级专门运输出口农产品的专列——"西峡香菇铁海快线（中欧）专列"，有力推动了西峡香菇走向国际。西峡香菇的出口额从 2005 年的不足 350 万美元，到 2019 年高达 13.4 亿美元，多年来已累计创汇 66 亿美元，占全国香菇出口额的 30% 左右。

二　取得的成效

（一）壮大了县域经济实力

2020 年西峡全县香菇总产量突破 20 万吨，产生的直接效益达 30 亿元，综合效益超 150 亿元，有力地支撑了全县经济发展。一方面实现了"强县"，2019 年西峡县的地方财政公共预算收入达到 16.5 亿元，其中税收所占的比重达 3/4，明显高于全市平均水平；另一方面实现了"富民"，全县将近一半农民从事香菇产业相关工作，3/5 的纯收入来自香菇，城乡居民人均可支配收入达 25367 元，有效带动了农民增收致富，成为绿色高效产业和富民强县产业。

（二）提升了地区形象

西峡香菇连续多年名列河南出口农产品前茅，出口额接近全国香菇出口总额的 1/3，被誉为全国香菇出口第一县，也因此获得了"全国香菇标准化示范县""生态原产地产品保护示范区"等荣誉，借助香菇产业，西峡的区域形象和影响得到大幅提升。

（三）助力了脱贫攻坚

西峡县将香菇产业作为精准脱贫的主导产业，大力推进"百企帮百村，五联四到户"活动，通过产业扶贫、项目托管、投资分红、转移就业"四到户"，将 404 户、7788 名贫困群众纳入独具特色的香菇优势产业链中，人均增收 4500 元，通过产业扶贫的人口占贫困人口的比重超过 91.2%。

三　启示借鉴

以市场需求为导向，依托全国最大的香菇交易市场，西峡强力推进香菇标准化、规模化、品牌化、国际化，实现了"菇农"变身"菇商"、"菇商"到"菇企"的三级跳,探索出一条特色产业引领乡村振兴、助力产业结构升级的路子。

(一)乡村产业振兴要强化政府引导作用

由于农业生产效益低、组织化程度低、规模化效应不突出,难以吸引资本进行扶持,而农民知识水平较低,缺乏现代经营理念,因此特色农产品的产业发展必须要以政府引导为前提。20多年前,福建古田和浙江庆元的香菇在全国比较出名,西峡县在全面客观分析自身综合情况的前提下,结合优越的地理气候优势,因地制宜提出了大力发展香菇产业的产业战略,从经营、科技、金融等方面支持香菇产业发展,目前香菇产业已经成为带动西峡乡村产业振兴的主导力量、带动农民增收的重要方式。

(二)乡村产业振兴要打造特色优势品牌

品牌化是特色农业发展的方向。农业品牌化发展可以促进农业发展方式转型升级,调优产业结构,有利于提高农产品的综合附加价值,有利于增加农民综合收入,有利于加快实现农业农村现代化。西峡香菇品牌打造卓有成效,"西峡香菇"曾在亚洲品牌年会上被评为中国"生态原产地知名品牌",还被赞誉为"西峡香菇甲天下"。西峡县也先后获得"中国香菇之乡""全国农业(香菇)标准化示范区""全国食用菌行业优秀基地县""国家外贸转型升级基地(食用菌)"等国家级荣誉27项、省级荣誉28项,龙乡牌花菇通行国际市场,仲景香菇酱也成为我国酱菜类产品知名品牌。

(三)乡村产业振兴要拓展加工产业链

农产品加工业往往是农村经济发展的重要支柱,在乡村产业振兴和农业现代化建设中具有不可或缺的作用。推动农产品加工业高效发展是实现农业现代化的必经之路,可以有效促进农产品保值增值。通过规范化生产、加大科技支撑力度、建立质量监管体系,西峡县有力地推动了香菇产业的高质量发展。目前,西峡已构建了现代食用菌产业格局,具备产业有特色、品质有保障、品牌有效益、市场竞争有优势等特点。

（四）乡村产业振兴要发挥龙头企业的带动作用

西峡县通过建立科研平台、优化金融供给、开展宣传推介等活动形成扎实的产业基础，良好的政商环境，培育吸引了一大批龙头企业，带动了当地香菇产业的发展。目前，全县食用菌加工企业多达 150 多家，形成了原菇类、香菇酱类、食用菌罐头类、休闲食品类、食品配料类、功能保健类等几十个畅销的产品形态。食用菌生产加工企业在 2018 年全县规模以上企业纳税前 100 位占比接近一半。

国家农业科技园改变传统农业发展模式

——河南省郸城县产业振兴案例

郸城县是农业大县，耕地面积达 160 余万亩，农业基础条件好。郸城县围绕农业高质量发展，依托国家农业科技园，发挥平台效应和集聚效益，充分挖掘禀赋优势，立足郸城产业基础，围绕绿色高效农业，以农产品精深加工为突破，大力发展小麦、红薯、果蔬等农产品的种植加工，推动农村三产融合发展，取得了显著成效，获得"全国粮食生产先进县""国家一二三产业融合发展先导区示范县"等荣誉。通过园区的示范作用，有效地推动了农业结构优化，提高了农业效益，促进了传统农业转型升级。

一 主要做法

（一）争创国家农业科技园

郸城县发展粮食核心区优势，紧抓国家政策机遇，成功创建国家农业科技园。

一是发挥农业企业龙头带动作用。积极引导天豫薯业、正星粉业、金丹科技等龙头企业不断拉长产业链，形成从育种、种植精深加工到资源循环利用、物流配送、营销策划的全产业链发展模式。引导企业大力发展农产品加工业，已形成"丹成面粉"、"金丹乳酸"、"豫香园"香油、丹成五谷、金星啤酒、黑谷酒、宁平麻花等 1000 多种"老家丹成"商标的商品，开发出半夏、白术、丹参、薄荷"四大郸药"功能饮片。发挥天豫薯业作为全国最大的甘薯全产业链企业的优势，打造科技研发、标准化种植、红薯三粉深加工、仓储物流、茎叶及薯渣利用、废水提取活性物质、草畜养殖、果蔬种植等 11 条产业链，开发包括甘薯淀粉、甘薯粉条、甘薯方便凉粉、甘薯茎叶方便蔬菜、薯脯、薯干等甘薯休闲食品在内的一系列甘薯深加工产品 50 个种类，极大地提高了农产品附加值。

二是加强种植结构调整优化。结合自身实际，大力发展高附加值产业，培育发展了黑皮冬瓜、中药材等一批具有郸城地域特色的农产品种植业，并形成规模化发展和产业化经营。从南方引进经济效益和性价比更高的黑皮冬瓜，种植规模已达 2 万多亩，年产值超 1.6 亿元。郸城县以打造豫东"药都"为目标，扩大中药材种植规模，推动中药材规模化发展，目前已有白术、白芷、薄荷等十余个品种，大力发展中药材种植业成为郸城县实现乡村产业振兴的重要手段。

三是推动融合发展。郸城县国家农业科技园按照核心区、示范区、辐射区分类发展的思路统筹谋划，三类区域规模分别达到 1.5 万亩、15 万亩、30 万亩。依托国家农业科技园载体平台，发挥乡村特色资源优势，大力发展乡村旅游产业；依托多肉园艺基地，发展形成了以"多肉文化体验、生态旅游观光"为主题的乡村旅游业；结合省级"薯光"田园综合项目建设，开发集甘薯科技研发、文化展示、农事体验、休闲观光于一体的甘薯文化主题园，目前年接待游客 3 万多人次。挖掘郸城老子炼丹"丹成"之地文化内涵优势，规划建设占地 1000 亩的中医药文化产业区，培育康养业态，打造以传统养生文化体验为主题的高端产业基地，提供丰富的康养产品和服务。

（二）破解农田建管难题

立足传统农区特点，郸城县以建设高标准农田为牵引，不断提高农地流转比例、资金整合水平和农田管护能力，促进农业产业化。

一是推进土地有序流转。针对土地流转中农民认识不足、土地租金价格商议不畅等问题，组织干部群众到寿光、临淄参观学习，多次召开大规模的农业产业化动员大会，采取大规模集中观摩和以片区、村组为单位小规模的参观座谈相结合，合理引导村民自愿流转土地。成立专门土地协调小组，探索土地流转模式，制定优惠政策，提供便利条件，解决规模化种植租地难问题，探索出村里集中调地、土地互换、承包租赁、政府补贴等多种方式加快土地合理流转，使种植用地成方连片，形成规模。

二是多渠道整合资金。出台相关政策，整合资金和资源，重点支持高标准粮田建设，优化财政投入机制，提升农田建设基础设施和配套设施水平，综合治理水、田、林、土、路，补齐高标准粮田设施建设短板。

三是强化农田管理养护。出台《郸城县高标准农田工程设施建后管护暂行办法》，创立了"有制度、有标准、有队伍、有经费"与构建政府主导、群众主体、社会参与"三位一体"管护机制的"四三"工作法，保障高标准农田工程设施正常运行，实现高标准农田高效管护。

（三）强化农业科技支撑

郸城县通过打造科技平台，发挥企业创新作用，积极推动产学研深度结合，有效发挥了科技对农业产业化发展的支撑作用。

一是打造公共创新服务平台。郸城高度重视科技平台打造，通过与多个高等院校科研院所开展校企合作，合力打造科技平台，提升研发能力，目前已拥有院士工作站、博士后科研工作站各2家，国家级研发中心、检验测试中心，省级重点实验室、研发中心，国家地方联合工程实验室多个。

二是引导企业自主创新。充分尊重并发挥企业的自主创新作用，积极引导企业加大创新力度，组建河南省产业技术创新联盟2个，认定国家级高新技术企业4家。其中，河南天豫薯业股份有限公司设立了省级重点实验室——河南省甘薯食品质量与控制重点实验室，先后培育甘薯品种32个品（系），拥有多项自主知识产权、发明专利和实用新型技术专利，通过科技创新促进了甘薯产业进一步做大做强。

三是推动产学研深度结合。引进浙江大学、河南省农科院在国家农业科技园建设科技创新实践基地，推动科技成果快速转换。加强与农业资源研究中心、河南豫丰农业科技有限公司的合作，按照"政府提供公共服务、科研院所提供技术服务、企业发挥主体作用"的模式，建设占地面积千余亩的科技成果转化基地。

四是发展智慧农业。推广智慧农业应用，在高标准农田项目区建设智能灌溉云平台、农业水价改革平台、农业物联网系统App软件、水位传感器、物联网灌溉控制器、物联网耕地质量监测点、物联网植保监测点、高空诱虫灯和太阳能杀虫灯等软硬件设施，推广土壤墒情监测、无人机等先进设备，实现手机遥控浇水、全自动捕虫、手机实时监测气象条件。

（四）培养农村人才队伍

郸城县通过引才育才相结合的方式，培养了一支能力强、水平高的农村人才队伍。郸城县通过举办培训班、提供学历教育机会等，鼓励农民、企业家和职工学习知识、开阔眼界，提高管理水平和决策水平。安排一批企业家到清华大学、北京大学进行学习，推动金丹乳酸公司、财鑫集团与省内高校合作开办课程。通过宣传和表彰企业家的杰出贡献、出台鼓励民众创业的政策等举措持续营造企业家文化，培育壮大本土企业家队伍。在县委县政府的支持下，各个企业面向全国引进一大批高级管理人才。金丹公司委托国家外国专家局，利用相关政策支持，已从荷兰、日本等国家引进专家，进行重大技术联合攻关，取得了明显成效。

二 取得的成效

（一）促进了经济发展

郸城县通过培养龙头企业，实施农业产业化发展战略，通过农业的高质量发展，有力促进了当地经济的高质量发展。2019年，郸城县企业固定资产总值已高达200亿元，年销售收入100亿元，上缴利税2亿元。

（二）带动了农民增收

2019年国家农业科技园新增就业2300人，增加农民收入2.3亿元，其中土地租金收入1.3亿元，工资性收入6100万元，股金分红1100万元，有力促进了贫困群众增收。以好多肉园艺有限公司为例，该公司通过租用政府投资建设的日光温室大棚，聘用劳动力100余人，平均月收入近3000元，带动贫困户30余户。

（三）降低了环境污染

郸城县通过统防统治小麦病虫害、统一采购环保农药、规范喷药行为、集中施药等举措，保证了农田生态环境安全；通过扩大农用机械应用规模、推广使用农家肥等举措，减少了农业各类面源污染和土壤污染。利用农业规模化、标准化发展有效地降低了传统农业对环境造成的污染。

三　启示借鉴

以农业产学研用为核心，以现代农业产业园为载体，围绕小麦生产和精深加工，积极延链补链强链，推动产业园区产城、产镇、产村融合发展，探索出一条以科技创新为引领的乡村产业振兴之路。

（一）农业园区化为乡村产业振兴提供了新路径

农产品作为优势资源，在传统农区经济发展中具有重要的地位。郸城县作为一个平原农业县，在借鉴其他地区发展经验的基础上，提出依托国家农业科技园走农业集聚发展的道路。通过充分发挥国家农业科技园的载体作用，培育农业骨干企业，引导农产品向产业化、现代化发展，成功探索出农业产业化发展新模式，对类似地区的发展有很强的借鉴意义。

（二）科技创新为乡村产业振兴提供了新动能

农产品价值的提升主要依赖于提升农产品精深加工等各个环节、各个领域的生产效率和价值创造能力。通过科技创新促进农产品精深加工，可以有效放大农业的综合价值。郸城国家农业科技园通过引进、吸收、创新农产品的精深加工方法技术，有效提高了技术进步在农业发展中的作用，空前地提高了郸城农业的综合价值。

（三）农户积极性增加为乡村产业振兴提供了新活力

郸城县运用多种方式优化调整利益联结机制，引导当地农民参与到农业产业化当中，通过"企业+基地+农户"的方式引导农民到企业工作，获得工资性收入；实行农户承包地"土地入股"形式，按照股权从项目效益中分红；在种植基地相对较大的区域建立初加工基地，与基地区村集体（或个人）签订合作协议，保证当地农民的工资性收入，有效激发了当地农民的积极性，有力带动了农民增收，为推动农业产业化提供了重要保障。

"菜园子"带动乡村产业振兴

——河南省扶沟县蔬菜产业振兴案例

　　扶沟县位于豫东平原，四季分明、土地肥沃，处在"南菜北运、北菜南下"的最佳过渡带，土壤营养物质积累充分，灌溉水源富含各种矿物质元素，发展无公害蔬菜的自然条件优越。多年来，扶沟县围绕打造"中原菜都"战略目标，把做精蔬菜产业与乡村振兴紧密结合，大力实施"科技兴菜"工程，加快"一乡一特，一村一品"区域布局，加大政策引导和支持力度，蔬菜种植逐渐形成规模，蔬菜新品种不断丰富，蔬菜品质好、口感佳，顺利实现从"品种单一"的蔬菜到"四季飘香"的转变，深受省内外客户青睐，蔬菜产业逐步实现由大变强的出彩蝶变，发展成为富民产业、扶贫产业和支柱产业。扶沟县连续三年承办了河南省蔬菜"双交会"和中国蔬菜产业发展论坛峰会、中国（周口）蔬菜产业创新发展大会。2019年，扶沟县蔬菜产业总资产高达120.16亿元，蔬菜产量全省第一，扶沟县蔬菜现代农业产业园升格为省级现代农业产业园，正在申报创建国家级现代农业产业园；2020年6月，扶沟县成功举办第一届中原蔬菜博览会。发展蔬菜产业成为该县实现乡村产业振兴的"快速通道"，进而带动了全县流通业、运输业和信息服务业等行业的高效发展。

一　主要做法

（一）产业统一规划

　　扶沟县因地制宜、科学谋划，确保规划实施到底，确保蔬菜种植规模快速增长，产业竞争力持续提升。

　　一是强化组织引导。在全省率先成立扶沟县蔬菜发展服务中心，充分发挥政府的引导和协调作用，形成16个乡镇街道与27个县直单位齐抓共管、共同培育蔬菜产业新局面。

二是合理进行布局。邀请中国农业大学、中国蔬菜协会专家，立足扶沟实际，科学反复论证，科学制定《扶沟县蔬菜产业发展规划（2020~2025年）》，突出"一乡一特、一村一品"发展特色，构建"一园三区十小镇"蔬菜产业布局。

三是实施示范带动。注重以点带面、示范引领，先后引进河南农业大学扶沟蔬菜研究院、河南绿久农业科技公司等蔬菜产业化龙头企业，在乡镇建立蔬菜生产示范园区，与村集体建立蔬菜专业合作社，引领带动附近农民积极发展蔬菜种植。目前，全县已形成120家"公司+农户"的蔬菜专业合作社，充分调动了农民种植蔬菜的积极性。扶沟县蔬菜种植面积由五年前的36万余亩增加至52万余亩，其中，设施蔬菜种植面积由5年前的10万亩左右猛增到18万余亩，巨型棚面积发展到8万亩左右。

（二）推广优质品种

立足规模优势，强化科技引领，持续引进蔬菜新品种，积极推广种植新技术，不断培育栽种新模式，持续加大产业发展的科技含量，切实提高蔬菜生产经济效益，实现由"好"向"优"的转变。

一是建立蔬菜研究院。与河南农业大学一道，联合建立扶沟蔬菜研究院，集科研、试验、示范、推广、实习、培训于一体，积极承担农业农村部重点项目和国家级星火计划项目，工厂化育苗年产量高达5000万株，推广新品种500多个、新技术80多项。此外，扶沟县还与中国农业大学、河南省农业科学院、中国蔬菜花卉研究所等省内外知名农业科研机构建立了县院（校所）合作机制，调动120多名国家大宗蔬菜体系专家教授的智力资源为扶沟县蔬菜产业发展出谋划策。

二是打造智能育苗基地。依托12家育种育苗公司，打造一批智能化育苗基地，实现了种子按粒卖、种苗论棵卖。依托扶沟绿久农业科技公司，培育出韭菜品种106种，投放市场70种，先后搭载神舟六号和实践四号卫星进行太空育种，韭菜种子销售占国内市场七成左右，产品远销欧亚大陆十余个国家和地区。

三是建立农技服务队伍。成立以120余位高校专家学者为顾问团队和5200余名蔬菜专业技术人员（其中3600余人持有绿色证书）为主力军的农业技术团队。全县建立了覆盖县、乡、村三级的蔬菜技术服务网络,实现了"零距离"的农业技术服务,加快了科研新成果转化和新技术推广,充分提高了菜农蔬菜种植水平。

(三)促进产销对接

遵循"充分发挥市场主导作用,积极发挥政府引导作用,着力降低生产流通成本"的原则,发挥好合作社、零售超市、批发市场及龙头企业的积极作用,建立高效供需平台,稳定生产流通关系,实现蔬菜流通高效化、蔬菜消费安全化、企业利润长效化。

一是优化发展模式。在全国普遍范围内规模化蔬菜种植效益不佳的情境下,不断推陈出新,优化发展模式,创新性提出"小农户、大集群"的理念,以全县168家蔬菜专业合作社为龙头,有效带动1.2万农户从事蔬菜种植,实现了物料购买、专业队伍搭建、种植标准"三统一",切实保证了蔬菜的高质量和菜农经济效益的最大化,探索出了"大集群+小农户+适度规模经营"的成熟路子。

二是畅通销售渠道。在线下,推进生产基地与连锁超市和大型蔬菜批发市场有效对接;在线上,推进"互联网+蔬菜"销售平台、生鲜电商等建设发展,领导干部带头开展"直播带货"活动,互联网销量占总销量的1/3以上。

三是扶持经营主体。县政府专门制定了《扶沟县产业扶持脱贫实施方案》,方案提出要大力扶持龙头企业、合作社、种植大户和农产品经纪人等新型经营主体,采用资本、经营、劳动力入股等多种帮扶形式,积极引导农民参与蔬菜产业经营。采用"企业+合作社+种植大户+贫困户"的种植模式,实现供苗、供肥、管理、技术培训、收购"五统一"。建立合作社价格兜底机制,如果价格上升,则按市场价格成交;如果价格下降,合作社将以高于市场价的价格保底收购蔬菜,保证了农民的经济利益不受侵害,充分调动了农民种植蔬菜的积极性。

(四)推动绿色发展

积极引导蔬菜种植向无公害、绿色、有机生产发展,强化质量标准,着力打响扶沟绿色安全蔬菜品牌,实现了蔬菜产业由规模增长型到质量效率型的转变。

一是推广有机生态种植机制。依托国家和省级蔬菜产业技术体系、果菜茶有机肥替代项目陆续在扶沟县设点示范，大力推广蔬菜"双减"优质高效栽培技术和绿色有机种植模式，总结推广增施农家肥、菜根腐熟还田等好经验、好做法，努力提高科技含量，持续提升蔬菜品质。扶沟农民种植蔬菜用上了防雾滴棚膜、高温闷棚、杀虫灯等多种防控技术和手段，有效减少农药使用量30%以上。

二是建立三级质量检测机制。建立完善"县农产品质量检测中心、乡镇区域站、种植企业速检室"多级质量保障体系，定期对蔬菜生产基地和市场中流通的蔬菜进行农药残留鉴定检测，从而确保产品质量始终如一，持续用"绿色菜、有机菜、放心菜"赢得全国大市场。

三是落实责任追究与倒查机制。建立可溯源的生产责任制，实行绿色高效生产模式，全县建立2万多份生产档案，检测范围覆盖全县16个乡镇（街道）和16个特色瓜菜生产基地，能够全天候监测蔬菜栽培、施肥、用药等过程。落实生产责任溯源制度，每个品种、每批蔬菜均有可追溯条形码，努力提升特色农产品质量安全水平。目前，扶沟县无公害蔬菜建设成效明显，分别建有国家级、省级无公害生产基地5个、14个，无公害农产品认证基地面积达到13万余亩，全县无公害蔬菜商标共有36个。扶沟县已建设成为国家无公害蔬菜生产基地县、国家绿色农业示范县以及第二批省级农产品质量安全县创建试点单位。

（五）打造知名品牌

扶沟县蔬菜种植主动根据市场需求优化调整蔬菜种植结构，及时更新经营理念，强化招商引资，不断畅通销售渠道，着力促进蔬菜全产业融合发展，高质量打造"中原菜都"，提升"扶沟蔬菜"品牌知名度，推动扶沟蔬菜走出中原、走向全国。

一是围绕蔬菜项目强招商。加大一二三产业涉农项目招商引资力度，加大农资生产、农产品精深加工等领域的骨干企业培育力度，着力推动产业集群发展，签约落地中食产业农业贸易产业园、黑豹科技蔬菜产业物流等项目11个，合同投资约38.2亿元，助推蔬菜产业化发展。

二是围绕蔬菜招商拓产业。采用"公司+农户"模式，促进生产、储藏、加工、流通等各个领域各个环节相互贯通,不断拉长蔬菜产业链条,提升蔬菜产品附加值,高效推动农村发展、农业增效和农民增收。除了蔬菜深加工环节,扶沟县还配套建立了从种苗培育、园区建设到物流配送的全产业链条,使蔬菜产业切实成为帮助农民增收的产业,探索出了一条可复制的农业产业化发展之路。

三是围绕蔬菜产业塑品牌。开展一系列优质品牌农产品推介宣传活动,全力办好特色节日推介会等大型活动,连续三年举办河南省蔬菜"双交会"、中国蔬菜产业发展论坛峰会、中国(周口)蔬菜产业创新大会,持续打造扶沟蔬菜品牌,引领带动蔬菜全产业链向更高层次迈进。扶沟县赢得"全国果蔬十强县"和"中国十大蔬菜之乡"的美誉,目前正积极申报创建国家级现代农业产业园。"全国蔬菜十佳畅销品牌"中扶沟的"天御红"和"南北绿韭"占了两席,曹里乡被评为"全国十大蔬菜品牌乡镇"。

四是围绕蔬菜品牌扩影响。全力引进、开发、示范和推广新技术和新品种,提高产量和品质,有效实现了产业增值,农民收入明显提升。"扶沟西瓜"和"扶沟辣椒"先后通过地理标志认证,"扶沟辣椒"种植面积达到25万余亩,产量高达10万吨,产值可达15亿元;优质西瓜种植面积30余万亩,品牌带动效应逐步形成,扶沟成为有定价话语权的全国性蔬菜种植集散地。

二 取得的成效

(一) 蔬菜种植效益不断提高

截至2019年底,全县蔬菜产业公司达到6家,蔬菜家庭农场22家,有12家育苗工厂可达到2000万株的年育苗量。投资蔬菜产业园区的资金由原来的100万元猛增到现在的1000万元之多。拥有大骨架棚、日光温室、双层拱棚等多种棚架,蔬菜的栽培模式日益丰富。此外,扶沟县蔬菜产业的发展还有效带动了信息服务、交通运输和流通等行业的快速发展。

(二) 农民就业质量稳步提升

扶沟全县种植蔬菜的土地面积共计52万余亩,约占全县耕地面积的46.02%,年产量高达370万吨,已经成长为全省第一、全国第二的蔬菜种植大县。截至 2019 年底，全县共有蔬菜合作社 128 家，蔬菜从业人员共有 12.36 万人，有效解决了本地的就业，提高了农民收入，蔬菜产业收入已占农民人均纯收入的近四成。

（三） 农户脱贫致富扎实推进

以典型代表"遍地红"辣椒专业合作社为例，累计动员了 30 户贫困户入股，每年每户定期分红约 9 万元；在种植、加工、分拣包装等环节，每个贫困户年均工资收入分别达到 8400 元、5200 元和 3600 元。除此之外，种植辣椒后也使得土地每亩效益得到显著提高，鲜椒每亩效益达到 4000 元左右，干椒每市斤约 6 元，亩均效益可达 5000 元左右。

三 启示借鉴

充分发挥近临郑州都市圈的区位优势，始终如一地将都市农业中蔬菜种植从品种、品牌、质量、市场主体等方面做到极致，探索出一条依托中原菜都引领全县乡村产业振兴的新模式。

（一） 乡村产业振兴要坚持统筹规划

扶沟县高度重视本县蔬菜产业的发展，提出坚持高度重视蔬菜产业发展、强化蔬菜产业发展目标管理、县四个班子观摩蔬菜产业、对蔬菜产业发展坚持"四个不动摇"的理念。在扶沟县农产品大类结构中，蔬菜占 25%，扶沟县主要农产品产量，经济作物黄瓜和西瓜的产量都大幅高于主粮小麦产量。在蔬菜作物品种选择上，扶沟县重视科学规划，通过土壤检测选择最适宜的耕地优先发展蔬菜产业种植，持续推广和引进新品种、新技术，有效实现蔬菜种类的多样化与高端化；在蔬菜产业发展上，以提升全产业链为原则，覆盖从生产到分销的各个环节，提高了整个蔬菜产业体系的综合附加值；在品牌建设上，坚持"一乡一特、一村一品"的区域布局，促进蔬菜种植的规模化，从而提高扶沟蔬菜的竞争力。

（二） 乡村产业振兴要强化政策支持

从 2012 年开始，蔬菜种植就被确定为扶沟县的"三大主战场"之一，不断加大财政、金融等政策投入力度，县财政每年对补齐蔬菜设施短板的投入都在 1200 万元以上，提升扶沟蔬菜的竞争力和区域辐射力；在组织层面上，设立县乡两级蔬菜管理部门，各级领导亲自挂帅抓蔬菜产业规划、生产指导、考核等。支持农产品深加工企业健康有序发展，延伸蔬菜产业链，积极提升瓜果蔬菜的经济附加值，推进蔬菜从初级加工向精细化加工延伸，持续增强产品竞争力；针对已经建立起的国家级现代农业产业园、国家蔬菜储备基地和农产品仓储保鲜项目，不断完善基础配套设施，强化平台载体整体效能的提升。

（三）乡村产业振兴要积极创新模式

蔬菜质量和品质是蔬菜产业的核心竞争力，生产流程标准化则是生产高品质蔬菜的重要保障，扶沟县蔬菜产业普遍利用"大集群、小农户"的发展模式，积极引导农民成立蔬菜种植专业合作社，大力发展蔬菜种植产业。在蔬菜种植中，扶沟严格落实蔬菜生产准入制，对种植条件严格把关，对种植环节全程把控，严禁不达到标准的蔬菜上市销售。通过建立一整套的标准化蔬菜食品安全生产体系，既保证了蔬菜质量，又实现了农民效益最大化，极大程度地提升了农民种植蔬菜的积极性，最终实现菜农抱团发展，合作共赢。

高标准农田建设促进智慧农业发展

——河南省商水县高标准农田建设案例

商水县是河南省传统农业大县和人口大县，拥有多达 124 万的人口和 139 万余亩的耕地面积。近年来，商水县按照全省一流、全国领先的粮食生产示范区建设标准，加快高标准农田和高效节水灌溉示范区建设，打造成为全县的农业先导区、观光休闲区、融合发展区。在高标准农田项目顶层设计上遵循"建设标准化、经营规模化、装备现代化、应用智能化、管护规范化"的"五化"要求，坚持规划起点和建设标准双高，形成高标准农田体系，成功树立了标杆、打造了样板。

一　主要做法

（一）加强基础设施建设

2019 年以来，商水县投资 1.75 亿元，按照每亩投资不低于 3000 元的标准，高标准建成了 5 万亩高标准农田示范区。其中国家财政投资 5228.55 万元，占 29.88%；省财政投资 1662.87 万元，占 9.50%；市财政投资 554.29 万元，占 3.17%；县财政投资 10054.29 万元，占 57.45%。目前已投资 1.05 亿元，建成 3 万亩高效节水灌溉示范区，配套建有物联网控制中心 1 座、土壤墒情监测站 1 座、田间气象站 1 座以及物联网监控系统 20 套。新修道路 16.2 公里，硬化沟渠 42.4 公里，建设固定式喷灌 1.07 万亩、机井及配套 268 口、农桥 67 架、地埋线 134.2 公里、地埋管 74 公里、种植绿化树木 18900 棵。示范区充分运用现代农业装备，集中布局测土配肥机、土地深耕机械、土壤墒情与气象监测站、无人巡视机、秸秆粉碎还田机等现代化农业农机设备，并配套发展了仓储、物流和电商等产业。在示范区的引领下，全县已成立农机合作社 72 家，拥有农业及大型机械 4.7 万多台

（套），配套农机具 8.5 万多台（套），喷防直升机 4 台，无人机 80 多台。全县的小麦、玉米等农作物机耕机收率超过 99%。

（二）推动规模化经营

充分发挥新型农业经营主体资金、管理与技术优势，积极引导土地向合作社集中、生产向机械化集中、管理向专业化集中、经营向市场化集中，壮大培育了一批本土农业品牌，有效推动了专业合作社联合发展，大力提高了粮食种植生产的规模效应。截至 2019 年底，全县已划定 105 万余亩的重要农产品生产保护区以及粮食生产功能区，建成 96.5 万余亩的高标准农田。目前，高标准农田示范区内的 3 万亩土地已被 8 家农民专业合作社流转 1.37 万亩，被一家农业公司流转 4000 亩，剩余的 1.2 万多亩由商水县农业投资有限公司全部流转，用于发展数字农业和田园综合体。在高标准农田示范区的引领下，商水县成立新型农业经营主体 3237 家，流转加托管面积达到 44 万亩。

（三）建立智慧服务平台

大力实施智慧化农业"148"工程，提升粮食生产科技含量，实现藏粮于技，有效提升高标准农田示范区管理智慧化水平，打造成农业与互联网高效联动的县级解决方案典型。成立智慧农业技术管理中心，设置大数据存储、农情监控、应急处理、智慧气象四个平台，充分应用资产管理及设备监控分析系统、云视频管理系统、水肥一体控制系统、天空地一体化智慧气象等八项农业物联网先进技术。依托农业物联网、土地银行网、农产品集购网、农牧人商城四个互联网智慧平台，互为依托、互为支撑，为商水智慧农业发展提供解决方案。

（四）提供精准服务

商水县农业、气象部门在高标准农田内配套实施了"智能气象监测预警防控系统"，通过人工智能农田生态气象监测系统、户外智慧气象云屏等，实现农情与天气要素精准检测、智能预报、智慧决策，让天气对作物生长的影响程度变得可控，为种植户提供精细化服务。农作物种植生长中的各种生长指标可通过农业生产过程中的各类型传感设备以及相关的图像采集、分析设备对其进行采集和感知,并通过智能通信技术传输并记录在云端服务器中,从而完成对农产品生产周期中的环境和生长相关数据的记录。根据不断收集记录的数据对作物的生产提出意见或预警,对每一亩土地提供气象定制服务。通过虫情测报管理模块,实时监测作物发生的病虫害及数量,指导病虫害预警防控工作。

(五)强化后期管理

坚持建管并重,将高标准农田基础设施纳入永久性基本农田保护范围,围绕"建、管、用"三个环节,配齐维护人员,落实管护经费。建立农业资产运营公司,采取"运营公司+农业企业+流转大户+农户"的模式,实行"财政拨一点、企业帮一点、流转大户出一点、农户拿一点"的办法,保证运维经费充足够用。推广"谁使用谁付费、谁管护谁负责"的办法,确保树有人看、路有人扫、渠有人护、设备有人维护,实现一次投入,长久受益。商水县在高标准农田管理运行中融入三链同构、三产融合的农业发展思路,嵌入特色种植、智慧农业、农产品精深加工、乡村旅游等现代理念,实现自然生态保护与农业增产增收的有机结合,融合打造特色村落和特色城镇。将高标准农田建设与农村人居环境治理相互融合、协同推进,让美丽、生态、宜居、休闲成为农村新招牌。

二 取得的成效

(一)增加了农民收入

商水县在高标准农田示范区的硬核助力下,全县已初步形成年产 10 亿斤玉米、12 亿斤小麦的稳定种植能力;全年累计粮食增产达到 2.2 亿斤,带动农民收入累计增加 2.3 亿元,户均增收可达 850 元。高标准粮田的建设增加了每亩土地的产能,也使得农民灌溉施肥的成本大幅下降、种粮收入切实增加(见表 1)。

表 1 　 2019 年商水县高标准农田与普通农田成本收益对比

类别	高标准粮田示范区	普通农田
浇灌成本	5 元/亩	80 元/亩

类别	高标准粮田示范区	普通农田
浇灌效率	没有上限	5 亩/天
小麦亩均产量	1300 斤 （个别高达 1500 斤）	800 斤

资料来源：根据商水县提供的资料整理（2019 年）。

（二）促进了粮食高产稳产

2019 年，商水县高标准农田建设规模共 10.5 万余亩，分为 4 个项目区，项目的实施有效改善了项目区作物生产条件，进一步促进和提升了区域经济发展和乡村产业振兴（见表 2）。随着高标准农田建设面积的持续增加，未来商水县农田稳产高产的基础将更加坚实。

表 2　2019 年商水县高标准农田建设效益情况

项目区	农业效益、节水节能效益、排涝效益（万元）	新增灌溉面积（亩）	改善除涝面积（亩）	新增节水灌溉面积（亩）	增加农田林网面积（亩）	增加人均收入（元）
胡吉项目区	356.56	20000	16000	20000	12000	160.39
谭庄项目区	627.71	38000	30000	38000	25000	205
张明乡项目区	256.47	14000	12000	14000	10000	219.70
巴村镇项目区	—	33000	16000	33000	15000	167.70

资料来源：根据商水县提供的资料整理（2019 年）。

（三）节省了人力物力支出

高标准农田示范区智能化灌溉系统能够实现远程控制与节水、节能、节工之间的有机结合，比传统灌溉模式节水 75%，节肥 20%。在示范园区进行灌溉作业，只要手机下载 App，就能够云端操作喷灌位置和水量，相比普通农田浇灌亩均 80 元的成本（含租工费和成本费等）和日均 5 亩的灌溉效率，高标准农田只有 1 亩地 5 元电费的成本支出。以农户种植 1000 亩小麦为例，仅租工费和成本费两项费用就节省了 7 万余元。

三　启示借鉴

以大数据为核心，以物联网为支撑，通过高标准农田一体化解决方案，实现现代先进科技与粮食生产有机融合，进而打造以农耕与粮食为特色主题的国家级田园综合体，实现以粮食生产为主导的二三产业融合发展模式，丰富了乡村产业振兴中科技渗透发展融合模式。

（一）发展智慧农业需要政策支持

要充分发挥财政资金、产业发展基金的引导扶持作用，建立起完善的"政、银、担、保、投"联动扶农机制，发挥金融资本、财政资金和社会资金的杠杆作用，支持高标准农田的建设。建立健全农业信贷担保的制度体系，针对新型农业经营主体创新金融产品、提供更精准的信贷担保服务。积极发挥农业保险政策的导向作用，引导农业保险支持"四优四化"发展，切实增强新型农业经营主体抵御风险灾害的能力。合理利用期货市场的价格发现和风险规避功能，提升高标准农田中作物种植的规模化运营，引导农民和农业经营主体进行资源的合理配置，从而实现质优价优。

（二）发展智慧农业需要强化科技应用

在高效节水灌溉示范区和高标准农田建设工作中尤其要注意气象、土壤墒情、病虫害防治、高效节水灌溉等新型农业技术的集成运用，实现传统文化、自然风光保护与农业增产增收的有机结合，实现灌溉自动化、远程控制与节工、节水、节能有机结合，尽可能提高农业综合效益。通过在示范区农业生产运用物联网，农户可利用手机智能灌溉 App 程序远程操控机井设备和田间固定式管网设备进行灌溉和施肥；预警系统通过监测管道压力、流量的变动自动切断水泵电源，同步云报警告知农户进行处理，实现一人管理千亩田地同时进行灌溉。

（三）发展智慧农业需要科学规范管理

在加快智慧农业发展中，要十分注重顶层设计，聚焦关键环节，全面实行"先建工作机制、后建精品工程"，构建起高效的管理机制，设定完备的制度保障，汇聚起坚实的力量，为项目建设工程优质、工作透明、资金安全提供可靠保障。要坚持"集中连片、规模开发、绿色开发"的原则，并与美丽乡村建设和乡村振兴等战略深度结合，统筹起"田土水路"等配套基础设施建设，实现"林电技管"综合配套，切实做到农业工程既接地气合民意，又科学合理、经久耐用。

（四）推动乡村产业振兴需要培育新型农民

人才匮乏、农业科技推广能力不足已经成为我国智慧农业发展的绊脚石。智慧农业具有农业科学化生产知识、互联网信息化应用技术、数据化分析技术以及农机设备智能化运行技能等多种高层次要求，已成为推动乡村产业现代化的关键。因此，加快县城产业振兴，迫切需要既掌握农业知识又懂现代化信息技术的高素质人才。

———— 专题三 ————

河南省农产品加工业发展模式案例研究

课题组长：王广国

小芝麻做出大产业

——河南省平舆县乡村产业振兴案例

驻马店市平舆县地处北亚热带向暖温带过渡的豫南地区，属大陆性季风气候，气候温和，四季分明，雨热同季，土层深厚且土质肥沃的砂姜黑土占到县域面积的71%，独特的物候条件使平舆成为中国优质白芝麻的原产地和主产区。平舆白芝麻独具籽饱、粒白、皮薄、醇香、含油量高、营养丰富等优良品质。平舆白芝麻含油量高达56%，富含膳食纤维、多种维生素和微量元素，因而被专家赞誉为"中原百谷首，平舆芝麻王"，平舆成为"全国白芝麻生产第一大县"。通过一二三产业融合发展，平舆县把优质"小芝麻"发展成为支撑县域经济的大产业。

一 主要做法

（一）政策助推芝麻加工

为鼓励和扶持更多芝麻种植加工企业到平舆投资兴业，县委县政府针对芝麻产业出台了《关于进一步加快白芝麻产业发展的意见》《白芝麻产业发展招商引资优惠政策办法》，在资金、融资、土地及人才等方面，给予芝麻种植加工企业政策优惠扶持。

一是加强财政补贴。平舆县芝麻食品产业园规划区内固定资产投资1亿元（不包括土地出让金）的芝麻食品项目可单独供地，土地出让金县政府每亩扣除1万元后，其他按项目工程进度分期奖励给企业；对固定资产投资3000万元（或年纳税200万元）以上的芝麻食品生产项目，前6年企业所得税由财政受益方将地方留成部分的60%奖励给企业；投资企业在芝麻食品产业园区内租赁厂房入驻，5年内租金按每平方米5元征收，县财政第一年每平方米补贴3元，第二年每平方米补贴2元，后三年每平方米补贴

1元。

二是强化人才保障。除了有优惠的招商政策支持，平舆县还牢固树立人才强县理念，强化人才智力支撑，围绕白芝麻带贫产业，建立柔性人才引进机制，引进高端人才。按照"首席专家+重点专家+团队"的组织模式，创立了平舆智库。目前，平舆白芝麻产业发展智库重点专家已入库298人。

三是建立人才培养机制。平舆县与中山大学合作建设中山大学河南研究院，在建筑防水、现代农业等领域开展深度合作，为各类人才搭建施展才能的舞台和产教研创新要素融合汇聚的实验平台。同时，该县已经着手筹建平舆智慧职业技术学院，加大培训力度，为企业源源不断地输送技术人才和产业工人。

（二）种植基地支撑芝麻加工业

一是发挥芝麻种植的地理优势。平舆县在河南省东南部，位于安徽省和河南省交汇处，地处淮北平原，地势平坦，在地势方面其西北部略高于东南部，气候是大陆性季风气候，处于亚热带向暖温带的过渡地带，兼有两种气候带的气候特征。这里四季分明，雨热同期，气候温和，同时又有充沛的雨水，适宜芝麻的生长。平舆种植芝麻颇有历史，有"中原百谷首，平舆芝麻王"之称。

二是政府引领标准化种植。在县政府的引导下，平舆县各乡镇积极广泛开展白芝麻的种植。以国家启动振兴油料生产计划为契机，平舆县实施了高产创建活动和油料倍增计划，广泛地建立了"百、千、万"亩方高产示范田和高产创建样板田，全面实施了白芝麻标准化生产，制定了白芝麻产前、产中、产后的标准体系，建立了5万亩的白芝麻绿色农产品生产基地和20万亩的白芝麻无公害生产基地，制定了相应栽培技术规程和病虫害防治技术规程，从种到收农业技术人员责任到人，落实到地块，严格按照技术规程进行标准化生产。

（三）特色品牌提升芝麻产业

一是发展产业集群，突出带动效应。立足于"全国白芝麻生产第一大县"和"平舆白芝麻原产地保护产品"的优势，近年来，平舆县不断加强科技研发，大力发展白芝麻规模化种植和精深加工，着力推动产品优势向产业优势转化，坚持走品牌化之路，不断拉长产业链条，着力打造产业集群。目前，平舆县白芝麻生产加工企业达 24 家，白芝麻加工企业集群带动效应凸显。

二是实施品牌战略，提升产品知名度。平舆县白芝麻产业从业者广泛深入挖掘平舆白芝麻的历史、文化、功效等内涵，大力实施品牌战略，不断提升品牌的认知度、公信力、竞争力和影响力。加大对"阿诚""平皇""古槐""蓝磨坊"等现有芝麻注册商标品牌的宣传力度，积极开展无公害、绿色、有机产地认定和产品认证，平舆白芝麻正逐渐成为驰名中外的优势品牌。

三是白芝麻产业融合、协同发展。平舆县成立了白芝麻产业发展协会和中原芝麻产业发展联盟，吸收了白芝麻涉及的种植、营销、加工、文化等多家单位和个人为成员，抱团发展、共同发力，推动白芝麻产业集群发展。引进天元国际商品交易市场项目，开办白芝麻现货和期货交易、进出口贸易等业务。建设中的豫南最大的农特产品交易和仓储物流综合体项目中原农博汇，进一步完善了平舆白芝麻及系列产品的现代流通体系。

二 取得的成效

白芝麻在平舆持续平稳发展，在平舆占有重要地位的白芝麻产业也逐渐变成当地举足轻重的产业支撑。发挥"平舆白芝麻原产地保护产品"的品牌优势，不断发展白芝麻规模化种植和精深加工，着力推动产品优势向产业优势、品种优势转化。探索了可复制、可推广的农产品加工业的"龙头企业+专业合作社+基地+农户"模式。

（一）龙头企业带动效果显著

一是增加了龙头企业的经济效益。平舆康博汇鑫油脂有限公司坚持把原料基地建设作为生产第一车间，在平舆县流转土地 3000 亩，建立芝麻绿色食品基地 5 万亩，优质白芝麻基地 10 万亩，年生产优质白芝麻原料 1.5 万吨左右，带动农业和相关产业年增收 4000 万元，推动了芝麻产业化健康发展。

二是扩大了加工业的整体经营规模。2020 年，全县白芝麻种植面积 40 万亩，亩产突破 100 公斤，总产在 4000 万公斤以上。据统计，自 2016 年以来，全县白芝麻经营企业增至 50 多家，白芝麻种植专业合作社突破 200 个，年加工能力 5000 万公斤以上。由平舆县蓝天农业开发有限公司投资创建的平舆蓝天芝麻小镇，是一二三产业融合的多功能、现代化农业休闲旅游观光区。项目占地面积 8000 亩，建设高标准农业示范园、白芝麻科技产业园、芝麻文化博物馆、农村电商运营中心等，为当地提供 1500 个就业岗位，有效带动农户致富增收。该项目即将投产的白芝麻临界冷榨加工生产线、芝麻素提取等项目，将进一步推动平舆白芝麻产业做大做强。

（二）提升了社会价值

平舆县白芝麻产业历经多年的发展，不仅取得了不错的经济效益，同时还带来了一定的社会效益，通过白芝麻产业来助推打赢脱贫攻坚战，服务乡村振兴。以下为平舆县蓝天芝麻小镇促进脱贫攻坚乡村振兴五大模式。

一是资产收益模式。积极探索推动农村资源变资产，帮助贫困群众盘活闲置资产。流转土地 6500 亩，其中贫困户 71 户 360 亩，年租金收入 1200 元；积极发展乡村民宿，出资对有意愿的贫困户房屋进行升级改造，除贫困群众自住外，闲置房屋统一由公司代为管理，打造成民宿酒店，收入与贫困群众共享。目前，已经对 15 户群众房屋进行改造，其中贫困户 6 户，户均收益每年在 6000 元以上。

二是股份帮扶模式。依托村集体经济合作社，将贫困户到户增收补贴、项目补助金、小额贷款等资金纳入村集体经济合作社，作为股份入股企业，每年进行分红。目前，已入股分红带贫贫困户 1047 户，有效带动了农民脱贫致富。

三是创业就业模式。一方面，鼓励和扶持有创业意愿的贫困群众借力蓝天芝麻小镇平台，立足自主优势，灵活创业。贫困群众开办香油坊、农家乐，旅游旺季时进行小商品经营等多种方式带动 100 多户村民创业增收，其中贫困户 16 人，人年均收入在 1 万元以上。有的群众在旅游旺季，收入高的每天达 4000 元左右。另一方面，依托蓝天芝麻小镇三产融合平台帮助贫困群众就业增收，第一产业吸纳 400 多名贫困户从事白芝麻、瓜果种植、养护等；第二产业吸纳 480 多名贫困户为产业工人，从事白芝麻等特色农产品深加工；第三产业吸纳 300 多名贫困户在"小芝麻大食堂"及其他劳动服务岗位就业。

四是电商帮扶模式。小镇创办了蓝天电子商务中心，积极发展电子商务，成为远近闻名的电商小镇、淘宝村，2019 年实现线上收入 1000 余万元，带动 1049 户贫困户。

五是金融扶贫模式。政府贴息金融扶贫贷款 1980 万元，带动 396 户贫困户，每户每年收益 3000 元。

（三）带动了上下游产业发展

在县委县政府的引导和大力支持下，探索并推广了"龙头企业+专业合作社+基地+农户"新型农业生产模式，全县成立了 200 多家白芝麻种植专业合作社，建立了白芝麻标准化生产基地。其中康博汇鑫与专业合作社合作集中连片流转土地 6000 多亩，示范带动周边村种植白芝麻面积超过 1 万亩。在新型生产模式中，种植户与加工企业签订了白芝麻保护价回收合同，种植户按照县农业部门和加工企业提供的标准化管理技术规程进行生产，实现了"农民流转土地，统一规模种植，企业保底收购，达到三方共赢"。此外，平舆县还依托白芝麻品牌，大力发展旅游业，延长了产业链条，促进了一二三产业融合发展。主要建设了乡村旅游运营中心、休花梦谷民宿基地、荷塘月色影视基地等项目，打造生态宜居、美丽的乡村旅游。

三 经验启示

（一）良好的种植业是加工业发展的基础

一如前述，平舆具有白芝麻生产的天然地理优势。平舆县持续平稳地发展白芝麻种植，支撑白芝麻产业成为县域经济发展的主导产业。平舆县政府大力支持白芝麻加工业，把白芝麻作为县域经济发展的"五大支柱产业"之一，探索推广"龙头企业+专业合作社+基地+农户"新型发展模式，深入挖掘白芝麻的潜在价值。

（二）龙头企业做优做强需要技术创新支撑

龙头企业的做强做优，离不开政府的支持与引导，近年来，平舆县委县政府针对白芝麻产业先后出台了《关于进一步加快白芝麻产业发展的意见》《白芝麻产业发展招商引资优惠政策办法》等一系列政策措施。围绕打造白芝麻连片种植基地、白芝麻深加工基地、适合机械化收割的优质白芝麻品种研发基地，建立平舆白芝麻产业发展基金，对一些龙头企业和有发展前景的企业加强技术改造，实行技术创新，创立企业品牌。平舆县围绕融资担保、技术支持、质量检测、人员培训、信息服务、销售管理等领域，为广大中小企业和专业户开展服务 5 万人次，担保资金 1000 万元。同时，龙头企业自身也在做大做强的道路上勇于创新。康博汇鑫、蓝天现代农业、盛程粮油、平皇等一批龙头企业，在传承传统小磨香油品牌优势的基础上，努力提升品质、扩大产能、拉伸链条、培育品牌，逐步建立"基地连片、特色成带、块状辐射、集群发展"的白芝麻产业生产新模式，把小小的芝麻打造成一个重要支柱产业，把芝麻制品远销到国外，成功地打进了国际市场。在京东、淘宝、云书网等购物网站开设了平舆白芝麻农产品专营店，每年销售额达到 6000 万元以上，成为全省特色农业产业化发展的一大亮点。

（三）产业发展需要精准的政策支持

平舆县白芝麻加工业发展的优势在于政府把白芝麻产业作为主导产业之一，白芝麻的种植得到了政府的大力支持，积极培育推广优质的白芝麻品种，农户广泛种植白芝麻，为当地白芝麻加工企业提供了原料，降低了企业在原材料采购环节的运输成本。

四　发展建议

平舆县白芝麻加工业发展的不足之处在于白芝麻加工环节缺少人才。芝麻生产需要和现代技术相结合才能够生产出更优质的芝麻，才能更好地去开发芝麻的附加值。虽然平舆县委县政府在近年来大力实施人才引进措施，但人才引进多集中于白芝麻的生产环节，白芝麻加工环节技术人才较少。白芝麻加工企业能不能带动周边农村成为产业经济区，取决于芝麻加工业的价值创造。为促进平舆芝麻产业发展，提出以下建议。

（一）进一步加强政策支持

持续推出针对白芝麻加工业发展的政策措施，落实相关政策，大力支持白芝麻加工企业的发展。实施人才引进措施，完善人员配置，鼓励支持农民工返乡创业，进一步发展壮大白芝麻加工业从业人员的队伍，提高从业者质量，从而推动白芝麻加工业的发展。

（二）进一步促进三产融合

打造平舆县白芝麻特色产业链，凭借平舆本地的农业基础以及丰厚的文化底蕴，积极地把农业、文化、旅游三者有机结合。发挥平舆白芝麻加工业的风格和优势，更好更快地带动周边地区的发展，促进人们更好更快地融入与白芝麻加工业相关的生活与工作中，建立独特鲜明的美丽乡村，促进一二三产业的快速融合与发展。首先是产以农为基，打造一个优良的白芝麻种植基地、有机瓜菜种植基地、特色林果种植基地。其次是产以产为核心，即产品研发、生产加工、转移就业。再次是产以文为灵魂，即白芝麻文化展示、文化创意、文化传媒、休闲度假游、研学体验游等一系列更好的生态活动。

（三）进一步完善基地基础设施建设

一个产业更好更快地发展需要多方联动，企业、政府、社会、高校共同推动白芝麻产业的发展，才能很好地利用这些资源打造高质量产品。制定关于白芝麻在生产前期、生产中期、生产后期的标准化体系，建立财政专项资金用于发展白芝麻加工业，对集中连片种植千亩以上的专业合作社提供资金上的鼎力支持。加强高标准农田建设，完善规模化灌溉、防病虫害等设施，实现白芝麻种植的现代化，提高白芝麻生产效率。规划白芝麻加工业专项用地，为白芝麻加工企业提供土地支持。建设白芝麻产品物流通道，在白芝麻加工的产品销售与流通环节提供支持。

品牌战略促进辣椒一二三产业融合发展

——河南省柘城县乡村产业振兴案例

柘城县在河南省商丘市的东南部，管辖 22 个乡镇（街道），地域面积 1048 平方公里，人口 104.9 万。柘城属于大陆性季风气候，非常适宜种植三樱椒。柘城三樱椒凭借辣度、口味誉满全国，是"全国十大名椒"、国家地理标志产品和我国名优农产品，柘城被誉为"中国辣椒之都"。近年来，柘城县把辣椒产业作为强县富民的支柱产业，围绕进一步提升"中国三樱椒之乡"名片和打造辣椒产业链，在做大做强辣椒种植业的基础上，以市场为导向，以提升辣椒的附加值为目标，以品牌建设为核心，采用市场和创新双轮驱动，着力打造"三基地一中心"，以规模化和品牌化促进辣椒产业发展。

一 主要做法

（一）做大做强辣椒种植业

辣椒是柘城乡村产业化的依托和基础，县政府通过多种举措做大做强辣椒种植业。

一是辣椒规模化种植。柘城县实施"百千万"工程，遵循政府引导、经营主体自愿、项目支撑等原则，通过土地托管入股、联产联营等模式推进土地流转，通过农村土地流转服务中心和仲裁机构，全方位搞好土地流转服务，在慈圣、起台、牛城等乡镇建立大规模辣椒种植示范基地。

二是实施创新驱动发展战略提升辣椒质量。柘城县注重深化与科研院所合作，加强辣椒品种研发和培育，不仅把辣椒产业做大，更是通过科技创新把辣椒质量做强。为强化辣椒种植服务，柘城县组织辣椒种植技术指导专家团队，开展辣椒新品种研发、引进和扩繁等业务；依托干制辣椒产业技术院士工作站，建设智能化辣椒育苗工厂；投入 500 万元专项科研经费对市场需求较大的辣椒进行提纯复壮和选育推广；充分利用国家特色蔬菜技术体系综合实验站进行辣椒品种展示实验和新技术示范工作，积极探索高效优质种植模式。

三是采用多种模式提升农户种植积极性。农户是辣椒种植的微观主体，农户种植辣椒积极性是辣椒种植业做大做强的基础。柘城县因地制宜，采用"协会+冷库+订单""企业+基地+订单""合作社+支部+订单"等多种模式，构建农户、协会、合作社和企业之间的利益联结机制，让更多的辣椒红利流向农户，1.26 万农户通过种植辣椒脱贫致富。为了解除农户的后顾之忧，柘城县在全国率先推行辣椒种植保险和价格指数保险，通过保险产品防范农民种植辣椒的风险。

（二）打造辣椒精深加工链

为了提升辣椒附加值，柘城县推动辣椒"种加销"全产业链发展模式，对辣椒良种繁育、基地种植、冷链运输、精深加工、辣椒制品跨境电商销售、辣椒文旅休闲等产业链全面发力。

一是壮大辣椒产业集群。通过招商引资方式引进实力强劲的辣椒加工企业，着力推动辣椒加工重点项目建设，推进辣椒精深加工，壮大"全链条、全循环"和"高质量、高效益"的产业集群；充分发挥辣德鲜食品、吨椒食品、韩邦食品等龙头企业的引领作用，加大对骨干企业在资金、土地、能源等方面的扶持力度，扩大加工生产规模，提升产业集群的可持续发展；实行创新驱动战略，制定多种研发政策鼓励辣椒加工企业研发辣椒加工技术，推进辣椒加工工艺由传统向先进适用技术转变，引导辣椒加工业由初级加工向精深加工转变的跨越式发展，提升辣椒加工产业集群的竞争力。

二是拉长辣椒加工产业链条。充分发挥企业主体作用，加大生产线投资，鼓励采取自主研发、联合研发等多种模式研发辣椒制品品种，推出辣椒油、辣椒酱、辣椒粉和鲜切椒等系列品种，实行产品多元化生产模式，分散加工企业的投资风险，拉长辣椒加工产业链条，帮助加工企业扩能转型升级。

三是促进辣椒种加产业融合发展。为推动辣椒产业的"种加销游"深度融合，柘城县建设了全国农村一二三产业融合发展先导区、辣椒加工物流创新产业园和国际辣椒小镇，以"椒展、椒研、椒节、椒宴、椒游"为主题，以培育和引进龙头企业、加强基础设施和服务配套建设、拉长辣椒产业链条、建设辣椒产业集群为抓手，树立辣椒生产、生活、生态融合发展和"产、城、人、文"四位一体有机结合的发展理念，着力打造集辣椒加工基地、交易集散物流基地、现代化育种种植基地、辣椒博览中心、辣椒科研中心、辣椒大数据中心、辣椒现期货中心、辣椒会展中心于一体的辣椒产业品牌，建设集辣椒规模种植、品种展示、产品研发、加工贸易、文旅休闲于一体的融合发展样板区；采用"公司+农户""公司+基地+合作社"等多种模式推进规模化经营和集群化发展，形成种子繁育、规模种植、冷链运输、集群加工、立体营销全价值链发展；依托辣椒资源布局"从种植基地到餐桌"战略，充分发挥三樱汇食品有限公司、白师傅清真食品有限公司等龙头企业的牵引作用，借助互联网、区块链、直播技术等新技术和新平台，结合线下的辣椒种植基地、辣椒小镇等实体平台，从顾客互动、食品开发、销售配送到售后服务，线上线下混合方式贯穿辣椒产业加工链，有效整合全产业链资源。

（三）多渠道促进辣椒制品销售

一是构建多层次营销网络。以辣椒大市场为龙头，以 16 个乡镇交易集散地为支撑，以 268 家村级交易网点为基础，柘城县构建了上通全国各地、下达千家万户的多层次立体化辣椒产品营销网络，确立柘城全国辣椒交易中心、集散地和价格风向标的核心地位。

二是培育专业销售团队。着力培育辣椒食品出口创汇企业和辣椒交易经纪人，坚持政府引导和协会组织相结合，强化持证经营和专业培训，培育专业销售主体近万人，他们将辣椒及制品销往全国各地，出口美国、加拿大等 20 多个国家和地区，形成了"柘城辣椒卖全球"的格局。

三是拓宽销售渠道。支持辣椒加工企业、合作组织、经纪人和销售个体户依据自身销售的产品特征和目标顾客群建立营销窗口，开辟销售渠道，构建营销网络；开展辣椒制品产销对接活动，针对不同的辣椒制品特征和供求状况，推进企业和客户对接、定点直销、网上促销等多种精准营销模式；积极引导大型商超、餐饮集团等大型客户、流通企业和辣椒加工企业发展大规模定制加工，建设直销和配送中心，减少中间环节，增加企业和农户收入。

四是探索新销售模式。依托电商产业园，积极探索线上线下混合销售模式，在淘宝、天猫、京东、拼多多等影响力大的电商平台销售辣椒制品，鼓励农户、销售人员或聘用网红在抖音、快手等视频平台直播销售辣椒制品；积极和大连商品期货交易所合作，高标准建设辣椒期货交割基地，实现辣椒场外挂牌交易，充分利用期货市场防范辣椒投资风险，提升柘城辣椒价格形成中心的地位；健全辣椒制品供求及价格信息的收集、整理和发布制度，建设辣椒供求和价格信息公共发布平台，畅通信息共享渠道，为辣椒加工、购销企业提供全方位的销售信息服务。

五是做好销售服务。依托万邦物流产业园，大力发展辣椒物流产业，鼓励和引导辣椒供应链上的流通企业、加工企业、农民合作社、农村购销户等主体提升物流质量，培育辣椒流通竞争力。

（四）以质量为基础打造辣椒品牌

"质量兴椒"是柘城县辣椒加工业持续发展的基础。柘城县通过科技创新和严格质量标准提升辣椒及制品质量，凭借过硬质量打造辣椒全产业链品牌。

一是严抓辣椒制品质量。柘城建立了具有国内领先水平的辣椒及制品质量监督检验中心，该中心参数检测达到 400 余项，检测范围覆盖了植物源性食品，对辣椒制品提供全方位检验检测服务。创建了国家级出口农产品质量安全示范区，辣椒系列产品生产基地成为全国知名的无公害粮食生产基地。

二是深化产学研合作。同中国农科院等科研院校合作，建立河南省辣椒新品种研发院士工作站、全国特色蔬菜技术体系综合试验站、全国辣椒生产与加工技术交流中心和朝天椒创新基地，积极开展辣椒新品种新技术研发试验、示范推广，以此促进柘城辣椒加工质量提升，为品牌打造提供强有力的支撑。

三是打造特色品牌。"品牌兴椒"是柘城辣椒加工业持续发展之路。近年来，柘城县紧紧围绕辣椒特色产业，致力于"三品一标"建设。建立商标品牌指导站，制定品牌战略，分析品牌影响因素，选择品牌塑造路径；

多次进行商标品牌知识培训，提升品牌保护意识；为提高争创积极性，对获得驰名商标、国家地理标志证明商标的企业给予奖励。积极组织参加辣椒产品洽谈会、博览会、订货会等全国性重要节会活动，连续承办举办全国辣椒产业大会，并主办了首届河南省农民丰收节柘城分会场，加大宣传推介力度，提升辣椒品牌影响力。

二 取得的成效

（一）辣椒种植呈规模

柘城县辣椒种植面积常年稳定在 40 多万亩，占全县耕地面积的 40%，辐射带动豫鲁皖苏四省接合部开展辣椒种植，形成了近 500 万亩的栽培规模。现有百亩以上辣椒种植专业村 120 个，千亩以上辣椒良种繁育基地 8 个，万亩辣椒生态示范园 15 个，良种繁育企业 16 家，农民合作社 35 家，累计研发培育优良辣椒品种 800 余个，平均单产干辣椒 432 公斤，年总产量 15 万吨，年总收入 17 亿元，年交易量 70 万吨，交易额突破百亿元，占全国市场份额的 1/7，商品交易辐射新疆、山东、河北、内蒙古、浙江、广东、江西等地，产品出口美国、加拿大、澳大利亚、日本等 26 个国家和地区。小辣椒已经成为柘城县的名优特产品，为辣椒精深加工提供了优质原料。

（二）辣椒加工产业集群蓬勃发展

为了提升辣椒的附加值，柘城县依托辣椒加工物流创新创业园，三樱汇食品有限公司、春海辣椒食品有限公司、新兴辣椒加工厂等 26 家本土辣椒加工企业凭借较高的收益和竞争能力被授予河南省农业产业化龙头企业，同时加大招商引资力度，贵州旭阳集团、红日子集团、玉源辣椒食品、简厨食品加工、韩邦辣味源、中原吨椒食品等全国知名的辣椒深加工企业陆续进入园区，在这些企业的带动下，柘城辣椒的年加工能力超过 10 万吨，总产值超过 20 亿元，实现利税 3 亿多元，产品种类有 8 大系列 26 个品种，24 家辣椒企业在华夏股权交易中心挂牌，辣椒深加工能力超过 10 万吨，带动就业 10 万人，成为全国较大的辣椒加工基地。

（三）线上线下多渠道销售辣椒制品

占地 300 亩的柘城辣椒大市场，总建筑达 8 万平方米，其中商铺 26000 平方米，仓储 8000 平方米，保鲜库 6000 平方米，辣椒加工车间 2000 平方米，交易区 38000 平方米，市场内设有辣椒交易区、冷藏区、加工区和综合服务区，辣椒交易、检疫检测、信息安全、电子结算等基础设施先进，是集辣椒交易、加工、运输等多种功能于一体的专业市场，每年有 60 万吨的辣椒及制品通过该市场走向全国和世界。在辣椒大市场带动下，柘城县现有 16 个乡镇从事辣椒相关工作，300 个村有辣椒交易网点；柘城辣椒积极探索线上销售模式，在淘宝、拼多多、京东等多家电商平台上，销售辣椒油、辣椒酱、辣椒面等柘城辣椒制品的商铺有近百家，在抖音、西瓜视频等直播平台上有近 40 个直播视频在带货销售柘城的辣椒制品。柘城辣椒及制品已经形成了一张上通全国各地、下通千家万户的线上线下混合交易网络，年交易量突破 70 万吨、交易额超过 100 亿元，辣椒制品已经出口美国、加拿大、澳大利亚等 26 个国家和地区，年出口创汇 3500 万美元，辣椒交易量居于全国第二位，辣椒出口创汇额居于河南省第一位。

（四）促进了一二三产业融合

目前柘城县辣椒种植规模稳定且辐射到周边四省，质量过硬，品牌影响力享誉全国。在名优辣椒种植的基础上，柘城辣椒加工业和物流、电商等产业也蒸蒸日上。在辣椒种植集散地、柘城辣椒大市场、辣椒加工物流园内，集聚着众多的良种繁育、种植技术研发、冷藏运输、精深加工、市场营销、电子商务、综合服务等涉及不同产业的企业，这些企业在辣椒价值链上相互关联，相互融合。柘城辣椒小镇集辣椒品种展示、辣椒良种繁育、辣椒制品研发、辣椒加工贸易和文旅休闲于一体，成为三产融合的样板区。2019 年柘城县被农业农村部确定为全国农村一二三产业融合发展先导区。

（五）带动了农民脱贫致富

柘城县坚持以脱贫攻坚为宗旨，沿着辣椒供给侧结构性改革这条主线，把增加农民收入作为辣椒产业发展的根本，在充分发挥辣椒种植优势的基础上，着重把发展辣椒产业作为脱贫攻坚的支柱产业，积极创新辣椒产业多元化扶贫模式，增强带动能力，让贫困群众实现增收致富。柘城县积极探索"企业+扶贫车间+贫困户""公司+合作社+基地+贫困户""龙头企业+基地+贫困户"等多种农户带动模式，制定精准招商政策，引进并打造辣椒产业扶贫项目，吸纳贫困人口就业。截至 2020 年 11 月，柘城县实现了定点帮扶和带动广大农民 1.26 万户，15 万多人通过从事辣椒种植、加工、营销等摆脱贫困。

三　经验启示

（一）乡村产业发展需要提升质量品牌意识

质量是农产品加工业的立业之本，是转型升级的基础要素。品牌是企业信誉的凝结，是决定企业竞争力高低的关键，也是影响市场认可和消费者满意的关键因素。柘城辣椒加工企业强化质量主体责任，建立质量标准体系，完善质量管理机制，完善农产品追溯、农资监管与产品质量监测数据三大平台，从农产品种植到加工直至冷藏、运输等各环节进行质量动态检测，严守产品质量关。价值链节点企业在夯实产品质量的基础上，追求卓越的产品品质，齐心协力共育产业品牌，努力形成具有自主知识产权的名牌产品，通过展销会、推介会等多种渠道宣传产品品牌，提升企业品牌价值，增强产品竞争力。

（二）乡村产业发展需要加大科技创新投入

以辣椒加工企业为创新主体，充分发挥河南省辣椒产业科技特派员服务团、河南省干制辣椒产业技术院士工作站等科研服务平台的作用，制定科学的科技创新政策，激发辣椒加工企业及其他主体的科技创新积极性，加大辣椒研发的资金投入，采取联合研发等灵活模式吸引高层次人才参与辣椒加工技术研制和品种开发，积极推进辣椒制品技术的引进、展示、示范及规模化生产，提升辣椒加工能力。

（三）乡村产业振兴要加强信息化建设

随着互联网等信息技术的发展，电子商务为柘城县辣椒产品销售提供了新的发展模式，在这种新的发展机遇下，"互联网+农业"的信息化发展模式可以为辣椒产业提供新的发展途径，信息化的生产、销售模式可以加速柘城县辣椒的推广速度，同时也减少了辣椒产品流通的很多环节，从而节省了巨大的资金成本，将市场从原有的地域性范围扩大到全国乃至全世界。这样的销售模式不但增加了辣椒种植户的收入，也让消费者对辣椒产品有了更多的选择，购买更加便利，更能全方位地满足消费者的需求。此外，通过先进的大数据服务平台，分析出消费群体对于各种辣椒产品的消费热度，可以为消费者提供准确的消费需求，也能完善企业产品消费结构，从而有利于企业调整辣椒产品生产结构，解决信息不对称问题，实现产品的精确化生产。

政府和企业"双驱动"油茶产业发展

——河南省新县乡村产业振兴案例

新县是我国纬度最高的油茶产区,是河南省油茶主要产区,新县油茶种植面积和产量均居河南省首位。新县被确定为全国首批 100 个油茶产业发展重点县之一,河南省木本粮油试点县。油茶产业是新县践行绿水青山就是金山银山理念、助力脱贫攻坚、推进乡村振兴的支柱产业,油茶成为红色老区的生态"守护林"、生产"致富树"和生活"幸福果"。新县以政府和企业"双驱动"模式发展油茶加工业,使新县茶油产品从"毛"变"精",产业链从"短"变"长",推进了县域经济高质量发展,探索出生产、生活和生态相协调的山区绿色发展道路。

一 主要做法

(一) 政府驱动

第一,制定油茶产业发展规划。新县政府设立的油茶产业发展办公室合并入林茶局后,保留工作专班负责油茶产业发展。新县统筹谋划、全面推进,大力推行油茶种植普惠政策,发展油茶加工业,点"绿"成金,让油茶成为绿水青山结出的"黄金果"。一是强化组织领导。成立县长任组长的油茶产业发展领导小组,出台《关于加快特色农业发展的意见》《油茶产业"两园"建设实施方案》等扶持政策,细化目标任务,明确工作责任。新县林茶局负责制定年度任务,发展改革委负责总体规划编制论证和相关投资项目的统筹管理,财政局负责油茶补贴资金的筹集、发放及监管,其他成员单位和各乡镇共同做好综合协调和组织实施工作。二是突出规划引领。明确"两区两园一龙头"规划布局,在全县规划建设标准化千亩油茶基地 6 个,其中在新集、周河、沙窝、八里畈等乡镇重点改造低产油茶园,建设"老油茶园核心区";在箭厂河、陈店、郭家河、陡山河、吴陈河、苏河等乡镇,重点发展油茶丰产林基地,建设"新油茶园核心区"。三是落实工作责任。将油茶产业发展纳入年度目标考核,实行定期通报制度,对完成目标任务的乡镇新造油茶林 500 亩以上的,一次性奖励 1 万元;1000 亩以上的,一次性奖励 3 万元;2000 亩以上的,一次性奖励 8 万元。不断扩大种植基地规模,支撑油茶加工业快速发展。

第二,扩大油茶产业资金投入。通过项目扶持、金融支持、担保贷款、财政贴息等措施,鼓励引导油茶种植基地建设,着力破解资金瓶颈。一是财政投资。新造 100 亩以上的油茶林,新县财政每亩配套补助 200 元;集中连片改造 100 亩以上的低产油茶园,县财政每亩补助 100 元。政策执行以来,累计发放奖补资金 1500 余万元。二是整合注资。加大林业、国土、财政、交通、水利、扶贫等涉农资金整合力度,尤其是国家储备林基地项目和欧洲投资银行河南珍稀优质用材林可持续经营项目,仅这两个项目就争取到发展油茶资金 1.4 亿元,其中储林 1.3 亿元,欧洲投资银行投入 0.1 亿元。三是争取项目资金。积极争取中央和省市财政支持,自 2015 年以来,连续 6 年实施现代农业发展资金油茶产业项目,每年中央财政投入 500 万元;自 2016 年以来,连续 5 年实施国家油茶示范林项目,每年财政投入 150 万~300 万元;帮助油茶龙头企业、新型合作组织及大户造林争取贴息贷款累计近 1.5 亿元。四是市场融资。抢抓"贫困县 IPO 绿色通道"政策机遇,引导具备条件的企业挂牌融资,羚锐公司实现再融资 4.75 亿元,绿达山茶油被确定为全省重点上市后备企业,安太公司和绿野农特产在中原股权交易中心挂牌。

(二)企业驱动

第一,加工企业成为油茶产业龙头。新县有羚锐绿达山茶油、安太、萃丰和益和等 8 家油茶加工龙头企业,其中省、市级农业产业化龙头企业 2 家,省级农业产业化集群 1 个,安太公司被认定为首批国家林业重点龙头企业。企业通过技术升级改造和科技创新,与高校和科研单位进行产学研结合,培育特色品牌,提升产品核心竞争力,推动油茶从馈赠礼品向大众消费的名牌商品转变,实现新县油茶从产品向产业转变。羚锐绿达山茶油股份有限公司投资 2.7 亿元,建成年产 5000 吨的茶油生产线,成为大别山区最大的精制山茶油加工企业。其产品通过了国家 QS 食品安全认证、美国 FDA 认证和有机食品认证,远销美国。同时,强化产品质量安全监测,成立农业标准化委员会,制定油茶低产林改造和新造林地方标准,建成茶油质量溯源体系。用生态、有机、无公害的标准,新县山茶油成功申报了全国农产品地理标志,引领创建了以油茶为代表的大别山北纬 31°红色土地绿色产品公共品牌。

第二,油茶加工企业拉动种植业发展。以公司、大户、合作社和家庭农场为主体,建设油茶基地,以"企业+合作社+农户"多样化合作模式,走标准化、规模化、集约化的现代油茶种植业发展道路。一是企业租赁经营模式。在人口少、宜林地面积大的区域,引进企业从事油茶规模开发经营。羚锐、万禾、鑫泰等近 10 家企业租赁荒山荒地种植油茶 1 万多亩。其中,信阳万禾公司投资 2000 万元租赁宜林荒山荒地 1 万余亩,新造林 3000 余亩。二是新型合作组织经营模式。在农民发展油茶林积极性高的地方,引导农民成立油茶种植新型合作组织 20 余家,统一开发、统一管护、统一销售,发展新品种油茶 6 万余亩,改造老油茶园 3 万亩。羚锐公司按照"公司+油茶专业合作社+基地+农户"的发展模式,成立绿达油茶农民专业合作社,引导农户改造低产林、引入新品种、扩大新造林,以每年每亩 8 元的标准折股量化,参与分红。流转天然油茶林近 10 万亩,改造后亩产毛油由原来的不足 5 公斤提高到 10~15 公斤,带动 3000 多户群众持续增收,800 多户贫困群众稳定脱贫。三是大户承包经营模式。推行集约化经营,引导懂技术、会经营、善管理的大户流转油茶林,新造油茶林 500 亩以上大户 12 户,201~500 亩 52 户,100~200 亩 98 户。从大连返乡创业农民罗拥,投资 500 余万元新建油茶林 1600 亩,500 多名农户稳定获得租金或工资性收入。

(三) 科技支撑油茶产业发展

科技是油茶产业现代化的第一生产力,为新县油茶产业发展提供支撑和保障,抓低产改造提高产量,提升品质优化品种结构,全面提升油茶综合效益。

第一,选育优良种。通过近年的油茶挂果能力比较,筛选出适合新县的长林系列品种8个。依托国家油茶良种繁育基地项目,建成采穗圃基地300亩、苗木繁育基地100余亩,年可繁育油茶种苗700万株以上,基本满足了全县油茶新造林和低产林改造所需,改变了油茶苗木靠外地调运的局面。选育本地良种27株,5个豫油茶品种被省林木品种审定委员会认定为优良品种,已进行小面积试种。

第二,种植技术服务。加强与以中国林科院亚林所为代表的科研院所合作,将河南省林科院作为技术依托单位,从品种培育、科研试验、技术推广、茶林管理等方面进行指导帮扶。借助信阳涉外职业技术学院和新县新型职业农民培训中心,聘请油茶产业发展政府顾问,定期举办丰产栽培、低产改造、育苗技术等油茶科技培训班,累计培训人员6000余人次。羚锐公司成立了油茶研究院,加强油茶科技人才队伍建设,并在各个乡镇组建技术小分队和科技服务队,与油茶种植户和种植基地对接,针对整地、种苗、栽植全程跟踪服务,实现科技人员直接到户、良种良法直接到山、技术要点直接到人。

(四) 文旅业拓展油茶产业发展新空间

第一,拉长产业链条,形成一二三产业融合。在种植和加工的基础上发展文旅业,油茶产业链条在一二产业基础上延伸到第三产业。以花为媒、以节会友,将油茶产业和乡村旅游相融合,新县政府投资3000万元建成大别山油茶公园,打造西河油茶博物馆,举办大别山茶花节,组织摄影、书画赛事等文艺采风创作活动,在卖好油的同时卖好"游",带活民宿、餐饮等行业发展,形成集产业、文化、生态"三位一体"的赏花经济,实现"一粒油茶果带富千万家"的效果。

第二,实现生态经济价值,发挥综合效益。油茶的种植和加工,实现的只有经济价值,只能获得油茶产业的部分经济效益和社会效益。油茶种植对自然环境的改善和形成的景观,所产生和蕴含的生态价值和文化价值,通过发展油茶产区的文旅产业,形成新产业,开拓新空间,实现新价值(见图1)。

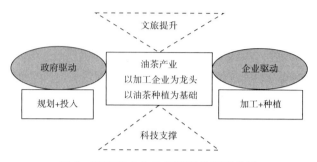

图 1   政府和企业拉长新县油茶产业链

二   取得的成效

(一) 油茶产业促进了县域经济绿色发展

2020 年全县油茶林面积达 31 万亩，其中新造林 11 万亩，老油茶林 20 万亩。全县油茶新造林 8100 亩，改造低产油茶园 1.5 万亩，油茶良种育苗 100 余万株。油茶籽产量 1512 万公斤，产茶油 380 万公斤，产值 6.05 亿元。新县发展油茶产业，把绿水青山变为金山银山，绿色发展，富民强县。

(二) 油茶产业助力脱贫攻坚

第一，油茶产业项目优先布局贫困村。油茶是劳动密集型产业，能够吸收大量贫困户劳动力就业。新县 90% 的贫困村都有一个以坡改梯方式的新造油茶林，总面积在 1.5 万亩以上，其中面积最大的 1130 亩。通过基地建设，实现基地周边贫困群众就近就业，带动 4523 户增收。同时，通过基地示范带动，不少贫困群众自主种植油茶林或管护好自己的老油茶林，带动 3255 户发展油茶产业。

第二，为贫困户发展油茶产业提供政策支持。县政府出台了《新县建档立卡贫困户发展脱贫产业验收办法（试行）》，贫困户每新造 1 亩油茶林奖补 500 元，每改造 1 亩老油茶林奖补 300 元。政策出台后，累计奖补贫困户 100 余万元。

第三，油茶产业拓宽了贫困群众增收渠道。一是务工收入。每新造 1 亩油茶林每年需要 4 个用工日，10 万亩油茶基地每年需 40 万个用工日，每个用工日 80 元,每年需支付附近群众 3200 万元劳务费。二是山场租赁收入。新造油茶林租赁山场每亩每年 10 元,周河境内 10 万亩老油茶林流转绿达合作社每亩每年 8 元,两项累计年收入 180 万元。三是油茶籽收入。周河、新集、八里和沙窝等乡镇群众采摘自留山上的油茶果,出售鲜果或干茶籽获得收入。2019 年,每斤鲜果 2 元,每亩产果 250 斤,每亩收入 500 元。

三　存在的问题

(一)不同政策目标冲突

新县有野生油茶林 20 万亩,生长密度高,郁闭严重,导致油茶产量较低。据测算,每改造一亩低产野生油茶林,可增产 10 公斤优质山茶油,而技术改造中最重要的一项指标就是把郁闭度从 1 降到 0.7,按照平均每亩生长 150 株野生油茶计算,要达到 0.7 的郁闭度,每亩至少采伐 75 株油茶树、板栗和松树等,这项技术措施与《森林法》及生态功能区保护相关要求有冲突,一定程度上影响了油茶低产林改造。

(二)消费者对茶油认知度低

虽然山茶油在营养价值和功效上优于橄榄油,但由于宣传推广的力度不够,与菜籽油、大豆油、花生油、葵花籽油等植物油相比,消费者对山茶油的认知度、认可度不高,特别是不是产区的北方市场,消费群体更少。市场没有打开,消费需求不旺。

(三)油茶综合利用率偏低

油茶加工后剩下的茶壳、茶枯等下脚料,可以开发多种天然的、生态的化工产品,能够有效提高油茶的综合利用率,增加附加值,由于开发力度不够,只是简单地作为燃料、肥料使用,造成了资源的极大浪费。

四　发展建议

(一)进一步加大金融扶持力度

油茶种植 6 年后才有稳定收获,每亩当年造林成本约 1500 元,后五年养护费用在 2000 元左右，平均每亩投入资金 3500~4000 元，一次性投入多，种植大户资金压力较大。建议县政府设立油茶产业专项基金，鼓励新造油茶示范林、改造低产油茶示范林和油茶中幼林抚育示范园。积极协调农发行、商业性金融机构开展油茶保险、林权抵押贷款和贴息贷款业务，支持新县等种植基础好、产业优势大、带贫成效显的县区进一步扩大油茶种植面积。

（二）需要提升良种培育能力

良种是种植养殖产业高质量、可持续发展的前提。育种界有一个观点，"现在是良种将来不一定是良种，在甲地是良种在乙地不一定是良种"。近年来，新县通过引进优良品种和依托当地油茶资源、借力外地科研力量培育了一些优良品种，满足了油茶产业对良种的需求，但毕竟县级技术、人才、资金有限，如果不及时加大良种培育力度，将不能满足对良种的长期需求，不利于油茶产业长远发展。建议加大对本地优质种质资源研究的支持力度，培育更多适合当地发展的油茶新品种。

（三）切实采取国家政策配套措施

为支持油茶产业发展，2009 年，国家发改委、财政部、国家林业局联合印发了《全国油茶产业发展规划（2009~2020 年）》，2014 年，国务院办公厅印发了《关于加快木本油料产业发展的意见》，明确要求各地要在组织、投入、种苗、科技、宣传、推广、政策等方面给予支持，拿出具体政策。建议出台有针对性的配套措施，为本地油茶产业发展提供政策支持。同时，加大油茶中幼林抚育力度，将油茶中幼抚育纳入公益林补助范围。

（四）推进油茶种植基地设施建设

整合扶贫、水利、农村道路建设、国土整治、农电改造等有关项目，支持建设与油茶种植基地相配套的水、路、电等基础设施。加大项目资金争取力度，积极争取国家和省财政投资用于油茶新造林补助、良种苗木繁育基地基础设施建设、优质高产新品种推广示范、低产油茶林改造、技术培训等。

（五）提高油茶产业综合效益

通过营造新林、改造优化老林等措施，促使油茶产业经济效益、生态效益、社会效益持续增强，建成大别山区油茶产业的科研中心、种植中心和加工中心。进一步扩大油茶基地建设规模，新造高产优质油茶林。采取垦复、修剪、施肥等技术措施，巩固提升新造的油茶林。通过除杂、矮化复壮、密度调整等技术措施，逐步改造现有老油茶林。开展茶油及其副产品精深加工，拉长产业链条，实现油茶产业年综合产值，提供就业岗位。

科技和文化"双引擎"促进茶产业发展

——河南省信阳市乡村产业振兴案例

信阳市是我国长江以北地区最大的茶叶产销基地，信阳毛尖是我国十大名茶之一。信阳地处中国南北文化接合部，南北文化交融荟萃，具有的楚风豫韵特色文化资源，赋予信阳茶丰富的文化内涵。信阳茶精湛的生产技术和内外兼修的独特魅力，促进了信阳茶和茶文化的交流和传播，注定了科技和文化与信阳茶产业发展的融合关系。科技和文化成为推动信阳茶产业从传统向现代转型的"双引擎"。

一　主要做法

自 2016 年以来，信阳市围绕茶产业发展规划，以市场需求为导向，以开发茶叶消费群体为基础，以"建设基地、调整结构、创建品牌、培育龙头、文化带动"为重点，按照推进农业供给侧结构性改革的总体部署，强力推进茶产业不断做大做强，茶产业呈持续、健康、稳步发展态势，取得了显著的经济效益、生态效益和社会效益。

（一）政策支持茶产业发展

一是成立茶产业工作机构，强化组织领导。信阳市委市政府高度重视茶产业发展，市县两级都成立了专门的茶产业办公室，统筹茶产业的发展和升级，政府动员和引导茶农山上种茶、田里改茶，茶园面积迅速扩张。

二是出台政策文件，支持产业发展。信阳市 2018 年印发了《关于做好2018 年春茶生产工作的通知》《关于做好全市夏秋茶生产工作的指导意见》，指导全市各县区春茶和夏秋茶生产工作。

三是召开专题会议，安排部署工作。信阳市政府召开了"全市夏秋茶生产工作座谈会"，研究部署阶段性重点工作；每年各市县还组织举办茶叶品质提升培训会、茶企座谈交流会等多种会议，宣传推介、学习交流茶知识、茶文化。

（二）科技支撑茶叶品质提升

信阳已建立了从茶园管理、采摘、炒制、包装到仓储、销售各环节的技术标准体系，《地理标志产品信阳毛尖》国家标准已发布实施，信阳市作为河南省茶叶主产区，正在全面普及实施各项技术标准。

一是持续推进茶叶生产标准化建设。2018年信阳市兴建一批标准化茶叶加工厂，配套了先进的茶叶生产机械设备，全面提高了全市茶叶生产的清洁化、标准化、全程自动化水平。

二是加强专业技术人员的培训交流。信阳市注重加强与中国农科院茶叶研究所的战略合作，通过举办"全市茶叶品质再提升培训会"和"茶树病虫害绿色防控技术培训班"，邀请中科院、信阳农林学院、市农科院等单位专家为全市茶办业务人员、重点茶企及合作社技术人员授课。每年组织"信阳毛尖传统手工炒茶大赛"，交流学习经验，提高制茶技艺。通过这些培训交流活动，有效提高了茶企茶农茶叶生产技艺和茶树病虫害科学防治水平，保证了茶叶品质提升和质量安全。

三是开展科技下乡。组建茶叶科技特派员服务团，实施"科技入户"，利用"新型职业农民培训工程"等扶贫项目，通过举办培训班对茶叶从业人员进行生产管理和技能培训，提高从业人员的茶叶管理及加工水平。通过召开现场会、观摩会，组织技术人员深入茶园地头对茶苗种植、修剪、肥水管理、茶籽直播、茶叶加工等关键技术开展现场教学，为茶叶标准化生产提供智力支撑。

（三）以市场需求为导向开发新产品

为适应多元化的市场需求，以市场为导向，在生产绿茶的基础上，积极开发生产红茶、黑茶、白茶、花茶、黄茶、眉茶、乌龙茶等茶类，不断丰富茶叶产品种类，满足不同消费人群的多元化需求，实现了产量、销量双增势头。如信阳蓝天集团和四季香茶叶公司等一批茶企，创新开发多样茶品，自主开辟国际销售渠道，使茶农增收、茶产业增效。

（四）以茶文化增强茶产业软实力

为加快推进农业供给侧结构性改革，实施河南茶叶走出去战略，进一步拓展与丝绸之路经济带沿线国家和地区的茶叶经贸合作与茶文化交流，促进茶叶品牌文化传播，信阳茶文化资源挖掘整理和宣传保护工作稳步扎实开展，取得良好成效。

一是加大宣传推介力度，全力打造茶业知名品牌。1992～2020年，信阳市已连续28年组织举办茶文化节活动，邀请国家和省有关方面负责人、国外知名茶商代表、境内外新闻媒体参会，大大提高了信阳毛尖知名度，一大批茶叶品牌如文新、蓝天、其鹏越来越被人熟知。"第28届信阳茶文化节暨2020信阳茶业博览会"主题为"弘扬茶文化，发展茶产业，促进茶交流"，扩大了宣传，促进了交流。

二是积极弘扬普及茶文化。信阳市2020年4月举办了中国茶叶学会倡导的"全民饮茶日"活动，开展了形式多样的宣传普及活动，弘扬和普及了茶文化知识。

三是营造产业发展良好软环境。通过宣传、引导和举办茶文化活动，着力营造全民饮茶、人人宣传茶的浓厚氛围。通过营造茶产业软环境，茶产业文化和茶文化产业相交融的信阳毛尖软实力显著提升。

二 取得的成效

信阳市推进茶叶生产基地建设、茶叶生产加工、茶文化旅游开发等，使信阳的茶叶品牌得到保护，茶产业不断发展壮大。

（一）茶叶产销规模扩大

2019年，全市茶园面积213.8万亩，茶叶产量达7.2万吨，总产值达122亿元。信阳市绿茶产量50790吨，红茶产量11520吨，黑茶产量3660吨，白茶、花茶、黄茶、乌龙茶等都有少量生产。茶产品主要销往华东、华北、东北、西北、华南等地全国28个省份，销售渠道有产地批发市场、连锁超市、加盟代理、直销专营及网络销售等多种形式。

（二）品牌价值凸显

信阳现有国家级农业产业化龙头企业2家，省级龙头企业23家，中国茶行业百强企业9家；拥有中国驰名商标8个；茶叶从业人员达120万人；茶农人均种茶收入超过6000元，成为信阳山区农民脱贫的重要收入来源，在全市脱贫攻坚中发挥着积极作用。信阳市被中国林业生态发展促进会授予"中国毛尖之都"称号，经浙江大学CARD中国农业品牌研究中心评估，信阳毛尖品牌价值以63.52亿元居于全国第二位。

（三）产品远销国外

通过自营出口和供货出口的形式销往欧洲、非洲、东南亚等多个国家和地区。信阳市全年茶叶自营出口量达5898.8吨，主要出口到蒙古国、俄罗斯、乌兹别克斯坦、捷克、塞内加尔、科特迪瓦、尼日利亚、韩国等13个国家和地区。信阳茶叶供货转口贸易达3.8万吨，货值达5亿多元人民币。

三　存在的问题

（一）茶园标准化程度有待巩固和提高

信阳市30%左右的茶园建于20世纪六七十年代，建园基础差，建设标准低，产出水平低。无性系良种茶园面积低于全国平均水平约17个百分点，与先进省份差距更大。商城县和新县等高山野茶园管理模式粗放，茶园建设和管理标准都较低，标准化加工厂建设相对滞后，在一定程度上制约了产品品质稳定。

（二）产业链条短

茶产品结构存在重视高中档茶生产，而面向中低收入群体的大宗茶数量较少。茶企整体实力不强，精深加工水平较低，产品附加值不高。茶叶综合利用水平较低，茶食品、茶饮料、茶保健品、茶具、茶旅游等开发尚处于起步阶段，三产融合程度还处于初级发展阶段，有待全面增强产业融合的广度、深度和强度。

（三）品牌效应有待增强

信阳茶企规模普遍偏小，整体实力不强，示范带动作用有限，影响力和知名度不高。茶品牌形象宣传力度不够，在主流媒体上投入宣传较少，悠久灿烂的茶文化没能得到很好地传承和弘扬。

（四）产业科技创新后劲不足

上下机制不顺畅，能真正下去指导生产的专业技术人员少之又少，如根据最新的机构改革方案，信阳市茶办被划归到林业部门管理。茶产业总体科技因素占比较小，茶企、茶农的营销理念还比较落后，对"互联网＋"的理解、运用还不充分，销售渠道还需进一步开拓。

（五）产业发展政策有待健全

一个产业在发展的过程中，难免会因为标准的缺失而产生一系列的乱象或问题，面对当前茶产业发展的新挑战、新机遇，如何从生产标准、环境保护、科技应用、品牌打造、文化传承等多方面对茶产业的发展做出规范、引导，促进茶产业的健康可持续发展，是当前需要解决的一个重要问题。基层茶农、茶企从业人员等对茶产业的地方立法需求迫切。结合种植区域较为集中的实际情况，茶产业地方立法问题应全局谋划还是地方区域内解决需要进一步的探索和思考。

四　发展建议

（一）推行茶叶生产标准化

重点推进基础设施标准化、生产规范化、服务专业化。坚持种植的规范化和管理的标准化，调整优化茶叶种植品种结构和产品结构，提高茶园管理水平。要把改善生态、改良土壤、保持茶园生物多样性作为重要内容，注重制茶工艺与设备的更新，不断研制具有地方特色、市场适销对路的名优茶。加大标准化生产技术的推广应用力度，发展优质、生态、安全的茶树种植。

（二）加快产业转型升级

把传统文化融入茶叶生产的全过程，深度开发茶文化休闲旅游，把茶山观光、采茶、体验制茶、赏茶和评茶等乡村游挖掘好。要开发好茶叶食品如茶叶饼干、茶叶糖果、茶叶面条等。要实现茶叶一二三产业高效融合，最终实现茶产业链条和价值链条延伸、产业范围扩大和产业功能拓展的目的。

（三）提升品牌影响力

一是打造一批品牌。一方面，整合现有的弱小品牌，鼓励各茶叶主产区注册公共品牌，尽快打造一批在国内外市场上叫得响、站得住的茶品牌；另一方面，在企业品牌产品的认证、注册、宣传、保护等方面要加大力度。二是加大品牌的宣传力度。充分利用各种媒体，多层次、多方位地进行舆论宣传，多组织茶企参加国内外重大博览会、展销会。三是保护区域公共品牌。要完善相关规章制度，实行茶叶公用品牌市场准入制，要加强知名商标管理，确保茶叶品质和质量安全。

（四）完善科技支撑体系

依托省农科院、河南农大园艺学院、信阳农林学院茶学院，整合科研力量，创建茶叶科技创新中心，着力研究解决制约茶叶产业发展的关键技术问题。加大研发适宜当地气候条件的抗旱耐寒高产高品质新品种，积极培育具有信阳毛尖和信阳红特色的高品质当家品种，研究解决茶叶生产中的育苗、无性系扦插、一代种直播等突出技术推广问题和绿色防控技术推广问题，大力推行茶园机械化采摘、机修等，推动信阳茶产业持续健康发展。同时，把茶叶科技人才引进纳入市、县、区人才引进计划，吸引专业人才到茶叶基地工作。

多元化经营提升怀山药价值

——河南省温县乡村产业振兴案例

温县北依太行，南临黄河，位于山河两阳之地，土壤肥沃，土层深厚；黄河、济水、沁河穿境而过，千百年的河水冲刷淤积使这里的土壤沉淀了丰富的养分和微量元素；冬不过冷，夏不过热，春不过旱，秋不过涝，属干湿相宜的温带气候；太行山的岩溶水携带丰富的微量元素渗入地下，与地下水贯通相连，形成了独特的水质。特殊的土壤、气候、水质为温县怀山药生产的蓬勃发展造就了得天独厚的条件。温县种植四大怀药已有近3000年的历史，其品质药效、加工精细程度等方面均有口皆碑。四大怀药远销国内外，被中医药界公认为道地药材，其中的铁棍山药因其"药食同源"的特性，倍受广大消费者青睐，已形成独具特色的一体化怀药产业链。

一 主要做法

（一）建设标准体系

一是参与制定了《怀山药》《怀地黄》《怀菊花》《怀牛膝》4个怀药国家标准。二是制定了《温县铁棍山药生产技术规程》《温县铁棍山药农药使用准则》等8项地方标准，指导全县铁棍山药种植。三是结合品种提纯改良、病虫害防治、水肥运用等方面专家，从气候条件、土壤条件、栽培管理、种苗、水肥应用、成分检测等方面着手，整理出一套更加科学规范、适合温县怀药的标准体系，目前已完成文稿整理。四是注重"三品一标"认证，截至2019年底，已认证怀药绿色产品12个11268吨，有机食品4个782吨，位居焦作市前列。

（二）建设标准化园区

全县已规划建设 4 个怀药示范园区，面积近万亩。其中祥云镇 2 号园区投资建设了参观通道、田间气象站、田间木屋及农业物联网，多次迎接省市领导、外地客商和新闻媒体的参观调研，受到各方好评。

（三）开展品牌保护

一是积极开展地域品牌商标注册。以温县四大怀药协会为主体申请注册"温县铁棍山药"证明商标。二是申请驰名商标。委托北京正理商标事务所代办温县铁棍山药驰名商标申报事宜，2018 年 7 月通过司法诉讼方式申报成功。三是设计统一包装箱。设计温县铁棍山药 Logo 和统一包装样式，并申请外观专利保护。四是建立质量追溯系统。从 2012 年起每年对全县的铁棍山药种植面积进行逐地块摸底调查，登记每户的种植面积、具体位置等，上市季节，根据登记底册向群众免费发放二维码防伪标识，有效规范了市场秩序。经过多年的推广使用，统一包装箱和二维码标签已得到市场的高度认可。

（四）加强品牌宣传

近年来，与中央电视台合作，围绕温县铁棍山药拍摄制作了多期节目，分别在《健康之路》《致富经》《远方的家》《每日农经》等栏目中播出；引导企业、合作社积极参加全国各类农产品展销会、农交会、绿色食品博览会、有机食品博览会。温县铁棍山药连续多次荣获金奖，产品受到各方好评；从 2011 年起每年举办"温县铁棍山药展销节"或"新闻发布会"，邀请中央、省市媒体及各级领导参加，通过各大媒体进行集中宣传报道，不断打造品牌影响力。

（五）打造产业龙头

近年来引进建设一批怀药项目，开发了铁棍山药粉、铁棍山药片、怀菊花朵菊等拳头产品。其中保和堂瑞祥怀药产业园项目总投资 26 亿，已完成一期建设，达到年产中药饮片 2 万吨的能力；新获怀菊茶、铁棍山药粉两个怀药食品文号；同仁堂中药配方颗粒项目计划投资 10 亿元，年产 1 万吨中药配方颗粒，预计年可实现主营业务收入 30 亿元，创利税近亿元，提供就业岗位 300 个；同时积极谋划推动怀药交易中心、怀药统产统购统销平台、怀药专业交易市场等专业市场建设，引导怀药产业向专业化、标准化、规模化发展。

（六）强化科研支撑

河南省四大怀药育种工程技术中心位于温县，是河南省唯一一家以怀药研究为主的省级工程技术中心。从国内外收集山药品种（系）49 份、地黄 27 份、菊花 16 份、牛膝 5 份，已初步形成了省内首屈一指的怀药资源基地，为新品种的选育提供了较大的空间和丰富的基因库，培育了怀地黄 85-5、金九，怀山药 47 号，新铁 2 号等怀药品种；同时大力开展茎尖脱毒研究工作，积极进行提纯复壮和地黄新品种选育。通过对地黄茎尖脱毒，培育脱毒种苗及种栽，实现平均亩增产 15%~25%，大大提高了农民种植脱毒地黄的积极性。

温县怀山药加工业在以上做法的推动下，取得了长足发展，其产业发展逻辑和做法要点如图 1 所示。

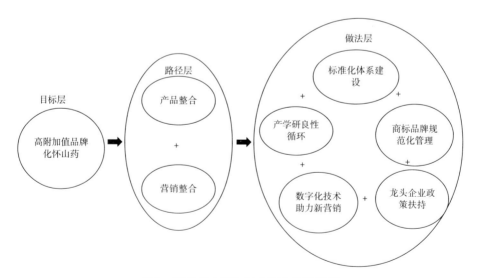

图 1　温县怀山药加工业产业发展逻辑

二 取得的成效

(一) 产品实力不断提升

2019 年底，四大怀药在县域的种植面积达到 8 万亩，这其中怀山药就达到 3.5 万亩。另外，怀地黄为 3.6 万亩，怀菊花为 0.6 万亩，怀牛膝为 0.3 万亩。目前全县有怀药农民专业合作社 857 家，怀药加工及销售企业 696 家，拥有怀山堂、保和堂、健国、鑫合等 8 家省市农业产业化龙头企业，培育 3 个省著名商标、2 个省名牌产品，主要产品有鲜铁棍山药、山药粉、山药片、中药饮片、菊花茶、怀药饮品、保健品及休闲食品等。

(二) 品牌价值不断凸显

温县年产四大怀药约 15 万吨左右，年产值 20 多亿元，其中怀山药产值占总产值的一半以上，常年从事山药种植、加工、销售的农户达 5000 户以上。2003 年，温县铁棍山药被国家质量监督检验检疫总局批准为"地理标志产品"；2007 年，温县被授予"河南省十大中草药种植基地"称号；2008 年 6 月，四大怀药种植与炮制被列入国家级非物质文化遗产名录；2012 年，注册"温县铁棍山药"证明商标；2014 年，温县被评为"国家级出口四大怀药质量安全示范区"；2015 年，温县铁棍山药入选农业部《全国名特优新农产品目录》；2017 年，温县铁棍山药及其制品获得国家生态原产地保护产品称号；2018 年，温县铁棍山药获得农业农村部农产品地理标志登记；温县获得"2020 年度河南省中药材产业发展十强县"称号。

(三) 销售渠道不断拓展

一是电商销售快速发展。通过加强对电子商务平台的利用，建设乡村电商服务站点，进一步提升了物流配送效率，使农产品和工业品更便捷地双向快速流动，特色农业及旅游产品电商交易额 1.8 亿元。县内鑫合实业、怀山堂等一批省市级农业产业化龙头企业电商发展风生水起，聚怀斋、爱家乡、温购网等一批本土电商企业加速壮大，温县怀药电商发展效果初显。

二是线下商超渠道不断完善。通过对防伪标签使用情况的追溯统计，结合商超上货要求，为商超渠道商家的散货及时提供防伪标签，进一步增强了线下商超渠道的可靠性,保证了消费者对产品的信心,因此,近两年温县铁棍山药在北京、深圳等商超销售订单不断。

三 存在的问题

(一)重茬问题制约规模化发展

铁棍山药有至少 5 年不能连作的重茬障碍,导致种植面积有限,制约规模化发展。不能重茬的原因主要有线虫病危害、土壤营养失调、山药自身激素抑制、土壤中病虫基数高,重茬田危害重。怀药病虫害绿色防控技术体系有待完善,特别是应加强怀药病毒病、线虫病、草害等绿色防控核心技术研究和标准制定。

(二)品牌需要提档升级

近年来,铁棍山药在品牌定位、品牌规划、品牌形象、品牌宣传等方面存在明显不足,温县铁棍山药核心价值没有得到很好的体现。

(三)深加工产品研发能力需要提升

目前铁棍山药产品仍停留在鲜货销售和初加工产品销售层面,加工工艺仅限于烘干、切片、制粉环节,产品以中药饮片、山药片、山药粉等初加工产品为主,且产品同质化严重,缺少在市场有知名度、有号召力的产品,缺乏产品核心技术,目前所加工的产品基本上为初级加工品,十分容易被模仿,产业链短,产品附加值低。

四 发展建议

(一)需提升标准化种植水平

建立健全怀山药生产技术标准、产品生产管理体系及产品可追溯制度。推广"龙头企业+合作社+基地+标准+农户"的发展模式,利用高效可行规范的种植技术,按照统一标准建设怀山药种植基地;加强对怀药育种、种植、田间管理、收获、加工等环节的质量监管,确保四大怀药的良好品质。建立引导和支持机制,促进企业自主创新,自发利用对接科研部门,实现怀山药的产学研结合，探索高效的怀山药、地黄轮作换茬模式，攻克重茬种植的技术壁垒；着眼于怀山药加工过程中劳力比重过大，要进一步对加工过程及设备工艺等方面进行技术升级和攻关，以缓解劳动力过度使用问题，为规模种植创造技术条件；研发为市场接受度更好的保健休闲类食品，从而优化怀山药的加工产品结构，增强温县怀山药产业的市场竞争力；加强产业人才引进和培养，建设四大怀药高新技术产业基地。总之一句话，没有质量就没有品牌、没有产业。因此，确保温县四大怀药的良好品质是保证产业发展的基石，也是首要应该做好的工作。

（二）需创新品牌管理方式

以润佳国际山药交易中心为龙头，强化温县铁棍山药品牌管理工作，认真做好铁棍山药种植面积普查、产品检测、网络销售、二维码标识发放等工作。开展市场产品抽查、打假等工作，既要管住外地不法商贩，也要管好温县种植户，切实把温县铁棍山药品牌管住、管好，不给不法商贩留下可乘之机。在机会合适的情况下，把铁棍山药的管理模式延伸至地黄、牛膝等农产品中。

（三）需加大品牌宣传力度

采取各种方式，利用各种渠道，依托各种媒体，有策略地实施温县怀山药的品牌建设工作，其中优选出一批基础好、实力强、有口碑的企业在政策上给予扶持，将其打造成为具有本地特色的山药名优品牌；针对目前消费者对食品质量安全问题的关心，企业要在产品品质认证上积极进取，通过不同类别的认证实现品质品牌的双优局面。通过温县怀山药的品牌推广，实现高附加值的山药产品，并且要与温县特色的太极传统文化相结合，使怀山药在文化内涵上更有吸引力。通过以上做法，使温县的四大怀药尤其是怀山药的知名度和品牌影响力不断扩大，从根本上为温县怀山药加工业向深加工、高附加值等方向发展提供路径和动力。

精深加工肉制品　促进乡村产业发展
——河南省漯河市乡村产业振兴案例

漯河市位于河南省中南部，食品工业是其传统优势产业之一，是一个特色鲜明、享誉四方的食品名城。漯河以食品工业发展的卓著成效，成为全国首家中国食品名城、全国食品安全信用体系和保证体系建设双试点市、全国首家农业标准化综合示范市、全省食品工业基地市、全省无公害食品基地示范市。肉制品加工作为食品加工业的支柱产业之一，在漯河市乃至河南省的乡村产业振兴中起着引领作用。

一　主要做法

（一）培育肉制品产业集群

大力发展经济开发区肉制品产业集群。大力推动漯河市内企业间的重组联合，推动肉制品、面制品等不同类别的食品企业跨领域进行合作，组建企业集团，盘活存量资产，提升竞争实力；加强园区与市外园区之间的协作，创新"飞地经济""园区共建""区区对接"等模式，推动园区之间的合作，逐步形成漯河重点企业相支撑、中小企业相配套、产权明晰、权责分明的现代企业集团群体。

（二）加大肉制品加工项目建设

着力抓好现有大企业的重大项目投资，加快项目进度，尽快形成产业能力，为肉制品加工产业发展注入新动力；加强与国家部委、省直厅局的对接，着力谋划、引进一批新项目、大项目，拓展肉制品产业发展领域，增强发展后劲；加大对肉制品产业项目的政策支持，倾斜财政政策、土地政策和电力政策，重点扶持一批有市场、有基础、有优势的肉制品产业项目，尽快成规模、上水平、见效益。政府引导企业均衡发展猪、牛、羊、鸡肉制品，增加高档产品和精深加工肉制品，不断研发新产品，既扩大西式肉制品的生产，又重视具有中国传统风味的中式肉制品生产。

（三）加大招商引资力度

重点瞄准食品产业发达区域，积极依托当地商会、协会，开展有针对性的落地招商活动，建立长效对接机制，提高招商实效性。鼓励食品企业发挥好主体作用，主动出击，瞄准世界 500 强、国内 500 强和行业百强等重点食品企业集团，积极寻求合作，有针对性地对接，通过嫁接改造，提升发展实力。充分利用食品博览会、产业转移大会、贸易洽谈会等平台，加强与海内外客商的沟通联系，加强宣传推介和项目对接，大力发展节会经济，打造漯河的产业品牌和城市品牌，特别是把食博会办成商务部、工信部与省政府共同主办的有影响、有规模的博览盛会。

（四）科技推动产业发展

漯河作为"食品名城"，食品生产厂家集中，以双汇集团为龙头的肉制品加工企业奠定了漯河肉制品加工业的中心地位，还有豫汇集团、北徐集团、漯河汇通、正邦世汇等多家肉制品加工企业在蓬勃发展。对加工技术、新产品开发、科技成果的转化有着巨大的需求。依托漯河职业技术学院建立的漯河市食品科学研究所，其职能就是要为漯河市食品企业提供科技、技术支持。在漯河职业技术学院、漯河市食品科学研究所，联合鸡肉加工企业豫汇集团，建立了漯河市鸡肉制品深加工研究中心。对本地以豫汇集团为龙头的禽类加工企业提供有力支持，改变当前因技术滞后附加值低、效益不好的被动局面。

二　取得的成效

（一）培育了龙头企业

双汇是中国最大的肉类加工基地、农业产业化国家重点龙头企业，总部在河南省漯河市。双汇在全国 18 个省（市）建有 30 个现代化肉类加工基地和配套产业，形成了饲料、养殖、屠宰、肉制品加工、调味品生产、新材料包装、冷链物流、商业外贸等完善的产业链，年产销肉类产品近 400 万吨，拥有 100 多万个销售终端，每天有 1 万多吨产品销往全国各地，在全国绝大部分省份均可实现朝发夕至。休闲肉制品主要有双汇怡口肠、食想家、川透力、好劲道、萌宝、寻海记等系列，该类产品风味独特、包装精美、便于携带保存、食用方便，是居家旅行必备的休闲美食。双汇品牌价值 704.32 亿元，连续多年居于中国肉类行业第一位。

漯河依托龙头企业，先后实施了"双汇产业化工程""订单农业工程"，走出了一条"公司＋基地＋农户"的路子。在肉制品快速发展壮大的同时，食品包装、食品辅料等配套产业也加快发展，形成了从原料到终端，从生产到研发、检测、包装、物流、电商、会展等全食品产业链条，肉制品主导产业和食品包装、食品机械、食品辅料、食品会展四大配套产业的层次得到了进一步提升，产业体系更加完善，食品名城的影响力和竞争力进一步增强。

（二）提升了漯河知名度

食品工业的飞速发展，极大地提升了漯河的知名度，吸引了不同行业的企业向这里聚集，产生了强烈的产业集聚效应。现有 20 多个国家和地区投资漯河，美国杜邦公司、美国泰森集团、日本火腿株式会社、日本丸红株式会社、日本丰田通商株式会社等 7 家世界 500 强企业及金大地、新瑞、中旺、旺旺、康师傅等一批国内知名企业纷纷落户漯河，使漯河成为中西部地区令人关注的投资热点地区，掀起了新的发展热潮。这里正在成为全国乃至全世界名企、名品汇集的"百花园"。2016 年 1 月 19 日，河南进口肉类指定口岸漯河查验区正式开通运营，首批装载 525 吨美国冷冻猪肉的 21 个集装箱经青岛港卸船消毒后，通过陆路运输直抵漯河市。查验区为全国首家"不沿海、不沿江、不沿边"的肉类内陆口岸，是中部内陆地区唯一的进口肉类指定口岸，可满足每天 1200 吨、每年 40 万吨的肉类查验业务。

（三）增强了产品研发能力

食品企业在抢占市场的过程中，更加快了产品研发的步伐。漯河建有 2 个博士后科研工作站、2 家国家级企业技术中心、13 家省级企业技术中心，形成了食品产业技术推广应用体系、科技创新体系和产学研合作机制，企业的新产品开发能力、新技术推广应用能力和自主研发能力不断增强。

目前，全市拥有规模以上食品工业重点龙头企业 165 家，其中国家级 5 家、省级 39 家、市级 121 家，培育形成了以双汇集团、雨润北徐、源隆肠衣、天味公司等为代表的肉类加工企业群体。双汇集团连续多年名列中国肉类行业第一，是"世界肉类组织金牌会员"。2013 年 9 月，双汇国际收购美国史密斯菲尔德公司之后，一跃成为全球最大的猪肉食品企业。2014 年 1 月，双汇国际更名为万洲国际，拥有亚洲最大的肉类加工企业——双汇发展、美国最大的猪肉企业——史密斯菲尔德公司等知名企业，以及欧洲最大的肉制品企业——康博菲尔公司 37% 的股权，在猪肉产业链的肉制品、生鲜猪肉和生猪养殖等关键环节占据全球首位。

三　经验启示

（一）政策支持是乡村产业振兴的有力保障

当地政府制订更加全面的扶持肉类加工企业发展的政策，提供全面的技术指导和咨询服务。对于近年来出台的财税、信贷、投资、科技等扶持政策，有关部门要不折不扣地落到实处，并根据实际情况依法依规及时做好变通处理，真正让企业享受到政策实惠。优化企业的资源配置，强化战略管理、生产管理、营销管理、人才管理等基础管理，突出思路、方法和方式创新，提高现代化管理层次，提升企业生产经营水平，增强企业核心竞争力。加快食品工业协会筹建进度，充分发挥食品行业协会的作用，加强行业的自我约束和自我管理，搞好对食品产业发展的指导、协调、宣传等工作，推动食品产业健康发展。

（二）创新能力是乡村产业持续发展的源动力

加快建立产学研相结合的技术创新体系，鼓励有实力的企业与科研院所联合研发新技术、新产品，支持企业建设国家级、省级技术研发中心。加强企业间技术研发中心的联合，加强与省内科研院所的合作和联合攻关，探索组建技术创新联盟，形成企业的研发优势。肉制品加工业必须提高技术水平和劳动生产率，将传统技艺与现代技术有机结合起来进行肉类精深加工，发展高附加值的肉类产品，生产出能够满足不同消费水平的多种类、高质量的肉制品。加大科技投入，引进先进设备，采用高新技术手段和高科技含量的生产工艺，生产市场前景看好的低温肉制品、具有多种营养功能的保健肉类制品、高档西式肉制品、可大批量生产的中式肉制品等，优化肉制品结构，以满足市场多样化的需求。改变传统的中式肉制品从配方到工艺缺少科学指导的经验状态，以科技为指导，从配方、工艺上改进中式肉制品的缺陷，提高中式肉制品的质量和档次，提升中式肉制品的市场竞争力。

（三）强化品牌效应是乡村产业振兴的有效手段

充分发挥"中国食品名城"金字招牌的作用，扩大宣传影响，提高知名度，提升食品名城整体形象。抓紧推动"中国食品名城·漯河制造"产地标识的申报，对漯河食品产业合格产品加贴"中国食品名城·漯河制造"的产地标识，提升漯河食品产业整体形象，把中国食品名城和漯河制造产地标识叫响全国。同时，注重中国食品名城品牌的保护和延伸，以品牌优势带动招商引资和项目建设，吸引更多的知名企业来漯投资兴业。肉制品加工产业要从战略高度认识实施名品名牌的重大意义，精心打造自己的品牌。强化企业的品牌意识，不断提高产品的质量档次，扩大产品和企业的知名度，提升品牌价值，把优势产品变成名牌产品。

（四）培养专业人才是乡村产业振兴的关键

加强与全国有食品专业的高等院校的联系、与外地人才市场的联系，以及与外地食品企业人才的联系，建立漯河市食品专业人才库，重点培养引进食品专业技术工人，形成互动机制，制定相关政策，努力把全国各地的食品专业人才和一线技术工人吸引到漯河市。在食品工业企业中深入开展诚信企业标准贯彻活动和诚信企业达标评比活动，推动企业树立以"诚信"为立业之本，以"质量"为生存之道的品牌观念，杜绝不诚信事件的发生。建立员工教育培训机制，培养不同层次的食品专业技术与质量管理人才、创新人才队伍，制定各类人员岗位资格任职考核制度，使职工队伍整体素质得到大幅提升。

（五）创新招商引资模式，满足乡村产业振兴的资金需求

加强招商队伍建设，强化对招商人员的培训，建立一支熟悉经济管理、法律法规、国际金融和贸易的职业化招商队伍，积极探索专业招商人员的商业化运作；加强与中食协和各省市食协的合作，加强与国内知名投资公司的合作，创新委托招商和以商招商新模式，逐步实现以政府为主体招商向以市场为主体招商模式的转变。引导金融机构推出更多符合企业实际情况的金融产品，并提供更加优质便捷的金融服务。探索利用互联网提供金融服务，以众筹等新兴互联网融资方式，改善农产品加工项目贷款环境。创新抵押担保办法，完善不动产抵押办法，探索动产浮动抵押办法，开办农产品加工企业的应收账款质押贷款或贴现业务。

种养加融合发展猪肉加工产业

——河南省内乡县乡村振兴案例

内乡县位于河南省西南部,是一个"七山一水二分田"的山区农业县。近年来,内乡县畜牧业发展迅速,先后获得国家级生态示范县、全国绿色农业示范区、全国生猪调出大县、良种补贴示范县、国家级出口猪肉质量安全示范县、全国畜牧业绿色发展示范县、全国畜禽养殖粪污资源化利用整县推进示范项目县、河南省畜牧业发展重点县、河南省病死畜禽无害化处理和生猪育肥猪保险试点县等称号,成为全省优质畜产品生产基地县和河南省畜牧强县。

一 主要做法

(一)创新发展思路

2019年创建内乡县生猪农牧生态循环现代农业产业园,2020年创建内乡县国家现代农业产业园,以生猪为主导产业,围绕建设国家级生猪生产创新发展引领区、智慧农业绿谷和中原地区乡村振兴样板区的功能定位,规划了"四园"(内乡县农村创业创新孵化园、内乡县农牧装备制造产业园、内乡县电商创业科技孵化园、内乡县现代智慧物流园)、"两中心"(中原地区肉食产品加工中心、国际畜牧产业科技创新中心)、"两基地"(中原区种养一体化生态农业示范基地、生猪调出大县现代化养殖示范基地)。重点实施牧原肉食产业综合体、智慧物流园、农牧装备园等六大工程和15个重点项目。出台了《关于做大做强生猪产业落实生猪稳产保供的意见》等一系列文件,成立11个工作专班,全力服务好以牧原养猪扩能为核心全生猪产业链的15个生猪稳产保供建设项目。通过复工复产、多方扶持,拉动社会资金新建、改扩建规模化猪场38个。

（二）政策支持

一是制订了相关扶持政策，进一步加大投入，县财政每年把畜牧业发展基金 50 万元、生猪补贴配套资金 300 万元、重大动物疫病防控经费 50 万元列入县级财政预算。内乡县委县政府全力支持企业创新，不断出台引智工程帮助企业吸引人才。

二是培育壮大龙头企业，采取政府协调、资金支持、政策扶持等办法，解决牧原公司等大型企业战略扩张过程中遇到的土地紧张、资金短缺等问题，推动牧原公司规模迅速扩大，实力迅速增强。高规格成立支持牧原生猪产业做大做强指挥部。

三是组建专班支持产业发展，由县委书记任政委、县长任指挥长，四大班子成员为副指挥长，县委常委、宣传部部长为指挥部办公室主任，三个副县长为副主任，做好支持牧原集团发展相关服务、综合协调工作。按照"投资到哪里，专班组建到哪里"的要求，指挥部成立 11 个工作专班，每个专班有 2~4 名县处级领导牵头参与，全力服务推进牧原集团内乡区域有关项目建设，主责任单位负责专班日常工作。为确保各项任务有效落实，建立健全四项工作机制。

（三）产业园助力

本着政企优势互补、紧密协作融合、服务实体经济的原则，通过生猪产业链数字化服务项目的建设，做实产业链基础，全面打通生猪产业链，形成稳健的产业生态链；经过创新引领、科技植入、数字驱动、金融赋能，提升生猪产业链价值，打造全国现代猪产业第一县，建设内乡县国家级现代农业产业示范园，推进内乡县政府治理能力现代化，提升产业链管理水平，确保产业链金融扎实、快捷、有效地服务实体经济。加快生猪产业链稳健发展，提升产业竞争力，为内乡县域经济高质量发展提供数字化保障。

（四）延链增值

一抓政策性项目，近年来，全力争取上级政策性项目资金，利用项目资金建设万头猪场、万只鸡场。二抓加工企业招商，先后与众品、雨润、山东龙大集团进行多层次的项目合作洽谈，在县委县政府和河南牧原公司的共同努力下，总投资 2.6 亿元的河南龙大牧原高档肉制品加工项目落户内乡，填补了内乡县也是南阳市猪肉加工空白。项目建成投产后，年可屠宰生猪 100 万头，年加工各种猪肉制品 10 万吨，年销售收入 20 亿元，利润 0.9 亿元。当下，在"全国现代猪产业第一县"发展战略目标实施中，内乡围绕生猪养殖、饲料加工、屠宰加工、智慧物流这一条纵向产业链，谋划出更为宏大的横向产业集群项目。该项目主要包括食品城，不仅有牧原肉食自身产品链的进一步延伸，食品城内还要引进国际国内知名肉食加工企业，打造全球性的肉食加工基地。

二 取得的成效

（一）龙头企业示范带动效应显著

牧原是目前集约化规模全国第一，市值位居全省第一、全国农牧行业第一的现代集团企业。生猪产业已布局到全国 23 省（区）85 市 172 县，2020 年前 6 个月出栏生猪 678 万头，疫情期间出栏贡献全国第一；牧原集团在全国新开工 400 多个项目，新增生猪产能 1500 万头；2020 年预计出栏生猪 1750 万～2000 万头，支撑生猪稳产保供。国内独特的全程一体化生产经营模式，为企业实现标准化的疫病防控、高层级的环保处理、猪肉产品可知可控可追溯奠定了坚实的基础。企业拥有"早期隔离断奶""分胎次饲养""节水养猪""无供热猪舍""三防猪舍"等大批核心技术，保障了猪群健康成长和猪肉品质，增强了市场竞争力。多年来，在龙头企业的支撑下，按照"全自养、大规模、一体化"生产经营管理模式，不断加大生猪产业建设力度，促使生产养殖规模越来越大，已形成了从饲料加工、生猪养殖、屠宰加工、环保处理和"种养加"循环的产业体系。29 大类 100 余种智能化机器装备广泛运用，覆盖养猪生产全流程，智能化生产引领全球猪业转型升级。牧原已成为一家门类齐全、技术先进的高新技术企业，目前获得国家授权有效专利 208 项，支撑牧原走向世界行业前沿，行稳致远。

多年来，内乡在牧原这家创新型企业的支撑下，按照"全自养、大规模、一体化"生产经营管理模式，不断加大生猪产业建设力度，促使生产养殖规模越来越大，目前已形成了从饲料加工、生猪养殖、屠宰加工、环保处理和"种养加"循环的产业体系，成为国家生猪调出大县。牧原集团在 72 个国家级和省级贫困县完成扶贫产业投资 323 亿元，建成了大批现代化生猪养殖扶贫基地，带动贫困县用工 4 万余人，人均年收入超过 6 万元。

（二）产业集群实现延链增值

近年来，在内乡县委县政府的重点扶持和引导下，在内乡县已经真正形成了以牧原公司为龙头的猪产业集群，从种猪培育、品种推广、仔猪供应到商品猪收购与销售、成品猪屠宰加工和销售，从人工授精到仔猪繁育，从定期防疫到适时监控，从原粮收购、药物配方到饲料加工，从猪舍设计、安装、调试到定期检修维护，从猪场勘察选址到环境保护，从猪饮用水源监测到猪粪尿的处理，从卫生防疫到商品猪（肉）出口，从猪舍设计施工到肉制品包装出口，从保安人员的录用到科技人员、营销人员的聘用，从各养猪场的自主经营到养猪协会和养猪合作社的全方位服务，从市场攻关营销到与政府的联络洽谈，每个环节、每个链条都形成了互动有无，都实现了企业化运作，也都实现了市场化运营，成就了与猪有关的企业 307 家，涉及 9 个乡镇，创造就业岗位 5 万多个。目前内乡已经形成了以河南省牧原公司为龙头的集生猪养殖、饲料加工、猪肉食品制造、养猪设备生产、猪粪沼气发电、猪粪有机肥加工、养殖人才培训、养猪技术推广为一体的完整产业链。

（三）产业扶贫效果显著

2016 年，内乡结合猪养殖产业，政府与牧原集团合作实施了"5+"资产收益扶贫模式，即"政府+龙头企业+金融部门+合作社+贫困户"。以牧原养猪为平台的产业扶贫对全县贫困户实现了"全覆盖"，使每年每户稳定增收 3200 元，连续受益 10 年，有劳动力的还能到养猪产业链上就业，获得每人每年 2 万~5 万元的工资收入。"5+"扶贫模式让 1.6 万余贫困户 3 年多来累计增收 2 亿多元。政企携手龙头企业立足生猪产业链拓展就业岗位，使全县仅在牧原就业的人数就达 2.5 万人。通过农村集体经济组织入股方式，实施了全县贫困村集体经济增收全覆盖。而在全国，则复制推广了 13 省 53 县，帮扶建档立卡贫困户 14 万余户 37 万余人，实现增收 6 亿元。以产业带就业，实施"万名贫困劳动力进牧原就业工程"，并拉动县里大批农牧装备项目、生态农业项目、公益事业项目建设，显著拉动了内乡县域经济实现高质量发展。

（四）智能化水平显著提升

内乡县已初步形成以猪养殖为核心的全产业链发展格局，使一二三产业高度融合。第一产业方面，现有生猪产能 150 万头，实施"百场千万"工程在建 235 万头生猪产能。第二产业方面，拥有规模以上各类饲料生产企业和畜产品屠宰加工企业 25 家、农牧装备制造企业 28 家，规划建设的食品产业园、农牧装备孵化园等已初具规模。其中已形成年屠宰产能 180 万头、在建产能 410 万头，预计到 2020 年底园区生猪屠宰加工能力将达 590 万头，猪肉制品产量将达 60 万吨。内乡县将成为全国生猪养殖和屠宰加工第一大县。第三产业方面，物流、仓储、冷链、金融、电商等业态蓬勃发展，推动生猪养殖产业链不断延伸。特别是牧原肉食产业综合体项目，单场年出栏商品猪 210 万头，采取全球最先进的设计理念和国家专利技术，建成后将实现全区域 5G 全覆盖，猪舍内部高度智能化，通过新型智能装备、物联网、大数据、云计算和 AI 等技术的深度融合，结合新型"三防智能楼房猪舍"，实现智能环控、智能饲喂、AI 图像估重、异常状态报警、猪群声音识别、机器人协同作业等智能化应用。通过大数据分析，支撑总部后台实时掌握各综合体生产运营状态，实现全产业链智能化生产运营。

（五）实现了一二三产业融合

内乡县围绕牧原这一核心企业进行生猪产业链的垂直整合，"长藤结瓜"，初步形成了百亿级的农牧装备产业集群和年 600 万头的生猪屠宰加工产业集群，同步实现了猪产业和县域经济的高质量发展。内乡县聚焦猪产业进行全产业链布局，以创建国家级现代农业产业园为载体，实现一二三产业的融合发展。在第一产业方面，布局了 5 万亩种养循环示范区；在第二产业方面，开发建设了农牧装备产业园和国际食品产业园，同时，政府联合牧原全球招商，努力使内乡从生猪养殖大县进一步发展成为肉食品加工强县；在第三产业方面，谋划建设了智慧物流园区和保税仓，构建数字化供应链金融服务体系，创设生猪产业链投资基金。围绕现代猪产业，内乡创新实施了楼房式养猪综合体等一系列"巨无霸"项目，将使内乡成为拥有世界领先生产技术和管理模式的"全国现代猪产业第一县"。2020 年 4 月以来，已吸引供应链企业 1600 多家注册落户内乡。

三　经验启示

（一）创新机制推动乡村产业发展

内乡在猪瘟肆虐的时候，主动突击，迎接挑战，化危为机，以国家级现代农业产业园为抓手，进一步扩大影响力。产业园的建设需要创新机制，面对供需矛盾、市场变化，做出迅速反应，果断决策，第一时间成立发展指挥部，组成工作小组按照"快速、高效、实在、统一"八字方针推进，从而抢占市场先机，做到市场变我反应迅速、别人没有只有我有，提高工作效率，从而快速占据市场，形成核心竞争力。产业园着力做好三件事：一是打通现代猪产业全链条各环节，从饲料加工、生猪育种扩繁、养殖到生猪屠宰、肉食品加工以及配套的物流、冷链、金融等生产性服务业；二是发展养猪上游的农牧装备产业集群；三是发展养猪下游的肉食品加工产业集群。

（二）科技创新驱动乡村产业发展

科学技术是第一生产力，利用政策引导和项目扶持，着力打造以企业为主体的科技创新体系，大力提升科技创新能力。强化企业与科研院所合作。建立科研院所、大学及企业多单位参与、分工协作、高效运作的项目管理机制和科技攻关新模式，突出企业的创新地位，加强信息沟通，共同促进猪肉加工技术和产业快速发展。对中小型企业在技术改造和产业升级，研发推广节能、低耗、无排放的加工技术装备上给予补助。支持龙头企业引进先进的技术装备，促进粗加工向精深加工转变，积极研发推出更安全、更健康的农产品加工制品，提高资源综合利用效率。发挥龙头企业的科研优势，引进、吸收、消化先进技术，不断开发有自主知识产权的新技术。鼓励规模以上食品企业建立企业技术中心，加强人才引进，加大资金投入，加强与科研机构合作，形成自己的研发优势。

（三）乡村产业发展需要政策支持

县政府加强宏观调控，主动维护企业的自主经营权，尽力对企业做好服务，让企业自主发展，做大做强。规范畜禽养殖禁养区认定工作，严格按照畜禽养殖禁养区划定指南标准和内政（2020）2号文件精神执行，不得随意扩大禁养区范围，加快推进畜禽养殖业平稳健康绿色发展。严格落实"菜篮子"负责制，主要负责人是第一责任人，尽快将生猪生产恢复到正常水平，切实做好生猪稳产保供工作，不得限制养猪业发展；进一步落实"放管服"改革要求，简化办事流程和手续，尽量压缩手续办理时间，对业主单位要坚持该办的手续必须办，可办可不办的手续不办，有原则性影响的手续必须办，并按要求减免有关收费事项，实现相关手续办理一遍清、一遍净、快办理。大力支持以内乡牧原生猪建设为主的项目建设用地所需；加大财政支持力度，县政府每年都要出台系列政策，县畜牧业发展投入不低于2000万元，确保生猪养殖、重大动物疫病防控、生猪保险、病死畜禽无害化处理等工作顺利开展。

（四）健全食品安全机制是食品加工业的基本保障

加强食品产业安全诚信体系建设和食品产业检测检疫防疫体系建设，制定防范风险的应急预案。建立健全涵盖从原辅材料进厂、生产过程控制、产品出厂检验、不合格品管理、不安全食品召回、产品溯源、投诉应急、风险防范等内容的食品质量安全防控体系，引导食品生产企业严格按照国际标准、国家标准或行业标准进行生产加工，推动企业诚信经营，保证产品质量的可靠性。严格执行国家有关法律法规，大力整顿规范食品市场秩序，严厉打击假冒伪劣产品，引导企业诚信经营，确保食品安全入市。同时，实行食品安全举报奖励制度，对检举揭发危害食品安全违法行为的单位和个人，市财政安排专项资金给予奖励。

一二三产业融合助推牛肉加工业

——河南省焦作市牛肉加工产业案例

焦作市位于我国中部地区，处于河南省西北部，辖区北接太行山，南邻黄河，与郑州、洛阳等河南省内中心城市相邻接，属暖温带季风气候，光照充足，四季分明。牛肉加工业是焦作食品加工业的代表性产业，随着人民生活水平的不断提高，对牛肉尤其是精深加工制品的需求越来越旺盛，焦作涌现了如河南伊赛牛肉股份有限公司等全国知名牛肉加工企业，经营范围包括饲料生产、肉牛养殖、屠宰加工、物流运输、连锁专卖、餐饮服务、电子商务、进出口贸易等多个行业，形成了一二三产业融合的牛肉发展模式。

一　主要做法

（一）产业融合实现高效发展

焦作牛肉加工业近些年快速发展的最显著的一个特征就是通过产业上下游整合、融合带动创新，实现高效发展。在上下游整合过程中，不断推进和完善新技术的发展应用，使产品能够不断推陈出新，更好地适应消费者的需求。这其中，伊赛牛肉公司的上下游产业融合值得借鉴。伊赛牛肉是一个土生土长的焦作企业，经过不断地改革创新发展，产业融合方面的具体创新做法，是以屠宰、深加工为主，延伸发展肉牛养殖、饲料加工、电子商务、国际贸易、冷链物流、销售连锁等上下游产业，肉牛养殖方面实行"公司+农户+合作社"和"五统一"的养殖管理模式，全面打通了上下游产业链，实现了一二三产业的融合发展，形成了规模化的产业链条，形成上下游协作紧密，"第二产业带动第一产业和第三产业，第一产业和第三产业服务第二产业"的产业化融合发展局面。

（二） 生态环保走可持续发展道路

焦作牛肉加工业在发展中始终坚持"生态饲料+无害化养殖+环保化生产+营养研发+生态化发展"的健康生态可持续发展模式。如龙头企业伊赛公司利用现有的7个标准化年出栏万头肉牛养殖基地，带动当地农户和合作社种植青贮饲料玉米1.85万亩，每亩产量达到3~4吨，基本满足了青贮全株玉米饲养肉牛的需求。秸秆养畜、过腹还田，既节约了饲料用粮，又提高了秸秆的循环利用率，实现农牧互促、种养结合、循环发展、绿色环保、共同致富。

（三） 助力双创实现协调发展

以伊赛公司为代表的焦作牛肉加工业采取线上线下联动激发乡村双创活力，利用"公司+农户+合作社+贫困户"的全产业带动双创和扶贫模式。线下方面，伊赛公司通过采取"合同养殖"、"担保贷款"、"五统一"（即牛犊养殖、饲料生产、防疫卫生、经营管理、回收利用五个方面的统一）、"五保"（即牛犊品质保证、饲料安全可靠保证、技术服务保证、肉牛回收保证以及散养户利润保证）、一扶（伊赛公司提供牛犊、饲料，可协助农户贷款扶持）、一优（农户买卖给予充分的优惠）等管理措施，有效解决了养牛户资金、技术、销路、市场风险等问题，提高了农户发展肉牛养殖的积极性。通过供应链金融对贫困户实施五户联保贷款，伊赛公司建设养殖场和基础设施租赁给由农户组成的合作社，伊赛公司按合同全部回收农户养殖活牛，实现公司与农户在降低风险的同时，都可以获得适当的利润。同时，伊赛公司依托肉牛养殖基地开展绿色养殖加工、星创天地，为农户及农业电商、养殖合作社等提供创业孵化服务。线上方面，伊赛公司投资3亿元在焦作博爱伊赛肉制品产业园建设完成速冻调理牛排加工、火锅料理食材、电商调理、调味品等生产线项目，并且成立了电商公司，组建专业电商团队，为电商创业者提供产品铺货、网上开店辅导等服务，先后带动淘宝、京东、天猫等平台电商创业2000余人，创办电商小微实体100余户。新零售店利用线上新零售平台和线下新零售体验店并行的运营模式，通过城市合伙人、单店加盟、区域加盟的方式为创业者提供物料、设备、人员、策划、品牌等系统化支持。截至2019年底，伊赛公司全国连锁店超6000家，年带动创业销售收入100亿元。伊赛公司新零售事业部总部于2020年

10 月入驻上海。

（四）建立食品可追溯系统

以伊赛公司为代表的焦作牛肉加工业已经初步建立了肉牛屠宰分割、熟食加工、物流配送、连锁销售、供应链管理等 ERP 和 RFID 质量追溯系统的开发和应用。通过供应链协同管理与物流可视化监控系统，健全了牛源管理、屠宰管理、熟食加工管理、员工健康管理、称重打印管理、结算/核算管理、分割加工计划管理、检验检疫管理、分割牛肉排酸出入库管理、仓储管理、冷链运输管理、销售管理等软件开发，利用信息化手段形成了及时、有效、准确的产品追溯体系。

焦作牛肉加工业在以上做法的推动下，龙头企业快速崛起，产品影响力不断扩大，也带动了农民增收致富。其产业发展逻辑和做法要点如图 1 所示。

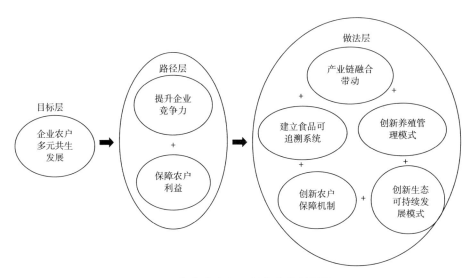

图 1　焦作牛肉加工业产业发展逻辑

二　取得的成效

（一）产业发展迅猛

焦作牛肉加工业呈现蓬勃发展态势。在整个产业链上，作为加工业核心企业的河南伊赛牛肉股份有限公司发展势头最为良好。伊赛公司先后通过 ISO9001 国际质量管理体系认证、ACCP 食品安全管理体系认证、绿色食品认证和产地认证，被评为农业产业化国家重点龙头企业，"十一五""十二五""十三五"期间少数民族特需商品定点生产企业，先后荣获北京奥运会、上海世博会、广州亚运会、全国农运会和上合组织峰会指定牛肉供应商。另外，伊赛公司目前拥有 30 余个销售子公司、超 6000 家销售连锁店，整体规模跃居国内同行业第一。伊赛公司先后荣获"农业产业化国家重点龙头企业、中国牛羊行业领军企业"等称号。

（二）环保效果突出

焦作牛肉加工业推行种养结合、循环利用、环境友好的生态养殖，利用周边玉米秸秆养畜、草畜配套，过腹还田循环发展，年消化玉米秸秆超 5 万吨，极大遏制了秸秆焚烧现象。

（三）科技创新能力提升

以伊赛牛肉为代表的龙头企业通过了知识产权管理体系认证；先后与河南牧业经济学院、河南农业大学开展产学研合作；与比利时 WEWIBA 公司签订产业技术合作协议，共同研究肉牛屠宰加工技术；与美国、新西兰、白俄罗斯等国公司进行技术交流和产业化合作。通过科技创新，公司拥有国家注册商标 90 个、各项授权专利 123 项、软著作权 4 项、省级科研成果 1 项。

（四）经济效益显著

焦作牛肉加工业通过产业发展改革创新，实现了一二三产业的融合发展，实现了产品质量和经济效益双增长，形成了全产业链经营格局，成为焦作市畜牧业转型升级、提质增效的示范。如伊赛公司信用等级为 AAA 级，2019 年总资产 239767.74 万元，销售收入 271710.37 万元，利润 4290.44 万元，新增纳税超 1000 万元，助力质量兴农。

（五）社会效益良好

以伊赛公司为代表的龙头企业牵头成立了肉牛产业集群、联合体，将周边养牛农户纳入产业集群、联合体，规范饲养管理，实施"养殖+金融+平台"带动双创，目前伊赛公司联合周边合作社 20 余家，带动创业养殖农户约 5000 户，实现农民增收超 4 亿元。其中，约 1500 户贫困户通过养牛脱贫致富。2019 年伊赛公司供应链金融向农户提供创业担保贷款 37420 万元，担保带动养殖农民达 350 户，帮助农民创业 1100 余人，为 105 家创业实体提供孵化服务。星创天地 2019 年入驻创业单位实现年产值 10.16 亿元，带动第一、第三产业就业 3000 余人。

三 经验启示

（一）优化养殖结构是肉制品加工业的发展基础

质量是产品竞争力的关键，牛肉质量的提高需要进一步优化牛肉养殖结构，尤其是头部企业和高标准养殖基地建设。一是优化引进优良品种，在稳定产量的基础上，对牛肉质量加快优化步伐，加大国外优良品种引进力度。二是发展节约型牛肉养殖，根据本地资源情况，大力发展粮食消耗量较小的牛，为规模化养殖提供条件。三是积极利用政策条件和贷款项目，建立达到或接近世界先进水平的牛肉养殖基地，尤其要将种牛培育作为重点。四是推进高标准养殖基地建设，稳定优良的品质和相对较低的原料成本是加工企业保持竞争力的关键，高标准养殖基地建设有利于解除加工企业在牛肉供应端的后顾之忧，从而增强企业在技术应用、产品创新以及产品质量等方面的竞争力。

（二）强化品牌意识是肉制品加工业发展的有效途径

当今，牛肉加工品的竞争力不仅仅是质量的竞争，更多的是品牌能力的竞争，谁的品牌对消费者更有吸引力，谁就能获取更多的利润，在产业竞争中拥有更多的话语权。因此，强化品牌意识，对于正处在快速发展阶段的河南牛肉加工业增强国内国际两个市场的竞争力，显得尤为关键。具体做法上，一是坚持以市场为导向，在全面分析牛肉加工产品特点、优势及短板的基础上，有针对性地制订品牌发展计划，逐步占领消费者心智，促进牛肉加工品从产品消费到品牌消费的转变。二是建立完善的质量管理体系，产品质量是品牌建立的基础，再高超的营销，如果没有高质量的产品也是空中楼阁，质量管理体系的建立要贯穿整个牛肉产业链，从育种养殖、屠宰粗加工、制成品深加工以及售后环节等。三是深入挖掘品牌内涵，如以当地风土人情、创业者故事及历史传说等为素材，赋予品牌更广泛的文化价值，以提升产品的品牌内涵。

（三）科技协作攻关是肉制品加工业持续发展的支撑

随着人民生活水平的不断提高，牛肉消费在整个肉食消费中的比重越来越大。不仅如此，牛肉消费的多样性及高品质需求越来越成为一种趋势。因此，想要使牛肉制成品获得消费者青睐，必须提高产品的创新性，而这其中加强科技协作攻关就是最为关键的环节之一。一是加强科研院所与企业科技攻关合作，科研院所的优势在于科研设备充足、前沿科技把握较好以及一流的人才资源，而企业的优势在于对市场发展趋势精准的预判、具备创新产品良好的生产条件以及更合理的产品开发规划，因此二者应紧密结合，取长补短，对重点产品加强科技攻关力度。二是形成利益共同体，在合作过程中建立合理的利益分配机制，使科研院所的知识付出得到相应回报，企业承担的研发成本也能以合理的形式为科研院所部分分担，最终实现利益共享、共同发展的目的。

（四）探索新营销模式是乡村产业现代化的基本要求

好的产品还需要有好的办法让更多的消费者感受到、使用到，形成认可，这一过程就需要在营销手段上下功夫。过去牛肉制成品的营销更多的是传统的单点式宣传，如电视广告、产品推介会等，现在在数字经济时代，需要有更加现代化的营销手段来助力牛肉加工业的发展。一是充分发挥互联网营销，除了通过淘宝、京东及拼多多等电商平台来销售产品外，还可大力拓展微信公众号、抖音直播带货等形式的销售模式。二是建立线上线下融合销售模式，线下门店要与线上销售形成联动化、差异化的销售模式，更好地服务不同的消费群体。三是大数据精准销售，建立消费者产品偏好数据库，通过大数据分析，精准预测消费者的消费数量、口味以及产品消费层次。

（五） 提升精深加工水平是提升农产业附加值的主要途径

随着人民生活水平的提高，消费者对于牛肉制成品品类的需求也呈现爆发式的增长，如不同牛肉部位的消费、不同包装规格的消费、不同熟成的消费以及不同功能的消费等。要实现精深加工水平的提高，一是深入把握消费者需求变化，拓展新技术运用，以创新产品满足消费者需求。二是坚持传统工艺与现代技术相结合，实现产品的高附加值。三是引进先进技术和设备，减少原料的浪费，提高使用效率，从而增加收益。

龙头企业带动乳制品加工业发展

——河南省虞城县乡村产业振兴案例

虞城县位于豫、鲁、皖三省交界处，面积 1485 平方公里，管辖 10 个镇、15 个乡，人口 132 万人。近年来，虞城县依托高新技术产业开发区，重点扶持河南科迪集团，通过龙头企业带动乳制品产业发展，走出了一条以园区为载体、以科技为支撑的保障产品质量、驱动企业发展的可持续发展道路，形成了"种养加"结合延伸产业链的工农一体化格局，探索龙头带动产业发展的"虞城模式"。

一 主要做法

（一）重点培育龙头企业

在 20 世纪 90 代中期科迪乳业开始探索乳制品行业之初，虞城县政府就把乳业确立为虞城经济发展的一个新增长点，为科迪集团的发展提供全方位服务。

一是提供资金和土地支持。虞城县政府为了促进乳业发展，在土地出让、税收、金融等方面制定了优惠政策。政府无偿提供土地用于科迪建设奶牛养殖基地，利用产业集聚区内近 1/4 面积建设科迪食品工业园，为科迪乳业拨付 20 亿元资金缓解债务压力，在"十四五"规划中为乳业发展制定了详细可行的发展规划。

二是营造良好的发展环境。虞城县与科迪集团联手建立了科迪食品工业园、高效农业园区、奶牛养殖基地，以促进乳业发展资源要素聚集。产业聚集区建设了完善的供水、供电、排水及排污系统、完备的通信网络、良好的绿化环境、高效便捷的仓储物流中心等基础设施和配套服务设施，为企业营造了良好的发展环境。

三是提供全方位公共服务。良好的制度体系是企业发展的保障，虞城产业聚集区内设立"一站式"服务平台，改革审批制度，提高政府办事效率，降低了企业成本，提高了运营效率，促进了企业发展。目前，科迪乳业的良种奶牛繁育技术和现代化规模养殖水平都位居全国前列，其综合实力位居河南省第一。

（二）加强全面质量管理

经过30年的发展，科迪乳制品凭借过硬的质量享誉全国。

一是建设奶牛良种繁育中心。为了提升奶源质量，科迪公司建设奶牛胚胎工程技术中心，组建了一支掌握牛体保健、疾病控制、超数排卵、人工授精、胚胎移植等专业技术的人才队伍，配备国际先进的仪器和设备，促进了良种奶牛繁育，为养殖高品质奶牛打下良好的基础。

二是统一管理奶牛养殖基地。按照"四方投资"模式建立奶牛养殖基地，对基地实行"统一规划建设、统一饲养标准、统一育种繁育、统一集中挤奶、统一环保设施、统一技术保鲜、统一防病防治、统一物流配送"的"八统一"管理，引导养牛户高起点、高质量、高标准建设牛舍，完善牛舍的配套设施。开展 TMR 全混日粮饲喂技术和 DHI 群体生产性能测定技术。借助畜牧科技项目，组建奶牛技术讲师团，入村入户进行技术讨论和指导，提升奶牛质量。基地建立"利益共享、风险共担"的经营机制，实现龙头企业与基地养殖户双赢共进。

三是严抓乳制品加工质量。科迪花巨资从英国、瑞典、法国、美国等国家引进先进生产设备和生产工艺，严格按照国际乳业标准加工乳制品。同时加强乳制品监督抽查工作，积极加入全国企业食品安全追溯体系，最大力度保障乳制品的质量安全。

（三）探索产业融合

一方面，虞城通过科迪集团带动乳制品产业链纵向延伸，通过奶牛养殖基地向前延伸到饲料种植和加工，向后延伸到乳制品加工、销售、服务、绿色牧场及观光旅游，走出了一条从单一的乳制品加工向现代"种养加"全产业链的转型；另一方面，虞城以乳制品加工为核心，发展食品加工业，建设科迪食品工业园，开展速冻食品、休闲食品、面粉、罐头、蜂蜜等食品加工，推进以乳业为中心的食品加工横向一体化发展。同时，虞城建设高效农业园区和奶牛高产园区，高效农业园区建设集种植、养殖、加工于一体，为速冻食品加工提供原材料，为奶牛养殖业提供饲料、饲草。奶牛高产园区采用标准化养殖模式养殖奶牛，为加工企业提供奶源，同时牛粪还田，以农促牧，以牧养农，使高效农业园区形成种植—养殖—加工相互依存、相互增益、相互促进的产业链。在高效农业园区内创建"高科技设施农业小区"作为高科技农业示范园，为高效农业园区发展提供现代科学技术，有利于高效农业园区健康持续发展，并对高科技农业和观光农业的发展进行探索。通过实施前、后一体化战略，通过产业间的协同效应，多业并举，共同助力区域经济增长。

（四）构建利益共同体

科迪乳业积极探索现代化的畜牧业发展方式，采用"公司+基地+农户"的组织形式，以科迪乳业加工公司为核心，生产基地与奶牛养殖户在自愿、平等、互助互利的基础上建立稳定长久的合作关系，通过签订合同规定各自的权利和义务，既保证了奶牛养殖户的基本收益，也保障了科迪乳业供应链的稳定。使用政府免费提供建设用地，科迪集团高标准建设奶牛养殖基地，购牛款的20%由养殖户出资，剩余的80%由农行和信用社通过小额扶贫贷款提供，科迪与养殖户以"利益共享、风险共担"的联结机制，保证奶源供应和养殖户收益。科迪集团对当地农民敞开大门，每年招聘大量农民，不仅能够保障企业生产运营，同时也能改变农民意识，增强农民技能。

（五）促进可持续发展

虞城县在推动高效种养业转型升级的过程中，始终坚持尊重自然、保护生态环境的科学发展理念，以绿色发展为方向，推行绿色生产、清洁生产和循环生产，提升绿色优质农产品供给量，构建绿色供应链、价值链和产业链。根据河南省政府支持奶业发展和在沿黄滩区建设"一带一片"绿色奶牛基地的指示精神，扶持科迪乳业在黄滩区建设万头奶牛绿色养殖带工程，积极探索种养结合的生态循环模式，走环境友好型生态畜牧业发展之路。鼓励科迪、未来、众旺、星海、鑫鑫、乐为、古道园等大型养殖及乳制品加工企业以生态经济可持续发展为目标，发展循环经济。通过技术创新、制度创新、产业转型、新能源开发利用等多种手段，减少能耗和碳排放，实现了生产、生活、生态"三生共赢"的目标。

二　主要成效

（一）乳制品产业链已经形成

目前全县的奶牛小区已吸引了大量奶农，超过 1.4 万户的各类养殖专业户进驻到奶牛小区中，发展各类养殖专业村 226 个，精准扶贫专业合作社增加至 601 个，建立省级以上标准化畜禽养殖场 3 个。科迪集团现代牧场被称为"国家级畜禽养殖标准化示范场"，同时也被评为"国家级电子商务进农村示范县"。奶牛高产园区纷纷建立，如科迪生物股份有限价公司、科威奶牛养殖小区等，奶牛基地建设也形成了区域化发展、规模化养殖、集约化经营的发展格局。全市乳制品加工市级以上农业产业化重点龙头企业 3 家，年产乳制品 90 多万吨。全县拥有 7.8 万头奶牛存栏、37.2 万头肉牛存栏、300 万只肉羊存栏。奶牛规模养殖比重超过了 90%。第一产业生产总值高达 518068 万元，第二产业生产总值为 1521888 万元。

（二）品牌影响力不断提升

虞城牛奶的产量高达 788712 吨，占全市的 87%。科迪乳业旗下的 20 多个单品、100 多种规格的系列产品都在销售中取得了优异的成绩，科迪乳业更是被授予了"河南省名牌产品"称号。科迪采用差异化的营销策略，坚持渠道下沉，与全国性龙头企业错位竞争，采取一系列措施，做到了产供销、人财物等各环节严格把控，并积极运用现代数字技术来扩大自身的市场影响力。科迪乳业的产品已经覆盖了全国 24% 的人口，其中农村人口占全国的 31%。

（三）产业园区建设持续增效

虞城建设了设施便利、服务优良的产业聚集区，为虞城乳业的发展提供了良好的营商环境，目前，虞城有科迪食品工业园、奶牛高产园区等平台，为虞城乳业的发展注入了活力。科迪企业建立的高效农业园区不仅探索出了观光农业发展的道路，更是保证了科迪公司原材料供应链的安全。科迪的高效农业园区把种植、养殖、加工融为一体，实现了绿色循环利用。种植的初级农产品为速冻食品加工以及奶牛小区提供原材料，奶牛小区将鲜奶提供给公司的加工业，同时畜牧业的排泄物还田，做到以农促牧、以牧养农，使高效农业园区种植—养殖—加工环节形成相互依赖、相互提升的完善的产业链。科迪公司将现代化的科学技术运用到高效农业园区发展上，不仅加快了当地农业的发展和农业科技的传播，更是有利于增加当地农民的收入。

三　经验启示

（一）产业发展需要健全政策体系

在一个产业集群的发展过程中，政府作为工业化进程的策划者和主要推动者之一，起了非常重要的支持和引导作用。各地有关部门要重视发挥大型农业龙头企业的作用，营造良好的发展环境。营商环境是一个大的宽泛的概念，一个良好的营商环境包括好的软件支持和硬件支持。软件支持不仅包括良好的地方制度环境，还包括社会文化及市场环境。营商环境中的硬件设施指产业集群发展的平台，以及维持其正常高效运转的基础公共设施，这其中还包括政府机构、行业组织、金融机构和其他中介机构分工协作的综合服务体系。在科迪成立之初，虞城县党委、政府就对科迪集团的发展提供了各方面的帮助，尤其是在科迪乳业规模化生产后，政府部门的工作重点更是立足于发展乳品业特别是奶牛业，同时给予土地出让、税收、金融等多方面优惠。并积极推动园区建设，促进了乳业发展资源要素的聚集和科技的发展，为企业提供了良好的基础设施和服务体系。

（二）标准化经营是乳制品发展的有效模式

龙头企业的发展是现代化农业转型的重要主体，是推动农业现代化建设的重要力量。科迪企业在发展过程中积极展现示范作用，严格企业的标准化生产，增强全方位的质量管理，将现代化技术运用到生产运营管理中，提高生产效率和组织管理效益。科迪集团在生产运营中，进行基地建设，构建了标准化、简约化运营体系，坚持"八统一"原则，打造从奶牛培育到生产运营的完备的质量管控系统，保障奶源质量；积极推进现代化运营体系，引进英国、瑞典、法国、美国等国家的先进生产设备和生产工艺，提高生产效率；进行冷链物流系统的建设，打造从源头到终端的标准化运作体系。

（三）科技创新是产业发展的支撑

创新是引领发展的第一动力，是引领高质量发展的核心驱动力。龙头企业与中小企业的不同之处在于有足够的实力和动力来进行创新，要充分发挥龙头企业的创新带动作用，提升企业的自主创新能力，提升核心竞争力，并利用创新的动态能力进行发展培育。行业龙头企业要积极推动产学研相结合，提高自身的科研创新能力，并把科研成果转化为实际应用，帮助农户应用新品种、使用新技术。科迪乳业积极发展高科技农业，创建"高科技设施农业小区"，用科学技术为高效农业园区发展作贡献；建设了公司胚胎工程技术中心，拥有一支掌握牛体保健、疾病控制、超数排卵、人工授精、胚胎移植等专业技术的人才队伍。全国100家生物技术产业重大发展专项包括该公司承担的"应用胚胎生物技术繁育良种奶牛示范工程项目"；积极研发新产品，新推出了益生菌、益生元等具有提升人体免疫力的健康营养产品。目前，科迪乳业建成了河南省首家奶品安全工程技术研究中心，科迪乳品产业化集群被省政府认定为河南省农业产业化示范性集群，科迪乳业的综合实力居于河南省第一位。

（四）产业发展须实行名牌战略

做品牌能够带来更多的附加值，龙头企业有足够的时间和动力来打造一个品牌以更好地发挥对促进农产品加工流通转化增值的引领作用，依据消费者的偏好来开发多元产品，同时积极推进高质量品牌的建设，提高产品的附加值。经过十几年的发展，科迪乳业的产品系列日益丰富，目前有20多个单品100多种规格的系列产品，具备了品牌优势、产品优势。依托于科迪这个品牌，带动了虞城乳业的发展，拉动了当地的奶源生产与流通，促进了当地物流系统的建设与发展，产生了良好的经济效益。

（五）乡村振兴是产业发展的目标

企业要积极承担社会责任，以"三农"发展为动力，助力经济建设，健全联结机制，更好发挥对农户发展和现代农业的带动作用。科迪与农户的联结机制即"利益共享、风险共担"，利用"四方投资"的组织形式，不断进行基地建设，以让每一个农户成为公司农业工人的形式，使农户成为技术共享、交流经验、不断进步的利益共同体，共同成为市场竞争的主体，走出了一条工农一体化的道路。

食品加工产业助推乡村产业发展

——河南省新郑市乡村产业振兴案例

新郑市地处河南省中部、中原城市群腹地、省会郑州的南大门，总面积 873 平方公里，辖 10 个乡镇、3 个办事处、2 个管委会，295 个行政村（社区），常住人口 100 万人。新郑市深入贯彻新发展理念，把现代食品业作为主导产业，招商引进大企业，延伸产业链条，持续推动产业转型升级，着力建设食品工业强市，走出了一条以食品产业为支撑，促进乡村振兴、带动农民增收的高质量发展道路。

一 主要做法

新郑市落实郑州市"南动"发展战略要求，围绕"打造郑州南部重要对外开放高地，建设现代临空产业新城"总目标，以河南省制造业高质量发展综合评价试点县（市）建设为抓手，坚持制造强市战略不动摇，着力优化提升规模总量、产业结构、创新水平，奋力实现食品加工制造业由量大到质强的新跨越。

（一）产业转型升级

一是优化发展布局。坚持规划引领、集中联片、组团发展理念，完善新郑临空产业新城规划编制，优化提升新港产业集聚区功能和承载能力，着力构建产业链、价值链、供应链、创新链，打造中部地区食品加工业发展的新高地。

二是培育新兴产业。采用以商招商、团队招商、基金引入等新型招商模式，着力引进行业龙头。

三是改造传统产业。设立工业经济发展、科技创新专项资金，足额配套科技三项经费，大力支持食品企业智能化、绿色化和技术改造。2018～

2020 年，累计投入奖补资金 5200 万元，改进新技术、新工艺 30 项。积极支持食品企业申报各类科技创新平台，累计建成郑州市级以上研发中心 20 个、院士工作站 2 家。出台质量品牌奖励政策，激励食品企业提品质创品牌，好想你健康食品股份有限公司获省长质量奖、郑州市长质量奖。食品产业创成中国驰名商标 4 个，认证绿色、有机食品 22 个。

（二）科技驱动

一是以国家创新型县（市）建设为统揽，强化科技创新与县域经济发展有效对接，促进企业高质量发展。每月召开创建国家创新型县（市）工作推进会，聚焦短板弱项、细化工作措施，确保创新型县（市）顺利验收。

二是对科技型企业、瞪羚企业、高新技术企业进行梯次培育，对有研发、专利的企业进行精准辅导、业务培训、政策宣讲；建立高企、人才、研发平台等后备库，对有潜力企业进行跟踪服务，目前已完成高企批复 25 家，第三批已申报 11 家，实现高新技术企业数量倍增。

三是鼓励企业走专业化、精细化、特色化、创新化发展道路，申报郑州市级"专精特新"企业 6 家。加大研发及各类创新平台提质，通过对全市规模以上工业企业走访、调研、摸排，对没有设立会计科目账的企业逐一指导，做到应统尽统。全社会研发投入强度由 2019 年的 0.89% 提升至 1.3%。

（三）智能和绿色制造

一是做好智能制造试点示范。组织申报各类试点示范，推荐企业申报郑州市智能制造示范企业、郑州市服务型制造示范企业遴选等试点示范。做好智能化改造项目储备，组织好想你健康食品股份有限公司等企业申报智能制造相关项目，5 个项目入选省企业智能制造项目库。

二是开展"企业上云"工作。召集移动、联通、电信等企业，对上云政策宣传、上云工作推进计划、方式等与云服务商进行沟通交流。开展企业信息化建设及需求情况调研，共挖掘 76 家信息化意向企业及 55 家上云意向企业，安排专业团队，深入企业走访对接，帮助企业顺利上云。

三是构建绿色制造体系。加大节能技术改造力度，推进清洁生产，推荐绿色制造体系企业 2 家，已获批 1 家；推荐国家级绿色供应商招标项目企业 2 家，已获批 1 家。

四是建立综合评价体系。对食品加工企业进行评价、分类、归档，根据评分等级，在用地、用能、用水、环保管控等方面给予差异化支持，为精准支持、科学决策提供重要依据。

（四）全方位服务

一是强化产销对接。针对食品加工业及上下游产业链企业，组织召开产销对接会，为企业牵线搭桥。组织食品企业 30 家在好想你红枣小镇通过线下展销、线上推介、签约仪式等方式，大力发展线上销售。

二是搭建银企平台。组织召开银企对接洽谈会、"银企面对面携手谋发展"现场交流会，架起银企合作桥梁，有效缓解企业资金压力。

三是破解用工难题。通过开展线上招聘会、派发"点对点"专车、组织线上创业培训等方式，向企业输送员工，有效缓解疫情期间用工难题。

二 主要成效

随着新郑市着力打造郑州南部重要对外开放高地工作向纵深推进，全市产业转型升级不断提速，原有的产业结构、产业布局发生深刻变化，通过推进传统优势产业的转型升级，构建更有竞争力、更有发展潜力的现代食品产业体系，带来了基础强、产业兴、区域活、农民富、社会稳的综合联动效应。

（一）增强了县域综合实力

经过多年的着力培育和发展壮大，食品产业成为新郑的优势主导产业，形成了以食品制造、农副产品加工、饮料制造、调味品制造为支撑，以植物油、保健食品为补充的食品工业体系，雪花啤酒、光明乳业、达利食品、加加味业等国内食品行业巨头纷纷抢滩新郑，占据全国市场份额 10% 的方便食品、15% 的枣制品产于新郑，新郑也由此成为全国食品工业强市。目前，全市规模以上食品企业达 38 家，占全市规模以上工业企业 224 家的17%；好想你、南方酱业、隆基生物 3 家企业挂牌上市。全市食品制造业增加值占全市工业增加值的 25%。2019 年，全市完成地区生产总值 720.3 亿元，一般公共预算收入 80.4 亿元，全国中小城市综合实力百强县（市）、县域经济基本竞争力百强县（市）排名分别升至第39位、31位，全国工业百强县（市）排名第33位。县域经济发展质量总体评价连年居于河南省首位，被认定为全省第一批县域治理"三起来"示范县市。

（二）加速了现代食品产业升级

进入新的发展阶段，食品行业的新风潮正在涌动，新希望蓬勃发生，一批新型食品企业迅速壮大、悄然崛起。如郑州"人人利"食品，在短短两三年时间内就由一家小面包作坊成长为新型休闲食品业界的"小巨人"，所生产的"豪士"面包占据全国网络销量的第三位，部分产品出口国外。又如郑州南方酱业，紧紧嵌入龙头企业的产业链条，做足做大原材料、包装等业务，着力提升核心竞争力，占据了全国糖色供应的五成多市场，成为行业标准的主要制定者和细分市场的"单打冠军"。再如河南刘华食品，主打酱菜市场，用了不到5年时间发展成为年产3000吨酱菜、年产值2000万元的规模，目前在河南居于同行业首位，产量一度位居全国第一，二期扩建后将对标"涪陵榨菜"，打造全国知名品牌。还有小鹏食品，用不到5亩的占地，实现年产值300多万元，年产调味面制品500多吨，行销全国，成为通过国家食品药品检查的"小而精"食品企业代表。

（三）促进了产城融合

新郑市坚持以中原食品产业园、新港产业集聚区、梨河新型食品产业片区为载体，加快产城融合发展、产业融合发展，打造区域发展的着力点，带动区域粮内农产品的深加工，推动周边区域、乡镇产业结构调整和发展模式转变。同时，通过积极探索"产业+工业旅游""产业+特色旅游"发展路径，将西南部区域粮农生产资源、生态环境资源、旅游观光资源有机结合，发展休闲式、体验式文化旅游项目，与乡村振兴战略的落实有机结合，实现一二三产业融合发展，打造了新的经济增长点和群众增收新的支撑点。

（四）助推了农民就业增收

新郑市"北部城镇化、南部田园化"的发展格局，曾使南部乡镇普遍面临农民就业增收问题。通过大力发展食品产业，新郑市有效地安排了农村富余劳动力转移就业，持续促进了农民增收。以梨河镇为例，全镇共有食品生产及关联企业 24 家，包括面包、蛋糕、饮料、酱菜、快餐食品、红枣、膨化食品生产企业 16 家，配套物流、彩印、包装等企业 8 家，初步实现了食品加工产业的集聚发展。2019 年，这 24 家企业不仅实现了总产值 7.72 亿元，贡献了地方税收 1446 万元，更重要的是，解决了劳动力就业 3000 多人，这 3000 多人大多数来自梨河、城关、观音寺等周边乡镇。有效地解决了稳就业、稳增收问题，让越来越多的农民在家门口实现就业，持续大力发展食品产业成为行之有效的惠民利民之举。

（五） 加快了绿色发展

食品产业是典型的绿色产业、朝阳产业。新郑市坚持以生态型、循环型为方向，推动食品产业走向高质量发展的新境界。一方面，建设环境友好型园区。充分发挥食品产业污染小、生态环境影响小的优势，依托污水处理厂、天然气管网等，高标准规划建设园区环境污染治理设施，建设完善的污水处理管网，增大天然气管网保障能力，确保各项排放达标，科学处理生产过程中出现的边角废料，进一步降低产业园区运行过程中的污染物，通过集约发展，提升节能减排效果，建设绿色园区，实现产业发展与环境保护的同步。另一方面，建设全产业链园区。在园区内建设食品产业全链条，建立从粮食加工、产品生产、包装仓储、运输物流、边角料处理的产业闭环，充分利用现有企业产能，带动一批粮油加工企业发展。如长润开阔公司 6 万吨畜用饲料项目有效解决了食品行业副产品（主要为生产过程中产生的废弃边角料）的利用难题，新建 24 万吨畜用饲料项目。通过拓展上下游原材料的加工、利用，充分挖掘产业链条利润，提高产业综合利润率，实现资源减量化、重复再用和循环利用。

三　发展启示

（一） 提升战略地位是食品产业高质量发展的基础

战略引领发展，产业支撑发展。新郑市食品产业由小到大、由弱到强，位居三大主导产业之列，步入新的发展阶段之后，发展现代食品产业的空间受限。产业发展的战略性调整，使得食品产业正在从一些乡镇和园区的招商引资"主菜单"中淡出，从重点项目建设的"主战场"中退场，传统的食品产业发展遇到了"天花板"。要把食品产业布局调整摆上重要议事日程，找准定位、发挥优势，在深入调研的基础上，确立了食品产业发展的战略思路，推动食品产业的战略转移，持续巩固食品产业在区域经济发展中的战略地位，厚植传统优势，促进食品产业转型升级和高质量发展。

（二）转换动能是食品产业提档升级的条件

随着乡村振兴战略的深入实施和电子商务的迅猛发展，食品产业的发展也面临着新旧动能转换、推进转型升级的大趋势。适应趋势的企业就会迅速壮大、悄然崛起。要站位前沿、引领潮流，通过政策导向，引导企业抓住食品产业高端化、精品化、电商化的发展趋势，用高新技术改造传统食品产业，提升产品档次，研发和生产适应市场的新产品。要坚持招大引强、培优育强，通过产业链招商和以商招商等形式，引入一批国内知名食品企业，通过吸纳大项目、大企业，带动一批上下游企业、关联企业进入园区，逐步实现高中低档规格齐全、线上线下全覆盖，形成规模化运营优势和产业综合优势。

（三）产业园区是食品产业高质量发展的载体

实现高质量发展的目标，需要有创新的思维、创新的政策和创新的机制。要树牢集中集约发展的理念，以协调互动发展、融合发展和高质量发展为目标，按照科学规划、统一运营、统筹发展的思路，全力打造"规模型、生态型、循环型、创新型、融合型"现代食品产业园区，形成功能布局优化、结构层次合理、产业特色鲜明的现代食品产业发展新格局。要坚持政府主导、市场运作、园区承载，创新园区融资、建设、运营、发展模式，通过体制机制创新，灵活运用标准化厂房承租、创业投资、孵化器等模式，增加园区的吸引力和承载力，降低企业落地成本、运营成本，加快企业建设、投产步伐，加速园区滚动式发展。

（四）协调联动是食品产业高质量发展的环境

区域协调发展是新发展理念的应有之义。现代化的城市、现代化的农业，需要与之匹配的现代化产业。无论是中心城区的产业溢出、转移还是各个组团的产业协调发展，都需要有合适的平台来承接产业的转移，带动区域协调发展。要立足于传统农业乡镇丰富的农产、良好的生态、完善的设施、便利的交通、优良的环境、朴实的民风，大力发展现代农产品加工业，使有利条件有效相叠加，农产品资源优势、文旅资源优势充分发挥，实现区域组团的协调发展。

（五）富民强市是食品产业高质量发展的成效

食品行业历来是劳动密集型产业，大力发展食品产业可以有效地安排就业、促进增收。以新郑为例，随着城关乡"退二进三"和观音寺镇观音湖水库建设工作推进，两乡镇的一部分企业搬迁、转型或关停，周边乡镇群众就业出现较大缺口。据不完全统计，2020年以来，受疫情影响，梨河镇16~45岁劳动力人口未就业2200人，观音寺镇16~45岁劳动力人口未就业4800人，城关乡16~45岁劳动力人口未就业2800人，合计未就业9800人。食品行业的一个显著特点就是就业门槛低、用工数量多，非常适合安排农村转移人口就近就业。在全面建成小康社会的新阶段，不断满足人民日益增长的美好生活需要，必须统筹推进稳增长、促改革、调结构、惠民生、防风险各项工作。从这个意义上讲，大力发展现代食品产业，在相当长的一段时间内，必然成为各地增加就业、助农增收的重要手段和支撑。

龙头企业带动速冻食品加工业发展

——河南省郑州市速冻食品产业案例

河南省郑州市位于我国华中地区、省内处于中部偏北，地形整体呈现西高东地态势；气候属于温带大陆性季风气候，适合小麦、玉米等作物种植。作为河南省的省会城市，郑州在人才、技术及市场等方面都有一定优势，食品加工业发展势头良好，逐步成长为郑州的优势产业。三全公司和思念公司是全国速冻加工业的龙头企业，在其带领下，速冻食品成为郑州食品加工业的支柱产业，速冻食品产值在全国处于领先地位。

一 主要做法

（一）优化产品结构

一方面，通过对产品的不断升级创新，压缩一些利润率较低的产品在整个产品结构中的比重，完成产品结构优化调整；另一方面，对产品渠道模式进行改造优化，由过去费用较高的直营模式逐步转变为向经销商模式转变，通过模式的优化，提升了渠道效率，国内国际市场获得良好增长，使得产品的市场占有率也进一步提高。如思念公司目前拥有郑州、遂平、成都、湖州、广州5大生产基地，年生产能力70万吨，国内市场占有率接近30%，国际市场已经进入欧美、东南亚等地。

（二）提升企业内部组织效率

三全和思念等龙头企业通过"企业内部市场化"，提升企业各部门的协同效率、组织效率，实现经营效益的显著改善。尤其是在营销和生产环节更加注重市场经济规律，按照市场化原则对内部组织架构、权责利益分配等进行重新厘定，以此激活企业发展的内在动力。另外，在考核考评机制上，改变过去单纯的销售收入考核导向，加入产品利润维度，以更为科学的方法评定各部门及个体员工的贡献，以此激发整体的创造性和积极性，从而在激烈的市场竞争中占据更好位置。

（三） 一二三产业融合发展

近年来，郑州速冻食品加工企业持续实行一二三产业融合发展，带动农民致富。作为农产品加工企业，前端连着加工原料生产，后端连接加工产品市场销售，像三全和思念充分利用自身龙头企业的品牌优势，联动原料种养殖、生产加工、仓储物流等上下游融合发展。依托区域内优势农业资源，将多个涉农公司机构作为发展主体，同时以重点速冻食品加工企业为支撑，充分利用原料产地的优势，形成了产业链上下游紧密配合、产业链拓展、具有带动和辐射能力的速冻食品加工企业群。

（四） 加大研发投入

在研发方面，郑州速冻食品加工企业经过多年发展，其研发实力得到了极大提升，与国内同类型加工业企业相比，以思念和三全为代表的速冻食品研发水平处于较为领先的地位。不仅如此，以三全和思念为代表的龙头企业，组建有"国家认定企业技术中心"、"博士后科研工作站"、"全国米面食品标准化技术委员会速冻米面食分技术委员会秘书处"和"河南省速冻食品加工工程技术研究中心"，拥有 CNAS 认证认可实验室，形成了产学研一体的研发体系和强大的新产品研发创新能力。此外，三全、思念等公司与中国食品科学技术学会、河南省食品研究所、江南大学、中国农业大学、郑州轻工业大学、河南农业大学、河南工业大学、天津商业大学等高校院所建立了长期而密切的技术合作关系。近年来，仅三全一家公司就承担或合作完成"十一五""十二五"国家科技支撑计划项目、"河南省重大科技专项"、"郑州市重大科技专项"以及"郑州市农业科技创新项目"等科研项目 20 余项，获得河南省科技进步二等奖 3 项、郑州市科技进步二等奖 1 项；参与"十三五"国家科技支撑计划项目 4 项，承担郑州市重大科技创新专项 1 项；主持、参与起草国家、行业标准 23 项，拥有专利 277 项，鉴定成果 12 项。

（五）提升品牌影响力

在速冻食品竞争日益激烈的当下，品牌影响力成为企业发展的生命线。近些年，郑州速冻食品企业大力塑造自身品牌形象，在消费者中形成了一定的口碑。如三全公司，采用"三全"为企业品牌，"三全凌"作为汤圆产品品牌，在公司成立20周年庆典暨新形象媒体发布会上诠释"专注·专业"的企业品牌核心经营思想，三全公司全面进入品牌时代。如今，三全公司采用多品牌战略，把"三全"打造成一个"值得信赖的、放心的"企业品牌形象。

（六）细分管理经销商

以三全和思念为代表的龙头企业，一方面重塑零售经销商管理系统，将经销商按所在城市规模的大小进行分门别类管理，这样可以有针对性地增加产品对不同消费群体的适应性；另一方面重视对新兴销售渠道的构建，现如今，随着互联网深入生活的方方面面，速冻食品如何与电子商务结合成为企业重点关注的方面，如龙头企业都在大力探索冷链标准下的速冻食品电商销售以及社区精准销售。此外，便利店等形态也是郑州速冻食品加工业关注的发展方向。如三全公司获得日本7-Eleven便利店业务在河南省的独家经营权，通过这种借助便利店的发展模式，一方面，可以借助对方优质品牌来扩大自身产品的品牌影响力，让消费者更快速地接纳自身产品；另一方面，便利店以其快速、灵活多样的经营模式，能够有效地捕捉消费者的消费倾向变化，从而为产品深加工提供一手资料和发展新思路。

郑州速冻食品加工业在以上做法的推动下，其品牌认可度和市场占有率都取得了良好成绩，其产业发展逻辑和做法要点如图1所示。

二 主要成效

（一）生产经营效率不断提升

速冻食品行业只有不断提高生产经营效率才能获得更多资源，提高研发投入，在市场竞争中形成良性循环。郑州速冻食品加工业的优势体现在

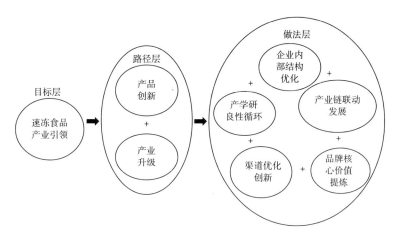

图 1　郑州速冻食品加工业产业发展逻辑

产品和渠道两个方面的提升。产品方面，注重新产品的研发，以快速的市场需求变化为导向在竞争中获得先机；渠道方面，以合理激励机制设计为出发点，最大限度将渠道商的潜力发挥出来。这两方面的提升，反过来又进一步对企业内部组织效率的改善带来动力。因此，郑州速冻食品加工业这些年涌现了像三全和思念这样的优质企业。

（二）农民收入大幅增加

河南省是农业大省，也是产粮大省，近些年郑州速冻食品加工业的快速发展，使本省的农业优势能够得到更好的利用，这对于价格较低的初级农产品而言是实现价值增值的重要途径。不仅如此，这一过程还有力地带动了上下游产业的蓬勃发展，更为关键的是切实提高了农民的收入，为农村社会发展作出了贡献。像三全和思念这样的龙头性公司的发展壮大，有力地推动了农业产业化进程，促进了农业增效、农民增收，安置了大量农村剩余劳动力。如三全公司被授予"全国就业先进企业"荣誉称号，其年消耗主食类原料可达 20 余万吨，副食品原料如肉、蔬菜等近 20 万吨，在其产业链上的中小企业合计 4600 家，40 余万农户在这一过程中增加了收入。

（三）创新能力增强

郑州速冻食品加工业在发展之初，几乎没有可以借鉴的经验。当时国外不生产水饺，也不生产汤圆，技术、流程等都需要自己一步一步摸索。如三全公司靠着自己的能力，制作出国内第一条速冻汤圆自动生产线。随着企业规模不断地扩大，产品质量不断地提高，生产设备不断地改进，企业研发出 600 多个产品，一天 3000 多吨的产量，几乎全是通过机械化、自动化、智能化操作完成的。

（四）品牌影响力持续扩大

郑州速冻食品加工业一直致力于主食产品的标准化、工业化、规模化，将食品工业做大做强。如三全公司经过多年的品牌培育，在三全的主品牌下着力培育"三全凌""三全状元""面点坊""龙舟粽""果然爱""三全私厨"等副品牌，在消费者心中树立了良好的口碑和企业形象，赢得了消费者的普遍信赖和认可，拥有庞大的具有相当品牌忠诚度的顾客。近年来，三全公司研究年轻消费市场，通过"三全"微博、微信公众号，以更加个性化、更有互动性的宣传，使三全品牌的认知度和市场占有率逐年稳步提升。同时，形象推广也是重要的手段之一，公司一方面持续在中央电视台、湖南卫视、浙江卫视等电视媒体进行企业形象宣传，在有影响力的纸质媒体上进行形象推广；另一方面创新商业模式，与大型电商平台合作，促进产销对接，减少流通环节，增强消费体验。目前，股份有限公司拥有有效商标共 847 件，商标的战略发展为公司未来行业的发展、开拓新市场、进军新领域提供了品牌战略基础。

（五）国际影响力凸显

郑州速冻食品加工业不断加强国际交流，积极开拓海外市场，扩大品牌影响力，通过产品升级和引进国际化品牌管理人才和经营理念，建设海外营销渠道，积极参加国际展览展销。近年来，基于产品的升级和质量安全保障，产品走向国际市场，已打开欧盟、美国、加拿大、澳新等市场，并且出口量日渐增大。如思念公司，2018 年美国工厂的正式投产，标志着思念迈出了全球化战略布局的重要一步。

三　经验启示

（一）坚持全产业链发展

一是要拓宽农产品深加工产业链，拉动上下游产业共同发展。通过所用原料的外加工转移，使得产业链逐步实现了前向发展。速冻食品发展初期，各种农副产品初级加工均由采购企业完成，效率低下、浪费严重。建议将原料的初加工全部转向外部，同时，在技术上随时对这些企业进行帮助和支持，使这些原本散乱的作坊式工厂随着企业的发展逐步变成具有一定规模的中小型农产品加工企业，拉长了产业链条，同时对农村社会经济结构的优化也带来正面积极的影响，大大加快农业、包装、印刷、机械、冷藏物流、服务等相关产业发展和城镇化建设步伐。

二是打造产业链普惠金融平台，助推小微企业发展。打造以"核心企业承担实质性风险责任"为特色的产融结合模式，利用上下游合作伙伴与企业的交易大数据，建立授信分析模型和信用档案，实时监控交易数据，做到"速度快、效率高、成本低、手续简单"，切实为合作伙伴提供金融服务，帮助小微企业走出融资难困境。

（二）坚持智能制造

要围绕企业核心业务进行顶层设计，加强与国内外知名食品机械制造企业、信息服务企业深度合作，在生产环节，要坚持投入大量先进的智能化设备，全面提升生产设备技术水平。在经营管理环节，要建立企业资源计划系统（ERP）、经销商管理系统（CRM）、供应商管理系统（SRM）、物流商管理系统（TMS）、B2C电商协同服务系统，最终实现生产管控一体化、全产业供应链协同一体化，以智能制造引领速冻食品行业发展。

（三）坚持自主创新

随着社会发展和人们生活水平的提高，多样化的消费需求也越来越高。丰富速冻食品种类，把更多优秀传统食品推向市场，是规避同质化竞争、满足社会需要、促进企业健康平稳发展的必由之路。立足自主研发，通过对世界范围的技术考察，从新技术、新原料、新工艺、新设备等方面找到有广阔市场前景的项目进行研发。另外，与高等院校、科研单位建立广泛、良好的技术合作关系，推陈出新，不断研发贴近市场和消费者需求的新产品。

（四）坚持提炼核心价值

在进行广告投放的基础上，充分利用产品特色，积极开展电视栏目、电影、娱乐活动赞助等创新宣传模式，深入挖掘品牌内涵。通过和湖南卫视、浙江卫视、东方卫视、江苏卫视等知名文娱机构合作，使产品更加深入消费生活；强化线下行销执行力，做好渠道品牌建设。不断加强目标市场预测，采取灵活多变，具备当地特色的销售策略，积极参加国内外经贸洽谈、展销会展等活动，有效提升企业的知名度和影响力。

新业态助力食材加工业发展

——河南省原阳县餐饮食材加工业案例

原阳位于黄河北岸，是新乡与郑州无缝对接的重要节点，郑州向北经济辐射的第一区。近年来，原阳充分利用紧邻郑州的区位优势大力发展餐饮产业，形成了"井田农业"、"中央厨房产业园"和"莲菜网"三大食材产业发展平台。按照"中央厨房"模式，建设集加工包装、质检冷链、交易采购、仓储物流、观光体验于一体的链条式餐饮食材加工集聚区，通过农产品种植标准化、食材加工精细化、产品销售多元化发展餐饮食材产业，融合农畜种养、食材加工和餐饮文化、观光旅游，实现餐饮食材加工经营的规模化和集约化，并通过园区发展带动困难群众脱贫致富和乡村振兴，成为河南省食品产业链条中的一个新业态、新样板。

一 主要做法

（一）创新经营模式

中央厨房产业园利用互联网思维，通过连锁化经营、标准化生产和规模化采购等新型商业模式，提高园区内餐饮食材加工产业集群的经营能力。

一是连锁化经营。引进姐弟俩土豆粉、邓记卤肉、阿利茄汁面等知名连锁餐饮企业，连锁店采用统一管理、统一采购和配送、标准化生产，不仅可以发挥规模效应，而且能够保证食品质量。

二是集中采购。为了管控食材质量，在河南食品药品监督管理局的指导下，建立采购网——莲菜网，根据园区内餐饮企业的生产和加工需求集中在网上购买，在配送城市周边设置集中分拣中心，制定食材入库、仓储、分拣、上架、配送等标准化流程，搭建起集中分链、统一配送的电商平台，降低采购成本，保证食材质量。

三是集群化管理。为降低企业成本、提升企业品质、做好企业品牌，产业园采取集群化管理模式。园区通过工业用地集约化、配套设施公共化、产业链条一体化等集群管理模式，整合各方资源，从源头上保证食材质量，尽力压缩供应链中间环节，通过集约化和规模化降低企业成本。在中央厨房内部实行食材标准化操作、集约化生产、工厂化配送、专业化运营和科学化管理，提升品质并降低成本。如产业园龙头企业千味央厨公司在速冻食品行业客户端竞争激烈的市场中另辟蹊径，将公司主体经营方向定位于规模较大的连锁企业和团餐企业，采用大规模定制模式，充分利用互联网和云计算等新技术搜集和整理餐饮企业的产品需求信息，为不同消费需求的餐饮企业提供定制化的产品方案，实现了一箭三雕：降低了餐饮企业的后厨成本，保证了食材质量，满足了个性化需求。同时，使得餐饮连锁企业的快速扩张成为可能。目前，该公司已经与肯德基、必胜客、麦当劳、永和大王、九毛九、乡村基、海底捞等知名中西餐饮连锁企业，以及大型的团餐企业如京东、华为等达成合作。

（二）健全产业链

河南餐饮中央厨房产业园项目通过中央厨房这种新型的产销一体化模式，利用新乡区位优势和原阳大米的知名品牌，培育和引进餐饮食材加工龙头企业，通过井田农业、中央厨房产业园、莲菜网等平台，建设餐饮食材产业链的原材料种养、食材加工及制品销售三大产业平台，创建以品质和安全为核心竞争力的食材品牌，提升餐饮食材产业链的竞争力。

一是通过井田农业保障上游原料供应。中央厨房产业园依托井田农业建设食材种养集群，保障原材料供给。原材料供给是餐饮食材产业链的基础，中央厨房产业园和井田农业进行战略合作，开拓和发展农产品基地，保障优质、绿色、安全的原材料供给。井田农业立足新乡，根据中央厨房产业园区内单品需求建设原料基地，已在原阳县及周边地区建设了5000亩大豆种植基地和2000亩水稻种植基地，同时建设了500亩的牲畜和禽类饲养基地，同时逐步向周边扩展，在扶沟、荥阳、驻马店、南阳及中牟等地建设了优质种养基地。

二是采用订单直采模式降低采购成本，确保原材料质量。井田农业立足原阳，与原阳及周边乡镇农民专业合作社进行合作共建，积极发展订单种植模式，加强与产业园餐饮企业的关系建设。已与福宁集镇的土豆种植基地、蒋庄乡的叶菜种植基地签订了种植合同，与官厂、陡门、齐街等乡镇合作建设白菜、冬瓜、西红柿、黄瓜等新鲜蔬菜基地。通过基地源头化的订单农业种植合作模式确保食材安全和可追溯性，在满足河南餐饮中央厨房产业园对食材本地化需求的同时，带动农业发展，解决农民就业问题。

三是利用新技术发展新业态。中央厨房产业园与原阳县政府联合开发了河南省首个餐饮采购O2O电商整合平台——莲菜网和"有井有田"农副产品电商平台，该网已经成为中西部地区领先的生鲜电商采购平台，中央厨房产业园内的餐饮企业可以通过该平台直接采购全国优质、安全、可追溯的农副产品。同时中央厨房产业园通过联采共配与强大的金融服务平台建立对接，为餐饮企业提供原材料采购等多方面强大的后勤服务保障。莲菜网、井田农业、河南餐饮中央厨房产业园强强联合，通过井田农业建立生鲜农副产品的源头化直供基地，通过中央厨房产业园标准化精深加工成餐饮制品，通过莲菜网迅速快捷地将产品推广上线，与餐饮企业、门店及消费者完成对接，解决产品销售难题，实现价值增值。

（三）标准化管理

中央厨房产业园区十分注重对标准的把握、质量的严控和监管的精细化。

一是基地标准化种养。产业园参照国家和地方相关标准，建立了无公害蔬菜产地环境、生产技术规范和产品质量安全标准体系。对农副产品生产过程实施标准化管理。对蔬菜基地的种植环境、种植品种、种植方式、生产经营、蔬菜质量、营销手段等严格按无公害农产品生产标准进行。设置全程监测系统，开发农副产品自检自控检测体系，加强产品质量全程监控并记录相关数据，确保食材安全和可追溯。

二是实施标准化经营战略。坚持质量立业经营理念，突出优质、安全、绿色导向，开发全程可追溯、互联共享的农畜产品质量安全信息平台，提高农畜产品质量水平。全面加强农业畜牧业标准制修订工作，制定标准化的生产技术操作规程。开展优质蔬菜绿色高产高效标准化示范基地、园艺作物标准种植园、畜禽标准化健康养殖示范场和绿色畜牧业示范县建设。按照标准化体系抓好绿色农产品、有机农产品和农产品地理标志认证工作。

三是建立中央厨房原材料溯源管理系统。在监管上对企业实行风险分级管理，推行"互联网+明厨亮灶"工程，大部分企业开通参观通道，安装集中监控屏幕，建成"透明车间"。加强对原材料采购验收及加工等关键环节的质量监督控制。加强食品抽检监测，及时掌握食品的安全情况。实行食品安全公众开放日制度，邀请消费者代表到企业，现场参观和监督食品生产和加工，既促进了企业自律，又可以让消费者放心。

（四）营造良好的营商环境

平原示范区设立的企业服务平台，对企业的用地用工需求集中资源，优先安排，尽量满足。在资金融通上，由中国人民银行新乡市分行牵头组建金融服务中心，为企业提供贷款服务。产业园成立专业服务团队，对园区内企业提供全方位专业服务。中央厨房产业园统一建造公共配套设施，建设了食材产品检疫检测中心和净菜中心，购建天然气锅炉和污水处理设备，降低企业运营成本。同时，为保证产业园安全、高效运转，企业成立了"河南省中央厨房产业协会"，为加强行业自律、促进企业交流、提升员工技能提供了良好的平台。

（五）建立利益联结机制

平原示范区依托中央厨房产业示范区，采用"扶贫政策+产业扶贫基地+贫困户"产业扶贫模式，强力推进"3453"工程，带动农民脱贫致富。一是通过龙头企业带动农户脱贫致富。通过河南宏达木业集团有限公司、绿盛农业发展有限公司等多家龙头企业帮助2000多贫困户近万人脱贫致富。二是充分调动园区中小企业帮扶农户的积极性。70多家中小企业在当地设置公益性岗位，帮助贫困户就近务工，确保贫困户收益。三是通过合作社带动农户脱贫致富。建立合作社，以合作社发展助推贫困户增产增收。原生农民专业合作社、金穗源农业专业合作社等多家合作社带动当地贫困户稳定增收。

二 主要成效

(一) 形成了产业集群

河南餐饮中央厨房产业园项目占地 846 亩，总投资 22 亿元，首批就吸引了 36 家本土知名的餐饮和食品企业进驻，形成了食材供应、食材加工及食材销售三个餐饮食材产业集群。

一是上游供应类企业构成的原材料种养产业集群，由雨轩清真牛羊肉、奥克调味品、原阳蔬菜、水稻等生产基地等上游食材原料供应企业和基地构成，它们为中央厨房产业园区的加工企业提供食材原料，也通过莲菜网供应全国各地餐饮门店。

二是中央厨房加工集群，入驻的企业有邓记叫花鸡、福状元粥、麦多馅饼、76 人老烩面、魏家凉皮等以加工制造为主的食品企业，它们将农副产品加工成餐饮半成品并直接配送到全国各地的餐饮门店、连锁店、超市等终端消费市场。

三是烘焙类食品产业集群。由好利来、香雪儿、圆月金门等糕点类加工企业组成，这类企业将农副产品加工成蛋糕、面包等食品，直接配送到全国各地自己的连锁店。

(二) 龙头企业带动能力增强

龙头企业带动农业产业化经营是一种主流模式，通过龙头企业的示范和引领将农产品生产、产品加工、产品销售等价值链做大做强，并在创新科学技术、提高竞争能力方面起着非常重要的作用。平原示范区紧紧围绕"特色产业大起来、新兴产业强起来、传统产业优起来、机制体制顺起来和农民腰包鼓起来"五大奋斗目标，依托中央厨房产业园，以培育壮大龙头企业作为推进餐饮食材加工经营，促进农民增收农业增效的重要抓手。尤其是 2020 年新冠肺炎疫情暴发以来，平原示范区通过政策扶持和强化服务等多种方式促进龙头企业的健康发展。中央厨房产业园中龙头企业河南九豫全食品有限公司经过一年多的发展，企业规模基本成型并计划在 2020 年实现一个新的突破。公司已投入 2000 多万元，从生产设备的自动化、全新化上升级改造，为公司产品高效生产奠定了基础。2020 年目标销售实体店数量增加 200 家,实现全省各地市及县城全覆盖;将要开通线上网店销售平台,线上线下同步发展,大大提高企业竞争力。2020 年公司预计将增加 1000 人的就业岗位,员工将突破 2500 人,为再就业创造更大的空间和机会。九豫全公司仅 2019 年一年卤肉销售就达 8 亿元,带动贫困群众 890 户。

(三)助民脱贫致富成效显著

产业脱贫是完成脱贫和乡村振兴的主要渠道。作为国内最大的餐饮食材集聚区,中央厨房产业园与新乡市 6 个乡镇 14 个专业合作社签订了水果、种养殖合同,建设蔬菜直采基地 3 万亩以上,带动 500 户贫困户 2000 多贫困人口实现脱贫。园区年产 1 万吨烘焙产品、2 万吨调料、2 万吨熟食、50 万份套餐的生产能力,能够有效解决当地就业和创业创新问题,带动周边 5 万名以上农民通过种植和养殖业增收致富。

三 经验启示

(一)精细化管理是食材质量的保障

针对产品研发方面,公司成立专门的研发部门,每年投入大量的研发经费,同时加紧同餐饮企业的沟通和协调,缩短产品研发周期,丰富产品种类。在原材料选取方面严把采购源头,优先选用大品牌、原产地的原材料供应商。在储运方面自建大型、标准化的原料库、成品冷库,成品运输采用全程可控的冷链运输,确保原料产品储运安全。

(二)产业融合是乡村产业发展的途径

推动产业链中处于不同层次的农业种养、食材加工、综合服务、信息平台加工等行业相互渗透、相互包含、融合发展,用无形渗透有形、高端统御低端、先进提升落后、纵向带动横向等多种模式促进低端产业向高端产业转型升级。中央厨房模式下的产业融合应增强上下游全产业链的要素参与程度,促进产销一体化和农业产业化发展。

(三)科技创新是产业发展的源动力

注重加快转变农民思想观念,提升农民专业技能,培育农村产业化经营管理人才。加大创新支持，增强适应市场创新的能力。建立科学化的全产业链运营制度，统筹规划原料产地、加工工厂、供应市场三者的协同高效合作。加大科研投入，积极与高校合作，提高校企联结程度，以增强劳动力素质和提高生产力水平。以市场为导向，适当提高产品的附加值，逐渐优化销售产品的种类，调整产品结构，满足消费者越来越多元化的消费需求。

河南省乡村现代服务业发展模式案例研究

课题组长：陈明星

"电商+追溯" 开启乡村产业振兴加速度

——河南省宁陵县农村电商发展案例

宁陵县位于河南省东部、商丘市西部，是国家扶贫开发重点县。该县气候温和、光照充足、降雨充沛、地势平坦、土壤肥沃，是传统的农业县，粮食作物以小麦、玉米为主，是远近闻名的酥梨之乡、温棚葡萄之乡。近年来，随着互联网的兴起，宁陵县抢抓数字经济发展新浪潮，积极探索宁陵特色的电子商务进农村发展新模式，电商人才培训、质量保障与追溯体系建设、现代流通体系建立等多措并举，推动产业与电子商务、追溯体系建设融合发展，联合浙江天演维真网络科技股份有限公司积极探索"电商+追溯"扶贫新模式，加强农产品产销对接，助力精准扶贫和乡村振兴，被确定为国家级电子商务进农村综合示范县，有力推动了农民创业就业、开拓农村消费市场，从而促进了农民增收、农业增效、农村发展。

一　主要做法

在发展电商中，宁陵县注重着力完善"四大体系"，即物流体系、培训体系、农产品上行体系和质量追溯体系。

（一）完善物流体系

宁陵县按照政府引导、企业主体、市场运作的方式，对县内20余家快递企业进行资源整合，将原有分散的仓储、运力进行集约化整合，构建一个覆盖县、乡、村三级的高效物流共同配送体系，实现统一管理、统一仓储、统一调度，降低农村物流成本。建立县级物流信息分拨中心和物流信息共享平台，及时高效调配各类物流资源，进行定时、定点、定线路的乡村物流配送，开通了农产品上行配送专线，农资、家电等电商线上产品的下行也实现了及时配送。目前，全县已实现48小时内货物配送到村。

（二）构建培训体系

在全县重点贫困村进行逐村入户培训，对有意愿、有能力参与电商就业或创业的贫困群体进行摸底排查，建立学员档案，持续跟踪培训。针对文化水平低、接受新生事物能力较差的贫困户，则开展生产技能培训，帮助其通过参与项目的生产、加工环节脱贫。积极引导通过参加培训获得技能认证的学员进入电商企业就业或选择自主创业。

（三）畅通农产品上行体系

以"党建+电商扶贫"模式，创建了宁陵独有的党建乡村网货基地，即把老百姓田间地头的初级农产品变成标准化的好网货，同时带动贫困户参与农产品包装，带动就业增收。顺应直播带货的趋势，2020 年 9 月 22 日，由宁陵县委宣传部主办、由县电商服务中心承办的中国·宁陵第一届酥梨直播电商节举办，来自全国各地的 50 多位网络主播走进万亩梨园，开展以丰收节为主题的直播带货活动，面向全网展示、推介宁陵金顶谢花酥梨及特色农产品，促进宁陵电商产业升级，形成特色鲜明、规模领先的电商产业集群，并结合专业的培训体系，落地实战培养打造一批专业有凝聚力的主播团队，提升电商服务乡村产业振兴的效能。

（四）建设质量追溯体系

为进一步提高宁陵县农产品质量安全整体水平，宁陵县商务局委托浙江天演维真公司建设宁陵县农产品质量保障与追溯体系。

一是建设标准化体系，实现商品化、品牌化、标准化。制定宁陵县农产品生产技术标准、质量安全管控标准、电商选品标准、流通标准等，规范追溯信息采集、录入、分级监管等流程，实现宁陵县农产品商品化、品牌化、标准化。

二是建设质量溯源监管平台，保障质量安全。搭建宁陵县质量溯源监管平台，采集农产品栽培过程中的关键节点信息、农资投入信息、相应的检测信息等，落实全过程监管，综合建成质量安全追溯监管系统，从而形成宁陵县农产品的质量安全追溯信息平台，保障宁陵县农产品质量安全。

三是引入第三方产品认证和检测体系建设，强化农产品质量安全保障。

引入农产品质量第三方认证、检测机构，为宁陵县农产品质量保障与溯源体系提供专属的体系认证与售后服务保障，设计完整的"前端品控+过程管控+第三方背书"解决方案，对产品进行认证与安全背书。

四是加贴"身份码"，实现放心消费。为纳入可溯源体系的电商产品赋予追溯码，粘贴二维码身份标识，消费者扫码可查询产品的生产流通过程信息、检测报告等，一品一码实现明白消费、放心消费。同时，为流通信息的上下游传递、标签防伪、动态激活等功能奠定了基础。

五是建设大数据中心，数字赋能产业。通过各种应用系统平台，及时获取宁陵县农产品消费大数据，包括市场营销数据、消费者数据、扫码数据、精准会员数据、积分数据，并对消费大数据进行挖掘、分析，用于指导生产与营销支持。

二　主要成效

（一）平台能级持续提升

宁陵县高度重视电商工作，先后出台了《宁陵县电子商务进农村综合示范工作实施方案》《宁陵县电商扶贫工作实施方案》等相关文件，加快农村电子商务项目建设。2015年2月，宁陵县启动电商工作；2016年，投资建设科创电商产业园；2017年，园区成立了河南省首家互联网党委——宁陵县科创电商产业园党委，当年5月该县被商务部、财政部、国务院扶贫办评为"国家级电商进农村示范县"；到2019年，产业园入驻优质企业65家，成功孵化企业50多家，带动从业人员1300余人；对接县域优质企业实现农产品上行35家，增加就业岗位500余个；对接阿里、京东、苏宁、云集、拼多多等多家知名电商平台，开设店铺200多个；注册农特产品品牌40余个，梳理全县农特产品20余个；建设村级电商扶贫服务站200余个（贫困村覆盖率超50%），帮助贫困户实现网上代买代卖、生活缴费及快递收发等服务。2019年，在国家级电子商务进农村综合绩效考评中，宁陵县成绩位居全省第一。

（二）电商人才培育加速

宁陵创建了"党建+电商扶贫""党建+电商人才培养""党员+电商创

业带头人""党员示范岗+电商企业"等工作模式，以"党建+电商人才培养"模式，实现了对县、乡、村三级党政干部电商培训 100% 全覆盖，对全县驻村第一书记电商培训 100% 全覆盖，对全县 106 个贫困村免费培训100% 全覆盖，在 70% 的有条件的贫困村培育了电商带头人。截至 2019 年，全县已完成电商扶贫培训 4270 人，为近 2000 名驻村第一书记、村支部书记、农村致富带头人和有志青年更好地开展电子商务业务奠定了基础，通过培训，带动贫困户就业创业 3000 余人（户），使扶贫由"输血"向"造血"转变。

（三）增收带动效应凸显

宁陵县对县、乡、村三级物流统一配送，制定了物流快递价格，与省会持平，完善了县、乡、村三级物流体系建设，解决了网货基地农产品"最后一公里""最先一公里"末端配送难题，且通过质量保障与追溯体系，带来了产品标准化提升以及可观的产品溢价率。全县电商交易额从 2017 年突破 1 亿元、2018 年突破 2 亿元到 2019 年达 3.8 亿多元，带动有能力有意愿的贫困户网络创业就业 1641 人，人均增收 1200 余元，帮助贫困村"云上"销售酥梨、土豆、大蒜、红薯、粉条等 51 万件，带动贫困村农产品销售 4800 余万元。在该县乔楼乡秦庙村十里铺，电商"新兵"张澳在拼多多的"十里小铺"网店，一天下单 1180 单、成交额 27198.50 元，待下单2027 单，当年就完成 20 多万单、销售 200 多万斤农产品、营业额 500 多万元，帮助当地贫困户销售大蒜、洋葱百万斤以上，新鲜采摘的花生、小黄瓜直接对接全国各地的客户，仅七八月份就销售鲜花生 100 多吨。2019 年 5月 9 日，宁陵县经省级专项评估检查，正式脱贫摘帽。

三 主要启示

（一）网货基地建设是基础

一个好产品，未必就是一个好网货。宁陵对全县 14 个乡镇开展"一乡一业、一村一品"的特色产业（农副产品、旅游、民俗、餐饮等）梳理，整理出了全县农产品资源数据，梳理出十大产业，如石桥镇的酥梨产业、柳河镇的白蜡杆产业、逻岗镇的花生产业、华堡镇的吊篮产业等。根据这十大产业，又建设"十大网货基地"，打造"一乡一业、一村一品"，把老百姓田间地头的初级农产品收集起来，建立专业团队对网货基地筛选出来的农特产品进行统一包装、设计、检测、策划、宣传，制定了农产品质量地方标准，统一品牌、统一对接电商平台销售、统一发货，这样就使初级农产品转化成了"标准网货"，打造了"宁陵酥梨""梨园醉""果源贡"等农特产品电商品牌，建立了"电商公共服务中心+网货基地+农业合作社+贫困户"的模式，实现了小生产与大市场的有效对接，存得住、运得出、卖得掉、赚得到。

（二）物流资源整合是关键

物流就是电商的命脉。针对快递物流企业及其网点重复建设等常见的突出问题，需要政府引导加大整合力度。对此，宁陵县开展了三个方面的整合，构建了工业品下乡、农产品进城的线上、线下通道。一是整合企业，各快递企业按业务入股，成立一家新公司。二是物流整合，投资建设物流园、县级物流仓配分拣中心，整合物流企业，构建了县、乡、村三级物流体系。各快递企业的乡镇门店整合到一起，统一办公，统一成"商务部国家级电子商务进农村综合示范项目——宁陵县电商物流共配服务站"的门牌。在资金扶持上，政府出资建设了宁陵县仓储中心、宁陵县快递物流分拣中心，快递物流公司都免费进驻。整合后，新物流公司通过参加招投标，成为电商进农村综合示范项目里物流标段的承办企业。三是统一管理。整合后的各大快递物流公司，实行县、乡、村三级统一管理、统一标识、统一线路、统一设备，开辟了5条物流主线路，10辆物流车承载县级到乡镇级的配送，70辆物流电动三轮车承载从乡镇到村级的配送。

（三）加强质量管理是保障

产品质量是电商的生命。宁陵县成立了全省首家县级互联网党委，以党建引领电商扶贫工作开展，通过建立质量追溯体系，制定了农产品质量地方标准，并与浙江天演维真公司合作开发建立农产品质量追溯体系及溯源系统，选出龙头企业，配备相关检测设备，对宁陵农特产品实现全程追溯，实现标准生产、质量保障、安全监管、产品追溯、精准扶贫等功能。全县农特产品统一品质、统一标准、统一防控，打造宁陵农特产品品牌影响力。

"批发市场+公司"双轮驱动乡村产业振兴

——河南省沈丘县李寨村案例

周口市沈丘县冯营乡李寨村地处河南、安徽两省三县交界，是一个有3000多人、耕地3000多亩的偏僻小村，曾是国家级贫困村，2012年人均收入不足2700元。自2012年12月新一届村两委成立以来，李寨村依托批发市场，成立农业发展公司等，开启了脱贫攻坚和乡村振兴的探索实践，乡村产业发展加速，2019年全村人均收入达到14000多元，彻底甩掉了贫困的穷帽子，成为全国美丽乡村建设试点村、全国改善农村人居环境保障基础示范村。

一 探索实践

（一）依托批发市场强化产销对接

黄淮农产品批发市场位于周口市川汇区，成立于2009年，总投资10亿元，总占地面积500亩，总建筑面积50万平方米。建设内容及功能包括蔬菜、水果、水产、肉食、蛋奶、干鲜调味品、米面粮油、副食8大交易区和信息发布中心、检验检测中心、品牌研发中心、物流配送中心、电子交易中心、安全监控和指挥调度中心七大功能区。批发市场是农业产业化国家重点龙头企业，商务部全国农产品流通骨干网市场，商务部、财政部农产品现代流通综合试点市场，商务部、原农业部农产品价格监测重点市场，2017年全国农业农村信息化示范基地，原国家工商总局诚信文明示范市场，AAAA级物流企业，河南省高成长服务业百户领军企业，河南省电子商务就业示范基地，河南省创业创新示范基地，是中国物流采购联合会副会长单位，全国城市农贸联合会副会长单位。批发市场隶属于李寨村党支部书记李士强创办的亿星集团。依托黄淮农产品市场优势，李寨村积极推进农业结构调整，确保产销对接。

（二）发挥批发市场功能实行村企共建

截至 2020 年 11 月底，市场入驻商户 3000 多家，经营品种 3000 多种，市场交易额突破 200 亿元，实现交易量 350 万吨，产品辐射周边十多个省市。批发市场积极推进产销对接，与全市 200 多家规模种植基地、专业合作社签订长期购销合同，带动了扶沟、西华等蔬菜大县大型绿色种植基地规模化、标准化、品牌化发展。与湖北、海南、四川、新疆等瓜果蔬菜产地建立长期供销关系，成为全国"南菜北运""西果东送"重要节点市场。发挥批发市场带动功能，李寨村强化产业带动，并发挥亿星集团在资金、技术、管理、营销、品牌和市场优势，结合村里土地资源、劳动力资源等优势，实施"造血"式引导农业结构调整，实行产业扶贫、村企共建。

（三）培育乡村产业振兴四类主体

一是组建李寨农业发展公司，推动土地全部流转，既能让优质农作物规模化生产，又能让农户每年得到每亩 1000 元的土地流转费用，贫困户年底再参与 2500 元分红，参加务工的村民再获得务工收入。

二是成立苗圃、果园、蔬菜等 7 个专业合作社，可提供就业岗位 1100 多个，远远超过李寨村 680 人的劳动力；采取村民自愿入股合作社的形式，确保每年都拿到分红；建起 60 座温室大棚，组建亮剑种植合作社，吸纳贫困户就业 98 人。

三是建设服装加工厂、三粉加工厂、支前粮包装厂等 4 个集体经济企业，在进一步壮大集体经济的同时，拉长了村里的农产品产业发展链条，并使得更多村民包括邻近村的村民也能享受到上岗就业、增加收入的机会。

四是引导进城人员返乡创业。通过实施"架起回乡创业桥梁、提供创业优惠政策、优化回归创业环境"三项针对性强的激励政策措施，先后吸引了村里 26 位打工能人、创业成功人士返乡创业，为李寨村乡村产业振兴注入新的活力。

二 带动成效

在"批发市场+公司"的双轮驱动下，李寨村形成了加工、种植和养殖三大产业，有力地带动了乡村产业振兴、农民持续增收。

（一）提升了加工产业发展水平

一是三粉加工厂项目。该项目占地 6 亩，投资 134 万元，于 2018 年 9 月投入运营。三粉加工厂在传统手工艺基础上采用先进的机械化流水线加工，生产出的粉条、粉皮、粉面营养更全面、口感更丰富，年加工红薯 200 万斤，安置就业 10 人，可带动人均收入增加 15000 元。

二是服装加工扶贫车间项目。该项目投资 98 万元，于 2018 年 1 月建成，并于 2 月份投产。作为"造血式"扶贫的主要举措，该项目由李寨返乡村民王彩亮承包，每年租金 38400 元，目前运营良好，有效带动了贫困群众在家门口就业，实现了企业和贫困户双赢，安置就业 45 人，带动人均增加收入 4.2 万元。

三是光伏发电站项目。该项目建成于 2017 年，配备有 2 组 60 千瓦发电设备，年收益 5 万余元，现由县统一管理，为 8 户贫困户设置公益岗位，每户每月分配收入 500 元，有效保障了其收入来源的稳定性。

（二）拓展了养殖产业发展层次

李寨肉牛厂于 2020 年 5 月建成，项目投资 1000 万元，占地 137 亩，年出栏肉牛 5760 头。目前一期已经建成，建设牛舍 5 座，存栏 1440 头，办公室 6 间，晾粪场 1 座，干料棚 1 座，辅助机械 1 套，目前已有返乡创业人员李宁利用 1 座养殖，现有存栏 185 头，其余正在洽谈中。牛厂运营后，土地租金带动 78 户每户增收 1600 元，分红资金带动 5 人，人均增收 6000 元。

（三）扩大了种植产业发展规模

一是梨树基地。该基地于 2018 年 3 月开始种植，中国农科院郑州果树研究所指导种植，初始种植面积 480 亩，共计种植 7 个品种梨树（红香酥、红星、秋月、满天红、美人酥、玉露香、金星），种植数量 47355 棵。2019 年 11 月，对小学东侧梨树进行了移栽及补种，截至 2020 年 7 月梨树基地面积 460 亩，目前梨树由苗期向挂果期转换，暂未形成销售收益，挂果期每亩挂果约 5000 斤左右，每年可带动 50 人，人均增收 5200 元。

二是苗木基地。该基地于 2018 年开始启动，现有樱花、红叶李、海棠、红叶碧桃、楸树、美人梅、法桐、栾树、红叶石楠9个品种，共计545亩地95358棵（见表1）。截至2020年11月，该基地前后共投入322.3万元，根据市场销售规律，目前已进入销售阶段，前期以楸树及楸树苗为主攻点，逐步带动其他品种销售，2021年计划利用各种手段销售达到47679棵，回款259.8万元。苗木基地带动15人，人均增收2100元。

表1 李寨村主要苗木品种发展情况

品种	面积（亩）	数量（棵）	基径/胸径（厘米）
樱花	28	7235	5~7
红叶李	29	4620	5~7
海棠	37	6957	5~7
红叶碧桃	33	5936	5~7
楸树	307	58692	3~12
美人梅	16	2319	4~6
法桐	20	1851	8~10
栾树	61	6113	9~11
红叶石楠	14	1635	3~5
合计	545	95358	—

资料来源：根据发展现状整理。

三是红薯基地。2020年种植红薯355亩，其中，商薯19品种336亩，西瓜红17亩，收获共计117万斤，亩产达3314斤，收入40.5万元。红薯基地带动90人，人均增收1500元。

四是黄花菜基地。2017年11月开始启动，规模333亩，苗源产自湖南祁东，品种为冲里花，每亩种植5000~6000株，种植密度较高。2018年，黄花菜属于幼苗管理期。2019年到6月底黄花菜基地自种植以来第一年见成效，收获期60天整，每天采摘时间为凌晨到早午间10点左右。销售54696斤，收入60326元，带动90人，人均增收1200元。

五是大棚基地。占地90亩，共建55座蔬菜大棚，其中包含1座联动棚、5座温室大棚、49座薄膜棚，管理模式为村民承包、公司给予政策扶持及技术指导，具体承包户8户，种植草莓、菌类、芹菜、西红柿和西蓝花等。2020年以兰考蜜瓜种植经验，培养承包户7户29个棚发展蜜瓜产业，亩均收益约 5000 元以上,大棚带动 30 人,人均增收 15000 元,分红 12 户,每户每年 500 元。

三　主要启示

(一)　必须找准市场引领的有效载体

市场导向是乡村产业振兴的关键,乡村现代服务业特别是物流和批发市场的发展,在一定程度上决定乡村产业振兴的成败。正是依托国家级农业产业化重点龙头企业亿星集团及其旗下的黄淮农产品批发市场,李寨村实施"一业一特色、一村(自然村)一品牌",先后建设农产品集配中心、物流班线、农村电商,建设种植、养殖和农产品深加工等产业扶贫基地,形成绿色瓜果、蔬菜、珍稀苗木、杂粮、红薯、三粉加工厂、支前粮包装厂、养牛场等 9 个村集体产业基地,56 个良种育苗工场、日光温室大棚、蔬菜大棚和 30 亩藕池相继建起,标准化、品牌化、绿色有机种植取得初步成效。

(二)　必须创新公司运作的长效机制

乡村现代服务业的发展能否有效促进乡村产业振兴,关键在于是否建立了顺应市场规律、符合发展实际的运行机制。为了发展乡村产业,李寨村依托亿星集团成立专门的农业发展公司,由亿星集团派出十多人常驻村庄谋划和推进产业发展,成立由集团公司、村党员、村民等多方参与的合作社,从种植、养殖、加工、流通、销售、品牌打造等环节,全链条围绕农业生产和服务体系做文章,不但未占用耕地,而且整理出 586 亩土地。通过发展,已实现土地全流转、农民全就业、收入全保障,基本形成粮经饲统筹、种养加一体、一二三产业融合的农业产业体系,初步走出了发展产业、推动就业、带动创业的就业富民、产业强村、创业兴村之路。

(三)　必须寻求品牌带动的增值路径

品牌对于乡村产业振兴具有决定性的提升作用,也是乡村现代服务业发展的着力点。李寨村大力发展标准化、绿色有机种植,并通过初步分拣、加工和品牌化包装,注册了"古李寨"商标,开发了"古李寨支前粮""古李寨五谷""古李寨粉条"等系列 21 款产品,通过黄淮农产品批发市场、黄淮微商城、苏宁易购·周口馆、京东周口馆等电商平台和李寨物流班线向省内外销售,让农产品附加值提升 3~5 倍。2019 年帮助李寨完成"古李寨"系列产品销售 1000 万元,2020 年 1~11 月完成销售 1400 万元。

(四) 必须汇聚返乡创业的振兴合力

无论是亿星集团还是黄淮农产品批发市场,无论是李寨村农业发展有限公司还是李寨村先后吸引的 26 位务工能人、创业成功人士返乡兴办养殖、加工等实业,这些都说明,返乡创业是乡村产业振兴的重要力量。要充分利用工商资本、回乡创业等在链条管理、品牌营销和技术创新等方面的优势,推进农村的一二三产业融合发展,在源头种植、加工贮存、市场销售等农业产业链上下游那些适宜产业化、规模化、优质化、集约化的领域,找准与农民利益的交汇点,建立好与农民的利益联结机制,在带动农民增收致富的同时,带动农业农村的创新创业发展。

在支农支小支微中提升乡村金融服务效能

——河南省农村信用社联合社服务乡村产业振兴案例

乡村产业振兴离不开金融支持。近年来，河南省农村信用社联合社（以下简称省农信社）坚持支农支小支微定位，充分依托基层网点分布多、覆盖广的优势，持续加大对农业农村重点领域的信贷投放，发挥了金融扶贫和金融服务乡村振兴主力军作用，为乡村产业振兴进一步发展提供了有力的金融支持。

一　主要做法

省农信社之所以能有效发挥金融扶贫和金融服务乡村振兴主力军作用，得益于其强化责任担当、勇于攻坚克难，充分依托基层网点分布多、覆盖广的优势，不断强化产品创新、服务创新、模式创新和机制创新，为全省脱贫攻坚和乡村振兴提供有力的金融支持。

（一）强化职能定位

省农信社作为全省脱贫攻坚专项责任单位，近年来围绕"加大扶贫小额贷款投放、加大产业扶贫贷款投放"两项专项责任，聚焦建档立卡贫困户和带贫企业融资需求，双轮驱动，加大扶贫贷款投放。对符合条件的建档立卡贫困户做到应贷尽贷，支持其通过自我发展实现脱贫；对于已脱贫户，按政策给予持续支持，巩固脱贫成果，防止返贫；对符合条件的带贫企业和农民合作社，鼓励其通过"龙头企业+产业基地+贫困户""农民合作社+贫困户"等模式，带动贫困户融入产业发展，实现稳定脱贫。

（二）强化产品创新

省农信社积极顺应大数据分析、互联网金融等发展趋势，强化产品创新，以满足多元化信贷需求。

一是积极参与"普惠通"App建设及推广，加载"普惠授信贷""产业发展信用贷""三位一体贷"等数十款产品，提升审核速度和便利化体验。

二是创新线上金融服务产品，开发"金燕e贷""金燕融易贷""金燕快易贷"等系列线上贷款产品，实现线上办理、自主操作、随借随还。截至2019年末，全省农信社"金燕e贷"授信客户数达45.64万户。

三是创新扶贫特色金融产品，推出"金燕扶贫小额贷"，将贫困户申贷年龄放宽至67周岁，推出"金燕光伏贷"助力光伏扶贫，推出"金燕帮扶贷""金燕连续贷"等无还本续贷产品，减轻"倒贷"成本。同时，各地行社也结合当地产业特色、扶贫对象特点，积极创新"两权抵押"扶贫贷、"产业链接贷"等金融扶贫产品，构建扶贫办贷"直通车"和"快车道"。

（三）强化服务创新

一是织密普惠金融服务网络，以物理网点为依托，充分利用互联网+移动支付技术，搭建了"营业网点+自助银行+农民金融自助服务点+数字普惠金融服务站+移动银行"五位一体的普惠金融服务体系。

二是扩大金融服务覆盖面，广泛开展普惠授信，通过上门服务、逐户走访等方式，深入开展以送政策、送资金、送技能、送知识、送服务、送关爱"六送"为内容的进村入户大走访活动。截至2019年末，全省农信社授信客户数达261.7万户，实现了对全省所有行政村和街道的营销全覆盖。

三是积极落实减费让利政策，"普惠授信"贷款年利率均不超过6.75%；民营小微企业贷款利率已连续降低2个百分点，累计让利近30亿元；截至2019年末，全省农信社已累计发放无还本续贷贷款1368笔，金额166.44亿元。

（四）强化模式创新

针对扶贫信贷中普遍存在抵押物缺少、贷款难与放款难并存的难题，省农信社创造性地探索出了许多行之有效的模式，促进了扶贫信贷的扩大与发展。如针对贫困户无有效抵押的问题，新县农商行创新推出了"两权抵押"扶贫贷；针对扶贫信贷风险较大的问题，省信用联社协调地方政府与财政部门建立风险补偿分担机制，如卢氏农商行积极参与探索的"卢氏模式"、内黄联社的"农信社+政府+保险公司+贫困户"四位一体扶贫模式、林州联社"政府+金融+保险+产业+扶贫"五位一体精准扶贫模式，降低和分散各地农信行社扶贫信贷风险，提高各地农信行社发放扶贫信贷的积极性。

（五）强化机制创新

一是强化党建引领，牢牢抓住"党建+金融"这个"牛鼻子"，始终将党建工作作为"一把手工程"融入经营管理全过程，促进金融与党建有机融合。二是强化制度规范，注重发挥制度对扶贫工作的推动作用，以制度明导向、严制度促合规。三是强化督导考核，将金融扶贫纳入对基层行社及其班子的绩效考核体系，并建立尽职免责制度，提高扶贫贷款不良容忍度 3 个百分点，充分激发员工工作积极性，确保敢放贷、愿放贷。

二　主要成效

作为全省机构网点最多、服务区域最广、员工数量最多、存贷款规模最大的银行业金融机构，河南省农信社截至 2020 年末涉农贷款余额 8603 亿元，占自身各项贷款的 83.26%，占全省银行业金融机构涉农贷款总额的近 40%，切实发挥了金融扶贫和金融服务乡村振兴主力军作用。

（一）扶贫贷款投放总量持续增长

近年来，全省农信社扶贫贷款投放总量实现大幅增长。截至 2019 年末，全省农信社累计投放各类扶贫贷款 636.73 亿元，余额 241.35 亿元，比 2016 年末增长 1.56 倍，年均增长 36.9%。其中，扶贫小额贷款历年累放 183.76 亿元，余额 59.44 亿元，比 2016 年增长 87.0%，年均增长 23.2%；产业扶贫贷款历年累放 452.97 亿元，余额 181.91 亿元，比 2016 年末增长 1.92 倍，年均增长 42.9%。

（二）扶贫贷款市场份额持续高企

近年来，省农信社扶贫贷款市场份额持续高企，以占全省银行业金融机构约 20% 的存贷款，发放 40% 左右的涉农贷款、80% 左右的扶贫小额贷款和产业扶贫贷款，成为全省机构网点最多、服务区域最广、存贷款规模最大、支农支小和金融扶贫力度最强的银行业金融机构。截至 2019 年末，全省农信社系统共有 138 家市县行社、5145 个营业机构，各项存款 1.4 万亿元，各项贷款 9364 亿元，均占全省银行业金融机构总额的 20% 左右。其中，涉农贷款 8039 亿元，民营小微企业贷款 7523 亿元，均占全省银行业金融机构总额的 40% 左右；扶贫小额贷款和产业扶贫贷款历年累放总额占全省银行业金融机构的 80% 左右。

（三）扶贫投入杠杆效应持续显现

省农信社通过金融扶贫，充分发挥政策、项目、资金、技术等各方面的聚合效应，变资金分散使用、项目分散实施为统筹集中投放，实现了资源整合和聚合效应，扶贫投入杠杆效应持续显现。一是带动了大量贫困户稳定脱贫，截至 2019 年 12 月末，全省农信社各类扶贫贷款累计帮扶贫困人口约 297.98 万人次，其中，产业扶贫贷款累计帮扶贫困人口 172.39 万人次，扶贫小额贷款累计帮扶贫困人口 125.59 万人次。二是壮大了村级集体经济实力，通过开展金融精准扶贫工作，壮大了贫困地区村级集体经济实力，改变了农村集体经济落后的面貌。三是改善了农村生产生活环境，通过主动对接贫困地区的发展需求，推动基础设施建设、人居环境和金融生态环境改善，有效改善了农村的生产生活环境。

（四）特色主导产业培育持续发力

2019 年，围绕乡村特色优势产业发展，全省农信社已累计投放相关贷款 1261 亿元，支持农村基础设施建设项目 139 个，农业产业化龙头企业 1106 家，专业大户、家庭农场和农民合作社 1.47 万家，不仅带动了乡村产业发展，而且带动了县级特色产业和地方主导产业的发展壮大，为打造"一村一品""一县一业"的产业发展格局提供了坚实的金融支持。在确山，农商银行为制琴企业量身定制"红色琴音贷"；在正阳，农商银行助推"正阳花生"在渤海商品交易平台上市，成立"花生银行"，探索花生全产业链扶持模式。目前，全省农信行社支持的新郑大枣、信阳茶叶、灵宝苹果、西峡猕猴桃等特色农副产品种植加工产业均已实现规模化、集团化发展。

（五）乡村内生发展动力持续增强

通过金融扶贫尤其是农户信用评定授信等工作的开展，农户发展生产的积极性被充分调动，思想意识和职业技能得到进一步提升，信用创造价值的理念进一步彰显，农村信用环境持续改善，向上向善讲文明的好家风、好村风、好民风日益浓厚，比学赶超成为常态，向上向善蔚然成风，促进了乡风文明建设和基层组织治理创新，乡村内生发展动力得到了持续增强。

三　经验与启示

作为全省金融扶贫主力军，省农信社为全省贫困地区脱贫摘帽作出了贡献，在全省脱贫攻坚中写下了浓墨重彩的一笔，也为更好服务乡村振兴提供了有益经验和启示。省农信社的实践表明，金融扶贫是放大扶贫资金总量的有力杠杆，是培育发展扶贫产业的"源头活水"，是引领资源要素投入的战略导向，是激发脱贫内生动力的有效载体，是提升精准脱贫质量的重要抓手。在当前脱贫攻坚取得决定性成就、即将夺取全面胜利并将接续推进全面脱贫与乡村振兴有效衔接的背景下，要进一步加大对农信社改革发展的支持力度，使其更好服务"六稳""六保"，提高小微企业和"三农"贷款可获得性，充分发挥其在服务乡村产业振兴中的主力军作用。

（一）坚守服务"三农"定位不动摇

扶贫攻坚是关系全面实现小康社会的重大举措，是当前党和政府的一项艰巨任务。农信社作为农村金融的主力军，在扶贫攻坚中肩负着重要的责任和使命，同时也面临着诸多困难和挑战。坚持党建引领，有利于发挥党的组织优势，激发干部职工干事创业的积极性和战斗力，推动金融扶贫工作更上一层楼。这些年，省农信社牢牢抓住"党建+金融"这个"牛鼻子"，始终将党建工作作为"一把手工程"融入扶贫工作全过程，把贯彻党的金融方针政策与坚持金融市场化运作相结合，建立强有力的党委班子，激活党员"红色因子"，筑牢发展"红色底盘"，进一步形成风清气正的政治生态环境，锻造忠诚干净担当的"金融铁军"，为推进金融扶贫提供坚强的政治保证。省农信社金融扶贫成绩的取得，离不开坚持党建引领，离不开对自身定位的坚守。可以说，党建引领是省农信社金融扶贫的最大优势，也是省农信社金融扶贫实践的最主要的经验。省农信社党建引领助推金融扶贫的成功实践表明，在未来全省金融扶贫中，金融机构必须坚持党建引领，以党建高质量推动金融发展高质量，推动全省扶贫脱贫事业发展。

（二）坚守乡村信用体系建设不放松

完善的信用体系是市场经济的基本特征，是现代金融正常运行的基本条件。长期以来，我国农村地区特别是贫困地区信用体系建设滞后，信用数据库没有建立起来，居民守信记录、可信赖程度无法通过征信系统获得，这就大大增加了信用风险产生的可能性。对于贫困地区来说，加强信用体系建设是金融机构开展扶贫信贷的必要条件，是增加贫困地区金融供给的基础性工程。河南农信社在长期的金融扶贫中，主动担负起农村信用体系建设的责任，下大力气进行农户信息采集和信用评定工作，并以此为基础对农户进行授信。以卢氏农商行为例，该行深入县、乡、村三级，对全县农户进行信息采集和信用评价，历时三个月，共采集农户信息6.2万户，占全县农户信息采集量的70%，为农村信贷信用评估提供了基础条件。农村信用体系的建设，为河南农信社扩大小额扶贫信贷提供了条件。截至2019年底，河南农信社扶贫小额贷款历年累放额占河南省三家主责任银行投放总额的80.37%，有力地支持了贫困地区的脱贫致富。省农信社推进信用体系建设的实践表明，信用建设是开展金融扶贫的基础和抓手，在未来的农村金融市场，谁掌握了农户信息数据，谁就有了核心竞争力，就有了在农村市场做强做大的资本和支撑。

（三）坚守深化普惠金融创新不松懈

普惠金融注重为小微企业、农民、城镇低收入人群等弱势群体提供金融服务，是消除贫困、实现社会公平的重要载体和依托。在当前扶贫攻坚的背景下，普惠金融是推动贫困人口脱贫致富的重要力量，是国家金融政策鼓励发展的重点方向。农信社支农支小支微的市场定位，契合了普惠金融的核心理念，是未来我国普惠金融的主力军。近年来，河南农信社积极贯彻普惠金融的理念，结合农村贫困户、农村小微企业等弱势群体的金融需求，大力推进产品和服务创新，推进信贷模式创新，推进金融科技创新，创新推出了很多适应农村贫困人口需要的金融产品和服务，有效支持了贫困地区人口的脱贫致富，成为河南普惠金融的主力军。省农信社金融扶贫的实践表明，推进金融扶贫必须坚持普惠金融的发展方向，为贫困户和农村小微企业提供丰富、多样的金融服务；必须坚守创新不放松，下大力气推进金融产品服务创新，不断探索适合农村居民的信贷模式，在推动贫困人口脱贫的同时，促进金融机构做大做强。

（四） 坚守乡村产业稳健发展不折腾

贫困地区之所以贫困，主要是产业发展滞后。扶贫攻坚最根本的是促进贫困地区发展产业，促进贫困人口就业。金融扶贫的重点应当是支持贫困户和农村企业发展产业，为农村贫困地区产业发展提供金融支持。在支持贫困地区产业发展方面，长期深耕农村市场的农信社具有天然的优势。近年来，省农信社坚守本源，支农支小支微，加大产业扶贫贷款投放，带动贫困户参与产业发展，探索出了"金燕光伏扶贫贷""金燕创业贷""龙头企业＋基地＋贫困户"等模式，既促进了农村产业发展，又带动了农户脱贫，可谓一举两得。省农信社金融扶贫的实践证明，要实现稳定可持续的脱贫，必须坚持产业稳健发展不放松，支持和推动农村产业做大，支持农村产业化龙头企业发展，从而带动贫困户实现稳定可持续的脱贫。省农信社金融扶贫的实践启示我们，农村金融机构金融扶贫必须从支持产业发展着手，坚持支农支小支微，推动农村产业提质增效，从而促进贫困地区稳定可持续地脱贫。

（五） 坚守风险防控底线不突破

商业银行的经营原则是"安全性、流动性、盈利性"，其中，安全性是首要原则，是保证银行稳健经营与发展的基础。金融扶贫尽管有一定的政策性支持，但根本上还是要遵循市场化的规律。风险防控是金融机构的首要任务，是金融机构可持续提供扶贫信贷的基础。同时，还应当看到，贫困群体本身就是发展基础相对薄弱，产业经营风险相对较高，针对贫困群体发放扶贫贷款蕴含着较大的信用风险，特别是在当前经济下行压力加大的背景下，部分基层农信行社出现了一些问题，潜藏着一定的金融风险。在此背景下，省农信社在金融扶贫中，强化风险意识，聚焦风险防控，在与地方政府协调建立扶贫信贷风险分担机制的基础上，下大力气推动农村信用体系建设，推动整村授信和农户授信，较好地控制了金融风险，推动了金融扶贫的良性发展。省农信社金融扶贫的实践证明，只要做好农村信用体系的构建，农村金融的风险是可防可控的。因此，必须深入推动农村信用体系建设，将金融扶贫和防控风险相结合，保持金融市场的稳定。

"一平台四体系" 创新发展数字普惠金融

——河南省兰考县金融服务乡村产业振兴案例

普惠金融是填补金融资源配置洼地的良方，是缓解农村金融服务需求与金融供给之间矛盾的重要途径，更是服务乡村产业振兴的关键支撑。为探索普惠金融发展的路径和模式，2016 年，在充分调研的基础上，河南省结合农业大省、人口大省、县域经济占比大、贫困人口多的省情，确定把普惠金融建设作为全省金融改革创新的突破口，并选择代表性较强的兰考县作为试点地区。2016 年 12 月，兰考试验区建设总体方案获国务院同意，由中国人民银行联合银监会等 8 部门印发，成为全国第一个国家级普惠金融改革试验区，河南省也实现国家级金融改革试验区零的突破，有力地推进了乡村的全面振兴。

一 主要做法

自 2016 年 12 月兰考县普惠金融改革试验区获批以来，兰考县立足县域发展需求和普惠金融的内涵，稳妥有效地推进各项普惠金融改革措施，将政府引导与市场协调有机融合，推动传统金融与数字金融协同发展，解决了农村金融发展中的融资难、信用体系不完善、风险防控机制不健全等问题，有效提升了兰考金融服务的可能性、覆盖面等，为助力脱贫攻坚和乡村振兴提供了金融支持，探索出了以数字普惠金融为核心的"一平台四体系"的兰考模式。

（一）打造综合服务平台

传统的农村金融以物理网点、人工服务为主要服务渠道，依托这些传统渠道铺设普惠金融服务时依然存在成本高、效率低、风险难以控制等问题。为摆脱普惠金融发展中的这些问题，兰考试验区运用数字化技术赋能普惠金融的发展，先是推出普惠金融微信公共服务号，并于 2017 年 10 月升级为"普惠通"App，打造数字普惠金融服务平台。平台具有开放性特征，定位于提供公共金融服务，致力于面向全部金融机构对接账户管理、信贷、保险、理财、支付缴费、惠农补贴、消费者权益保护等多种服务和功能，为金融需求主体提供一站式"金融超市"，推动了农村金融发展的多元性、开放性和竞争性，提升了农村金融需求主体获得金融产品和服务的效率，有效降低了金融服务的成本，打通了金融服务在县域的"最后一公里"，实现了农户对金融服务的触手可及。2020 年，受中国人民银行郑州中心支行委托，中原资产通过旗下中原金融资产交易中心以增资扩股方式对"普惠通"平台进行重组，全面升级数字普惠金融综合服务平台，助力全省普惠金融发展。

（二）建立健全普惠授信模式

农户融资难融资贵，传统金融视角下有效抵押物的缺乏，实际上是信用信息的缺失或不完整。很多农户与金融机构的业务往来仅仅是储蓄服务和转账支付，信用记录几乎没有，农户的信用意识普遍缺乏。与此同时，在国家层面，农村地区信用体制机制建设存在严重不足，金融机构能够利用和采纳的信用信息很少，也推高了信贷业务中的风险成本和人力成本，金融机构的不敢贷和农户对融资的需求矛盾较大。为解决农户信用信息缺失的问题，兰考试验区针对一些农民信用记录空白及有效抵押担保资源匮乏的实际，采用逆向思维的方式，把信贷业务的授信环节进行前置，将传统信贷业务中的"信用+信贷"流程变更为"信贷+信用"，打破了银行和农户的信贷约束，创新了信贷业务的普惠授信模式。在这种模式下，按照"宽授信、严启用、严用途、激励守信、严惩失信"原则，为每户提供 3 万~5 万元的基础授信（目前授信额度提升至 8 万元），只要农户能够满足"无不良信用记录、无不良嗜好、有产业发展资金需求"这三个条件，便能申请资金的使用。普惠金融贷款可实现一次授信、三年有效，在资金使用方面可随借随还，且年利率比正常农户的贷款加权平均利率要低，有效实现了农村信贷业务的"普"和"惠"。

（三） 建设乡村普惠金融服务站

兰考试验区将普惠金融的发展与县域行政层级相融合，分别设立了县金融服务中心、乡普惠金融服务站和村普惠金融服务站，内嵌于县、乡镇和村级党群服务中心。在该层级模式下，有效地实现了金融服务半径的延伸，实现了农村地区基础金融服务的可得性，同时解决了农村金融服务中人员不足和成本高的问题。兰考将村普惠金融服务站建在党群服务中心便民服务厅，实现了与农村基层党建的有机融合，打造了"基层党建+产业扶贫+普惠金融"三位一体的服务平台。村普惠金融服务站主要提供"4+X"综合服务。"4"即贷款推荐和贷后协助管理、信用体系建设和失信联合惩戒、数字普惠金融推广和基础金融服务、金融消费权益保护和政策宣传，"X"即银行、保险机构特色金融服务。目前，已建成服务站 454 个，其中数字化的服务站 2 个。

（四） 构建"信用信贷相长"的信用体系

为解决农村信用信息缺失这一难题，兰考县成立了信用信息中心，该中心以省农户和中小企业信用信息系统为基础，对农户的社会信用信息进行采集和录入，并组织开展信用户、村、乡镇及信用企业的评定。兰考县开展信用信贷相长行动，实施了相应的守信激励和失信惩戒措施，旨在实现信用信贷的相互促进，引导农户增强守信诚信意识，不断提升农村的信用环境建设。在创新普惠授信的模式下，实现了对农户信用信息的采集和更新，在信贷投放中引导农户建立良好的信用记录，从而实现信贷与信用良性互促的循环机制，解决农村地区信用体系不健全、信用环境不优的问题，最终实现农村信用环境的整体优化。

（五） 健全新型风险防控体系

银行作为信贷业务的主体承担了贷款发放中主要的风险，因此银行对农村地区的信贷业务具有排斥性。为鼓励银行支持农村地区弱势群体和弱势行业，兰考在风控体系建设方面，除了出资设立风险补偿基金、周转还贷金之外，还探索了"银行、政府、保险公司、担保公司"四位一体的分担机制。对出现的贷款不良率进行分段责任划分，2%以下的不良损失由银行全部承担,随着不良损失的上升,政府风险补偿基金的分担比例也随之上升,由此减轻了银行的运营成本和风险,解除了银行支持乡村发展的后顾之忧,也压实了地方政府优化农村信用环境建设的主体责任。此外,兰考还创新建立了信贷"隔离"机制,根据其对风险承担的能力设定普惠授信不良贷款的"隔离"容忍点,对普惠授信不良率超过一定比例的乡镇和行政村暂停新增授信,实现对农户信贷的约束和对乡镇的信用建设的劝勉,有效防控和消除普惠授信业务中不良贷款的发生。

二 主要成效

经过持续努力,兰考县普惠金融改革试验区建设取得了显著成效,并形成了较好的示范带动效应。兰考于 2017 年 2 月率先脱贫摘帽,普惠金融指数实现了大幅度的跃升,在全省县(市)的排名由 2015 年的第 22 位升至 2017 年的第 1 位,并保持到现在,主要经济指标增速持续位居全省前列。从 2018 年上半年开始,兰考普惠金融模式在开封市及全省 22 个试点县(市、区)进行复制推广,展示了蓬勃的生机和活力,并进一步拓展了普惠金融的实践。

(一) 提升了金融服务可得性

兰考试验区通过建设数字普惠金融,破解了长期以来农村金融发展和服务乡村发展的难点和痛点,实现了金融在农村的"最后一公里"延伸,体现了普惠金融的包容性和可得性原则。兰考县在大力推广"普惠通"App的同时,还建设了兰考普惠金融区块链中心,推进智慧政务的发展,打造"互联网+政务+普惠金融+农村电商"的数字普惠金融综合应用新模式。与蚂蚁金服签署战略合作协议,推出兰考普惠"数字农贷"。积极推广移动支付业务,推进移动支付示范县建设,2018 年 5 月兰考智慧公交正式上线,成为全省第一个实现公交移动支付的县级区域。数字普惠金融的建设为农村地区提供了更加丰富、更加快捷、成本更低的金融产品和服务,极大地提升了农村地区金融的可得性。

(二) 推动了农民脱贫致富

兰考县是国家级贫困县,兰考在脱贫攻坚中,实现了普惠金融与金融扶贫的有机结合，有效推动了农民的脱贫致富。在推动普惠金融实施的过程中，对不同层次的农户需求进行梳理分类，精准对接提供合适的产品和服务。如针对建档立卡贫困户、收入水平略高于贫困户的非贫困户等，推出扶贫小额信贷和普惠授信，以"惠"和"普"的方式让贫困户与非贫困户都能获得小额信贷服务，实现普惠金融助力农户和产业的发展，为乡村发展注入活水。如该县东邵一村利用普惠授信和扶贫小额信贷，发展温室大棚蔬菜和水果种植，建立了日光温室大棚 318 座，吸收本村 200 多人就业，全村人均增收 2500 元。

（三）促进了乡村产业振兴

根据兰考乡村振兴规划发展导向，普惠金融及时跟进，对现代农业、食草性畜牧业等发展给予大力支持，在信贷投放中明确资金只能用于支持生产性发展，实现了金融资源在支持乡村产业发展中的普惠配置和再配置，有效助推了乡村产业的发展和振兴。范场村存在诸多的以家庭为单位的民族乐器作坊，在普惠金融的支持下该村实现了迅速发展，形成了以制作民间乐器为支持产业的专业村。目前，该村有各类乐器企业 80 余家，解决了 1200 余人的就业问题，年产各类民族乐器十万多台（把），年产值达到 1.2 亿元，产业的发展壮大推动了乡村的振兴和农民收入的增加。

（四）助推了乡村治理创新

兰考将普惠金融服务站内嵌于党群服务中心，赋予金融服务公共化属性，改变了传统金融支农过程中的商业化和功能单一化特征，同时也扩充了乡村党群服务中心的服务内容，在帮助农民提升金融素养、获得金融服务的同时，也增强了基层党群服务中心的凝聚力，密切了党群关系和政群关系，实现了乡村的有效治理。一方面，村级组织活动场所主阵地作用有效发挥，利用村级党群服务中心，积极组织党员群众开展基层党建、普惠金融等政策宣传、民主议事、文化娱乐等系列活动，基层组织的凝聚力、向心力显著增强，村级党群服务中心已成为党员群众议事办事、学习培训、文化娱乐的主阵地、好场所；另一方面，服务基层，方便群众，兰考金融机构通过村级普惠金融服务站建设，实现了"ATM 到乡镇、POS 机到行政村、惠农支付点到行政村域" 3 个 100% 全覆盖，全县城乡居民对普惠金融的认知度不断增强，普惠金融正在成为城乡群众所拥有的一项基本权利，金融服务的获得率、对党和政府工作的满意度稳步提高。

（五）促进了文明乡风形成

兰考在开展信用信贷相长行动过程中，通过制定守信激励和失信惩罚措施，对于守信的农户给予利率优惠和提升信贷额度，对于失信者则列入法院黑名单，并在电视台和相关网站进行曝光，将群众诚实守信转化为可用的信用价值，让"文明信用"变成"真金白银"，实现了农村地区信用环境的优化和金融生态环境的持续向好，形成了人人讲诚信讲信用的良好社会风气，推动了农村居民守诚信践诺言意识的普遍提高，形成信用体系与法治、德治的有机融合，有效提升了文明水平。

三　经验与启示

（一）普惠金融是补齐乡村振兴金融短板的有效路径

在实施乡村振兴战略的过程中，无论是产业的壮大升级，还是农村的一二三产业融合，都必须有合适的金融作为支撑。由于我国农村地区农业经营主体具有多和杂的特征，农村地区的金融需求以碎片化、多样化为主，特别是在农户产业发展、农村产业融合和转型升级等方面存在严重的金融供给不足，商业银行、农信社等主要金融机构在服务乡村振兴方面存在严重的不足，金融资源向农村地区的聚集效应不明显，无法对乡村产业振兴形成有力的支持。而普惠金融所具有的低成本、覆盖广、样式多等优势，不仅能够支持乡村弱势群体的发展，而且与乡村振兴中金融需求的特征基本吻合，能够弥补乡村振兴中的金融短板。兰考县及其他地区的实践探索有力地证明了普惠金融能够解决农村金融服务乡村振兴发展中的短板问题，能够有效引导资源回流农业农村，为乡村振兴提供低成本、多层次、具有可持续性的金融供给。

（二）数字化为普惠金融的发展提供新动能

尽管普惠金融在服务弱势群体和农业农村发展中有着诸多优势，但是传统普惠金融由于渠道有限、创新不够等情况，在提高覆盖率、提升产品多样性和实现金融机构的可持续性方面一直存在不足。主要原因在于，普惠金融面对的客户群体庞大而业务规模又小，依靠传统的金融手段和方式，既难以满足多样化的金融需求，也难以实现金融机构运营成本和风险的降低。但是，将大数据、人工智能、区块链等科技应用于普惠金融领域，通过数字科技赋能普惠金融，既能改变传统普惠金融的信贷逻辑，提高普惠金融的获客能力和运行效率，也能降低普惠金融的服务成本和运营风险，赋予普惠金融新的发展模式和运营模式。数字普惠金融是金融科技与普惠金融发展的深度融合，能够打通金融服务乡村的"最后一公里"，从长远来看，发展普惠金融的出路在于数字普惠金融的发展。

（三）普惠金融服务乡村振兴需要不断优化创新

实施乡村振兴是新时代党和国家做出的重大战略部署。乡村的全面振兴不仅要着眼于农村经济的发展，推动产业的升级转型，还要统筹推进农村政治建设、文化发展及生态文明建设等多个方面，这既是对普惠金融发展提出的新的更高的要求，也为普惠金融的发展提供了新机遇，需要普惠金融不断地创新以适应乡村振兴方方面面的需求。兰考实验区在推进普惠金融发展方面，将普惠金融的发展作为乡村振兴战略的助推器，不断强化普惠金融与乡村振兴的深度融合，完善适合农业农村发展的普惠金融体系，以提升金融服务乡村振兴的水平和能力。如针对建档立卡贫困户推广产业发展信用贷，针对一般农户推广普惠授信贷款，针对农业经营主体和小微企业推广"三位一体"贷款，针对龙头企业推行产业链融资模式等，以产品和服务创新的方式满足多主体多层次金融需求。

（四）普惠金融的可持续发展需要健全风控机制

尽管普惠金融具有广泛的包容性，但是普惠金融并不等同于扶贫，普惠金融同时也需要坚持商业可持续性原则，实现收益对服务成本和风险的覆盖。但是，普惠金融面向的是弱势群体和薄弱环节，具有高风险的特性，倘若没有健全的风控机制，容易导致大量的风险聚集。因此，在保障普惠金融商业可持续性发展中要全面加强风险管理体系建设，积极主动地将大数据等金融科技运用到普惠金融业务的各个环节中，加强政府在金融监管中的作用，防止普惠金融领域的风险演化为系统性和区域性风险。

"四大体系"破解小额信贷政策落地难题

——河南省卢氏县小额信贷服务乡村振兴案例

精准脱贫是党的十九大提出的决胜全面建成小康社会的三大攻坚战之一。在精准扶贫进入"啃硬骨头、攻坚拔寨"的冲刺阶段，更需要金融的鼎力支持，如何借助金融的力量激发贫困地区的内生发展动力和活力，实现金融扶贫政策的有效落地，培育脱贫致富的新动能，是亟待解决的难题。2017 年 2 月，在省、市相关部门的支持和指导下，卢氏县以创建金融扶贫试验区为契机，在找准"五大障碍"的基础上，建设了"四大体系"，探索出了金融助力产业发展的金融扶贫"卢氏模式"，破解了小额扶贫信贷政策落地难题，为推进扶贫产业持续健康发展、接续推进乡村产业振兴贡献了卢氏智慧。

一 主要做法

卢氏县地处河南省西部深山区，县域面积 4004 平方公里，现辖 19 个乡镇 277 个行政村、10 个居委会，人口 38.2 万人，是国家级贫困县、秦巴山集中连片特困地区扶贫开发工作重点县，也是河南省四个深度贫困县之一。2017 年在创建金融扶贫试验区之际，全县共有贫困人口 16301 户 50628 人，贫困发生率 15.23%，是河南省贫困发生率最高、贫困程度最深的县。在推动小额扶贫信贷政策落地的过程中，卢氏县强化问题导向，通过系统创新积极破解落地难题。

（一）以问题为导向找准制约瓶颈

如何借助金融手段解决贫困问题是一个世界性的难题，贫困人口由于缺乏实物资产或个人担保，很少能获得贷款发展生产，提升可持续发展能力。解决这个问题的关键是要为贫困户提供期限合理、额度适中、成本优惠、程序便捷的小额贷款。2014 年 12 月，国家出台了支持贫困户发展的扶贫小额信贷政策，核心内容是"对符合贷款条件的建档立卡贫困户提供 5 万元以下、期限 3 年以内的信用贷款""免抵押、免担保""对符合条件贷款户给予贴息支持"（简称"两免一贴"）。政策含金量很高，但长时间落不了地，一方面，贫困群众发展生产急需资金支持，而该项政策却是可望而不可即；另一方面，金融机构出于其传统运营模式的考量，认为该项政策存在风险大、成本高和操作难的问题。截至 2016 年底，全省的小额信贷获贷率仅为 4.55%，没有对贫困地区的产业起到应有的支持作用。

一是金融服务不到位。广大贫困地区长期以来一直是金融服务的盲区，小额信贷政策的难以落地，首要的问题是金融机构和金融从业者对金融服务的保障能力不够。当初卢氏县有 6 家金融机构，其中只有农商行在乡镇设有服务网点，信贷员人均要服务 1000 余户 3000 余人，金融供给严重缺失，基层金融服务缺口大。金融资源供给的有限性与面广点多的金融需求矛盾突出，金融服务的有效性和可得性没有得到保障，小额信贷支持产业发展的应有作用没有发挥出来。在农村基层银行服务网点有限的情况下，如何提高贫困户的金融可得性是小额信贷政策落地亟须解决的问题。

二是信用体系不完善。信用贷款的前提是信用，"两免一贴"本质上是信用贷款。但是我国广大农村地区信用体系不完善、金融生态环境不优、信用信息的严重缺失，导致了在小额信贷发放中信用评价机制难以发挥作用，无法准确识别贫困户的信用状况。同时，仅仅依靠金融机构完善信用体系也不具有可行性。对于有限的银行信贷人员来说，农村地区广阔，人口众多，挨家串户地采集信息成本大、效率低，不具有可持续性。

三是农户发展缺乏产业支撑。乡村振兴，产业先行。产业扶贫是贫困地区摆脱贫困的基本路径。没有产业的发展带动，贫困地区很难实现脱贫致富，脱贫后的长效发展机制也难以维系。贫困地区大多资源匮乏，缺乏必要的产业支撑，几乎没有完整的产业链，贫困户也缺乏稳定增收的产业支持。即便是上了产业项目，后续也面临项目选择是否对路和是否能够盈利的问题。特别是对于贫困户来说，即便是有产业的带动，但是由于贫困户经营素质不高，抗风险能力差，金融机构出于风险考虑，对贫困户放贷的积极性也不高。

四是贫困户风险管控难。金融机构在扶贫信贷投放领域主要是基础设施建设和产业项目，这些领域有政府的背书或有良好资质的企业提供抵押担保，能够有效降低风险，实现风险的可控。但是小额信贷主要是针对贫困户，以信用作为担保，一旦经营出现风险，金融机构就会面临相应的损失。因此，金融机构在推进小额信贷时普遍存在惜贷、慎贷和拒贷的情况。

五是金融机构商业可持续性难维系。与大额信贷业务相比，小额信贷面向众多的贫困群体，贷款额度小、笔数多，信贷人员需要投入更多的时间和成本，尤其是一些贫困山区更是推高了信贷成本。以邮储银行卢氏支行为例，信贷业务中的人工成本高达3%，而小额信贷政策制定的基准贷款利率为4.35%，在这种情况下银行几乎没有什么盈利空间。面对刚性的执行政策，如何实现信贷成本的降低，保持商业银行的盈利和可持续性，将直接影响银行投放小额扶贫贷款的动力。

（二）以目标为导向建立四大体系

一是构建金融服务体系。成立县金融服务中心、乡金融服务站、村金融服务部三级金融网络，明确三级网络各自分工，建立了三者有序衔接的制度流程，形成了有机构牵头推动、有人员负责办理、有流程发放贷款的工作格局，有效地解决了银行服务不足、金融服务难以保障的难题。目前，全县信贷人员由原来的118人增加到1981人，金融服务的可得性极大增强，如农户的贷款业务办理时间由过去的"无限期"缩短为现在的"4个工作日"，金融服务实现了"多人管"和"管到底"。

二是构建信用评价体系。为了给小额信贷提供信用评价基础，卢氏县依托中国人民银行郑州中心支行的农村信用信息系统，按照一定的定性标准和13类定量指标采集农户信息，建立起覆盖全县的信用信息数据库，并对数据库信息进行定时和及时的更新维护，确保信息的准确可信，为每个农户都建立其信用档案。依据信用档案的不同分值，对农户的授信划分为四个等级，给予5万~20万元的信用额度。全县共采集了8.9万户农户信息，采集率为96.7%，有信率达86.3%。卢氏县同时与中农信公司联合开发了金融扶贫贷款科技系统，实现了信贷人员信用评级全程参与、授信结果银行认可、三级体系互联互通。

三是构建产业支撑体系。卢氏县按照积极发展绿色农业、特色工业和现代服务业发展的思路，形成多种产业扶贫的经营方式。建立"金融+特色产业""金融+产业扶贫基地""金融+新型经营主体""金融+产业项目"多种产融结合机制,将金融扶贫与产业深度结合发展,小额信贷全产业链条深入参与,化解贫困户单打独斗发展产业带来的市场风险。一方面,立足资源优势,围绕特色产业和农村一二三产业融合发展,持续实现金融扶贫资金的投入;另一方面,重点支持贫困群众发展投资少、见效快、效益高的种植、养殖和农产品加工等产业项目,实现稳定增收。

四是构建风险防控体系。基于小额信贷业务风险高的现实,卢氏县建立了服务体系监控、项目资金监管、保险跟进防范、风险分担缓释、诚信文明激励、惩戒约束熔断六大机制,有力地实现了对风险的把控。将贷款风险的防范置于信贷业务的全流程,从贷款审核和贷中监督,再到贷后违约责任的追究,最大限度降低信贷风险,金融机构也由拒贷、惜贷变为主动放贷。同时,信用信息的建设与文明诚信、基层党建实现了融合发展,对守信行为进行激励,对失信行为进行惩戒,推动了社会诚实守信良好风气的形成。

二 主要成效

随着金融扶贫试验区建设的深入推进,金融扶贫的撬动、放大、聚合、外溢效应日益凸显,"乘数效应"持续迸发,有力推动了卢氏脱贫攻坚工作和县域经济的发展。2020年2月底,河南省政府常务会议批准包括卢氏县在内的14个县退出贫困县,标志着卢氏县退出贫困县系列。

(一) 推进了产业转型升级

金融扶贫与促进产业转型升级结合,带动脱贫致富。自开展金融扶贫以来,全县农业龙头企业由17家增加到52家,核桃面积由42万亩发展到过百万亩,高效连翘由50万亩增加到87万亩,食用菌由1亿棒增加到2.2亿棒,产业大棚由100座发展到3290座,全县农民专业合作社由182家发展到1569家。截至2020年8月底,卢氏县累计投放金融扶贫贷款1.95万笔20.4亿元,其中贫困户贷款9748户1.9万笔9.24亿元,户贷率42.47%。通过金融支持产业发展和培育龙头企业,带动3.5万户实现就近就业;有2.8万余人自主创业、发展产业,其中贫困人口9800余人。

（二） 提升了乡风文明建设

金融扶贫与健全社会信用体系结合，推动了乡风文明的发展。金融扶贫评级授信与文明诚信建设有机结合、相互促进，放大了信用评级效果。在信用体系的建设过程中，促进了社会诚信氛围的形成，守信激励、失信惩戒的共识在全社会得到强化。2019 年底，全市小额扶贫贷款余额为 2.96亿元，其中不良贷款余额为 66.12 万元，不良率仅为 0.22%，风险整体可控，实现了贷得出、收得回、可持续，实现了信贷风险整体可控。

（三） 提升了基层组织的引领作用

推动了基层金融服务与农村基层党建结合，实现了治理有效。特别是在三级金融服务体系中村级金融扶贫服务部的建立，使得基层党支部有了新的职责，也赋予基层党支部在乡村治理和带领贫困户脱贫中新的抓手，基层党组织和党员参与到信息采集、更新和贷前把关、贷中服务、贷后监管中来，实现了基层党建与金融扶贫的深度融合，密切了党组织同人民群众的血肉联系。在村两委换届中，270 余名返乡能人、乡贤、退伍军人、退休干部主动投身村干部队伍中。产业发展了、群众致富了、村集体经济收入增加了，党支部的组织力、号召力显著增强。

（四） 提升了农户的内生发展动力

金融扶贫与加强农村社会治理结合，激发了内生动力。一大批贫困群众通过金融扶贫贷款，解决了发展生产的启动资金问题，贫困群众找到了自身价值，实现了"要我脱贫"向"我要脱贫"的转变。在其影响带动下，贫困群众"比学赶超"的发展意识越来越强，"等着扶、躺着要"的懒汉少了，"想着干、争着富"的能人多了，"拉一把、站起来"的卢氏扶贫精神深入人心，群众发展后劲越来越足，脱贫致富的动力活力持续迸发。

三　经验与启示

"卢氏模式"在解决小额信贷政策落地的过程中，基本解决了农村地区信用机制不完善的问题，基本解决了贫困户与金融机构之间信息不对称的问题，破解了贫困户在融资过程中的贷款难、担保难问题。卢氏县小额信贷政策落地的实践也证明了，在金融支持乡村振兴过程中，小额信贷有效解决了农户产业发展的资金启动问题，实现了乡村产业的发展，同时增强了农户的自我发展能力。"卢氏模式"是破解小额信贷政策落地难题的特惠金融，为河南省乃至全国提供了可复制、可推广和可借鉴的经验。

（一）坚持产业发展与金融有机融合

实现脱贫的根本出路在于发展产业，"卢氏模式"显示出的极强的生命力和可复制性，得益于通过小额信贷政策的落地实现了金融与产业发展的有机融合，这为以后的脱贫攻坚成果巩固，并接续推进乡村产业振兴打下了基础。"卢氏模式"是金融助力产业发展的模式创新，在金融扶贫过程中，必须围绕产业的发展做文章，引导金融资源支持农户产业的发展或支持区域特色产业、优势产业发展，构建起金融支持乡村产业发展的长效机制，这样才能发挥金融扶贫的活水效应。

（二）坚持优化利益联结机制

产业的发展需要培育龙头企业、发展主导产业、密切利益联结，不断实现带贫效果的提升。卢氏精准扶贫中实施了"1+1"的带动贫困户的发展机制，提升了贫困群众的内生发展动力，实现了脱贫增收的可持续性。对于产业基础薄弱且贷款意愿不强的贫困户，通过非贫困户和新型农业经营主体的带动，帮助贫困户融入产业链条，增强其产业发展能力和抵御市场风险的能力。卢氏县在脱贫攻坚中坚持贫困户参与、贫困户发展和贫困户受益的原则，通过小额信贷的帮扶，促使贫困户融入产业发展中并长期受益，持续提升贫困户的内生发展动力，不以突击脱贫为目的，防止脱贫后再返贫和脱贫后的"悬崖效应"。

（三）坚持健全风险防控机制

卢氏县始终将风险防控作为金融扶贫的重中之重，不断加强金融动态监管和风险预警，将防范金融风险由"被动"变为"主动"，建立风险预警、研判分析、监管服务等机制。在"四大体系"建设过程中，始终把风险防控放在首位来考虑、作为关键来把握，绷紧风险之弦，守牢防控底线。通过县、乡、村三级服务体系对贷款全过程实施动态监测，加强小额信贷的贷后风险监管，确保不发生金融风险。在扶贫小额信贷政策落地的过程中，既要坚持户贷户用方向，又要大力培育龙头企业，将农户嵌入产业链，切实降低农户"单打独斗"发展产业带来的市场风险；对企贷企用资金既要加大扶持，又要加强常态化监管，防止资金挪用、闲置和浪费。

（四）坚持完善农村信用评价机制

小额信贷政策难以落地的一个关节点在于信用信息的缺失，导致了农村地区广泛存在金融机构与贫困户之间的供需对接难题。卢氏县在推进小额信贷过程中同样面临信用信息缺失的情况，农户的融资需求与金融机构的风险排他性矛盾突出，但是卢氏县通过建立覆盖全县的信用信息数据库，使得金融机构能够低成本、高效率地了解农户的基本情况，有效地解决了金融机构与资金需求主体之间对接的难题，农户融资过程中担保难的问题得以解决。

创新农业"准股田制"土地托管模式

——河南省南阳市宛城区乡村产业振兴案例

南阳市宛城区辖 8 个乡镇、5 个街道、159 个行政村、58 个社区，总人口 60.98 万人，其中农业人口 42.1 万人。现有耕地 69.7 万亩，2019 年粮食总产量 8.16 亿斤，土地流转面积 21.5 万亩，占耕地面积的 30.8%，109 个农民专业合作社、49 个家庭农场、14 个涉农企业及 49 家种粮大户参与了全区的土地流转托管工作。其中，河南文景园农业科技有限公司探索推进农业"准股田制"土地托管经营模式，已实现规模经营 2 万多亩，有力地推动了乡村产业振兴。

一 模式运行

在国家实施乡村振兴战略的指引下，文景园公司坚持"让农民增收、让农业增值、让农村增色"理念，以"股田制"土地托管新模式为依托，以农业综合管理及金融服务为两翼，大力整合相关产业资源，着力打造可持续发展的农业共同体。目前，集团特色的股田制土地托管模式在宛城区 4 个乡镇 18 个行政村已成功运行，并与农业农村部农业技术推广中心、中国农业科学院等机构达成合作，通过农业科技创新、全产业链资源整合，推动小农户与现代农业有机衔接。

（一）模式核心

该模式的核心是村民将农地经营权委托给村集体，村委会（合作社）再流转给企业，农民一亩一股，企业以自己的经营资本和田间管理等占另一半的股份，保底收益为略高于当地租金的定额，折算成市场价下的大宗作物产量（400 斤小麦+400 斤玉米，首轮合同为期 3 年）；分红为企业与农民各占一半。

（二）经营机制

在经营上，企业负责耕、种、管、收、贮、运、销等全环节，种子、化肥、农药等直接从厂家订货，与中国一拖、无锡汉和（无人机）等开展以租代售农机合作，小麦定向卖给想念，玉米定向卖给牧原，青贮饲料卖给花花牛、三色鸽，还开创了有机肥生产、秸秆综合利用、电商平台、特色农业（艾草、金银花、红薯等）等业务板块。

（三）利益联结机制

在利益激励约束上，企业与三方都有协议：每50亩设一个管家，管家的收入与产量挂钩，地块在流转时分为一二三等，每等地对应不同的产量标准；企业支付村委会每年每亩10元的管理费，用于农产品、农业生产资料等治安管理，农民虽有保底收益，但在治安管理上也负有监管责任。如果发生农产品被盗等损失，首先从管理费中扣除，不足部分从农民保底收益和管家收入中扣除。此外，分红收益标准由农民、村集体、管家共同确定。

（四）经营效益和风险防范

在效益上，粗略算了一笔账，小麦亩均产量1200~1300斤约1400元，玉米1200斤1200元，两项合计2600元，扣除地租1000元以及农资、浇水等支出约400元，亩均净利润约1200元，按照农民、企业各一半进行分红，则企业亩均净利润达600元，农民则相当于1600元。此外，在风险防范上，小麦、玉米等大宗作物均有现成的险种，在其他特色作物上，与当地保险公司进行相应险种的量身定制。

二 模式特点

（一）总体特点

该模式有别于一般意义上的土地托管，因为其在经营模式上充分调动了农民、村集体、企业及托管管家的积极性，特别是让农民既参与土地流转，又承担一定的土地和农产品管护责任。同时，该模式也不是严格意义上的股田制，"股"的概念目前还仅体现在分红环节。因此，该模式还只能说是"准股田制"土地托管。

（二）主要成效

在近年来很多地方出现的土地流转由于接连遭遇成本上升、环保限产停产、银根收缩、大棚房整治、非洲猪瘟、新冠肺炎疫情等多重因素而亏损、破产乃至跑路的大背景下，该模式可谓一股清流，而且确实在一定程度上解决了农业发展中的多重难题。一是解决土地流转后"非粮化""非农化"问题，这在当前全球粮食安全危机、"六稳六保"的背景下尤显重要，2020 年 12 月召开的中央经济工作会议再次强调坚决遏制耕地"非农化"、防止"非粮化"。二是解决土地流转后农民积极性也随之丧失的问题，如之前饱受诟病的土地流转后农民出工不出力、农作物和农产品被盗、农业生产设施被破坏如机井损坏、沟渠被毁、电线被割等问题。三是解决小农生产受自然、市场制约较大的问题，以多元经营、订单农业、农业保险等方式增强抗风险能力。四是解决农产品耕、种、收、储、运、销等产销对接、卖难等问题，实现多环节有机衔接。五是解决农民后继无人的问题，以土地为核心、通过涉农资源的有机整合，以新型职业农民、专业公司、专业合作社等方式，将种子、化肥、农药等农资经营主体以及农技推广主体全部纳入其中，使专业人干专业事，提升农业全要素生产率和资源要素配置效率。

（三）瓶颈制约

当然，该模式在运行中也面临一些突出瓶颈。一是仓储，按流通半径及发展需要，每 2 万亩需建一座粮仓，每座需投资 300 万元左右，因设施的准公益性和回报周期的长期性，在资金投入和用地等方面都需要加大相应的政策支持力度。二是节水灌溉，高标准农田建设目前亩均投入是中央财政 1500 元、地方配套 1500 元，但什么时候建、怎么建，自身有一套严格的流程，作为参与农地流转规模经营的农业龙头企业只能被动等待。三是风险更加聚集，该模式在运行中，风险源相对聚集于企业自身经营，如果企业经营出现风险，则势必损及农民利益。例如，目前企业开展多元化经营，成立"职业农民学校"，为农民提供职业技能培训，未来还将考虑建设类似城市综合体的乡村综合体，关注和服务农民衣食住行等。这本身如同硬币之两面，既可能会分散自然风险和市场风险，但也可能会加剧产业链的经营风险。当然，尽管企业有经营风险，但目前对政府和农民来说比较有利的有两点：一是协议期短，便于风险控制；二是企业经营也没有远离土地和农业，即便复耕难度也不大。

三　模式启示

宛城区农业"准股田制"土地托管模式对传统农业发展模式转型提供了有益启示。

（一）农业未必弱质

从一般意义上说，农业是一个弱质产业，具有弱质产业的普遍特征，如比较收益低、生产周期长、环境影响大、回报见效慢、风险隐患多等。仅高风险来说，就包括自然风险、市场风险、经营风险、道德风险、政策风险等。但如果仔细考究，准确地说，则应该是传统农业是弱质产业，如果通过制度创新和组织模式再造，就可能不一定了。如同家庭联产承包责任制的推行，地还是原来那块地，但产量已不再是原来那个产量。农业特别是粮食也可以不是弱质产业，而能成为优势和核心竞争力。农业到底是不是弱质产业，关键是要看土地在谁手里经营，通过组织创新和制度创新，可以在一定程度上稀释农业与生俱来的弱质性，进一步说，还可能形成农业特别是粮食的新优势、王牌和核心竞争力。

（二）农业也可高利润

该模式下，企业粮食生产利润超过 20%，如果考虑到企业支付给农民的保底收益和红利是在农作物收获之后才进行的，那么其投入产出率更高，用企业自己的说法是，也可以算是"暴利"了。"暴利"的根本在于有效发挥政府和市场作用，高效整合资源要素，积极延长产业链、提升价值链、打造供应链，即实现"三链同构"。

（三）必须寻求适宜的农地经营权流转模式

从根本上说，股田制土地托管充分利用承包地"三权分置"的改革成果。如同该企业在经营中坚持"不盲目扩张"一样，在现阶段土地产权制度安排上，也需要稳慎推进改革。要剥离附着在农村户籍上的集体产权，如同剥离附着在城市户籍上的公共服务，既要有改革担当，更要有历史耐心、战略定力和实践智慧。"三权分置"下的"准股田制"模式，或可视为当下农地经营权依法自愿、有序有偿退出的一种阶段性策略或方式。

（四）必须积极优化乡村营商环境

什么样的产权安排和组织设计既能保粮又能让农民从土地上得到解放，什么样的营商环境能够让工商资本和城市居民愿意下乡投资，什么样的设施条件能够让城乡居民留在乡村生活兴业，这是城乡融合背景下推进乡村现代服务业高质量发展和乡村产业振兴必须认真思考的问题。为此，要强化精准创新，即要在合适的时间选择合适的创新。比如，在高标准农田建设上，可将农地"三权分置"改革与高标准农田建设、农地流转市场发展充分结合，以高标准农田建设资金为主统筹整合财政资金，采取县统筹、镇执行、村配合方式推动高标准农田建设，在更大区域范围释放农田平整连片的规模效应，提升农田平整连片程度，在保障农户承包权的基础上，使家庭农场等农业经营主体便捷获得已平整连片土地的经营权。

以产业化推进大田全程托管

——河南省荥阳市大田托管高效发展案例

农业托管是农户等经营主体在不流转土地经营权的条件下，将农业生产中的耕、种、防、收等全部或部分作业环节委托给农业生产性服务组织完成的农业经营方式。农民合作社是农业生产性服务组织的重要组成部分之一，通过合作社提供农业生产托管服务，实现了小农户与现代农业的有机衔接，破解了小农户农业生产现代化困局，有利于扩大农业的生产规模、经营规模和服务规模。

荥阳市新田地种植专业合作社成立于 2011 年，由 6 家农户发起成立，历经十年发展探索，合作社走出了一条农村土地托管服务的高产增收道路，即用产业化理念全程托管强筋小麦和角质化玉米的生产，实现粮食生产的优质高效。合作社现有成员 200 余户，辐射带动周边 5 个乡（镇）60 个行政村的 1.2 万户农民，统一种植新麦 26 强筋小麦 4 万亩。合作社在巩义、兰考、鄢陵、太康、武陟、新郑 6 个县（市）成立了合作社分社，种植新麦 26 强筋小麦 6 万余亩，带动农户 1.4 万余户。2014 年，合作社被评为国家农民合作社示范社。

一 主要做法

新田地种植专业合作社以"为农服务"为宗旨，积极应对农业生产经营方式的转变，适应农业科技服务模式的变化，探索适度规模经营，将产业化理念融入粮食生产托管服务中，主动适应农业生产经营方式与科技服务模式的深刻变化，积极创新农业托管服务模式，用产业化理念做大做强粮食生产，通过建立农业生产要素车间服务平台开展模块化管理，探索出适合大田托管的高效种植业模式，提高了农业生产效益。

（一） 创新组织管理方式

新田地种植专业合作社结合种植业和合作社发展实际实施"六统一"制度，即统一品种、统一采购、统一供应、统一服务、统一防疫、统一销售，主要为合作社社员及服务对象统一提供种子（优质强筋小麦和优质玉米）、化肥和农药等农业生产资料，以及提供耕作、播种、飞防、收割等全程农机服务。新田地种植专业合作社鉴于土地托管规模较大的现状，用产业化理念开展土地托管业务，通过建立农业生产要素车间，开展模块化管理，探索出适合大田托管的高产管理模式，提高了农业生产效益。

（二） 创新产销对接模式

针对"谷贱伤农"的问题，新田地种植专业合作社从成立之初就在国家小麦工程技术中心支持下从"优质良种"上下功夫，选择了种植产量更高、售价更有优势的"新麦26强筋小麦""豫玉30角质化玉米""郑黄糯2号糯米化玉米"作为主营品种，直接和面粉厂、饲料厂对接，签订工业订单，保障了粮食销路，防止收购商压价。早在2015年合作社就以高于市场行情的价格，与青岛一家面粉厂签订小麦供应合同，与正大集团签订玉米定向销售合同。截至目前，合作社与30多家面粉企业（如益海嘉里集团、中粮集团等）、20多家饲料企业（如正大集团等）签订了合作合同，有效保障了合作社与社员的权益。

（三） 创新托管模式

一是代耕代种、代管代营模式。针对部分具备劳动能力的社员、家庭农场、种粮大户等，采取将联产承包责任制的土地加入合作社，由合作社全程负责农业生产资料代购，土地深松、耙地的服务，飞防除草及植保服务，以及与下游企业订单的签订并统一销售，通过分散式适度规模经营，提高农户参与的积极性，实现合作共赢。

二是土地银行模式。由县委县政府、银行共同成立农业投资发展有限公司（简称"土地银行"），农户将土地流转至"土地银行"，"土地银行"根据土地性质每年支付给农户"固定收益"（900元/亩）和"变动利息"（100~200元）；"土地银行"将连方成片的土地"托管"给新田地种植专业合作社生产、管理、经营，并由"土地银行"支付相关的全程垫资的托管费用，托管土地的粮食收入归"土地银行"所有。新田地种植专业合作社根据当地农业产业发展的需要，采取"耕、种、管、收、销"集中式闭环运作。

三是联耕联种、联管联营模式。对于村两委班子凝聚力较强的村，将农户确权后的土地全部集中，筹建"新田地农场+农业生产要素车间"。由新田地种植专业合作社全程垫资托管农场的土地，采取"破边、破渠、破埂"的方式，进行联耕联种、联管联营的"集中式"单一产品种植，并按照农户社员确权的土地亩数乘以平均亩产，由"新田地农场"分配粮食、粮款。此外，新田地种植专业合作社每年支付 30 元/亩的看护费作为村两委集体经济收入。

（四）创新管理服务方式

随着合作社托管规模的不断扩大，合作社在经营管理方面遇到了挑战，合作社的服务跟不上托管业务的发展，粮食的单产和效益出现下滑，为减少交易成本和市场波动给农户分散生产造成的风险冲击，从 2015 年起，新田地合作社以村为单位，建立了村级"生产要素车间"，对粮食种植实行模块化管理，合作社给每个生产要素车间配备一名车间主任，负责该车间内粮食作物的产前、产中、产后全程社会化服务，推动粮食的标准化生产，确保优质优价。为进一步提升托管水平、提高托管效率，合作社与当地农机合作社、农机公司开展纵向联合，签订了服务外包协议，进一步提高了合作社粮食种植作业的集成化、标准化，确保了粮食生产的产量和质量。

二 主要成效

（一）实现了投入成本的节约

在农产品价格"天花板"封顶、成本"地板"抬升和资源环境"硬约束"加剧等多重挤压下，新田地种植专业合作社通过全程托管模式的优质强筋小麦、角质化玉米的推广，为粮食种植提供全程社会化的服务。合作社的全程社会化服务拉低了粮食生产成本，可实现每亩地节省生产成本 220 元以上，形成了售价高、利润空间大的比较优势。在农资采购环节，合作社具有一定的规模优势，在市场议价环节也具有一定的优势。在生产资料采购环节，合作社与上游农资企业，如生产肥料的心连心集团、中盐红四方、江苏阿波罗等签订购销合作协议；与上市的种子公司及生物农药企业签订供销合作协议，采用厂家直供村级农业生产要素车间，直接降低农资成本的30%。

（二）实现粮食生产的优质化

为实现合作社粮食生产的优质高效，合作社从源头抓种植业结构的调整，瞄准市场需求优选作物品种，精选优质高产良种，优化粮食品种结构，实现了粮食作物向高质量生产的转型升级，在拓宽销售渠道的同时实现优质优价。在实际生产中，这些优质粮食作物的单产和价格与普通粮食作物对比具有明显的优势，新品种得到周边种植户的认可和接受，示范效应明显。合作社种植优质小麦的面积从合作社成立之初的200余亩扩大到现在的10万余亩。在管理方式上采用生产要素车间的形式，因地制宜提供全程社会化服务，不断提升和控制粮食生产的品质。以新麦26的种植为例，合作社并没对托管的全部种植面积进行"一刀切"，而是根据不同地区、不同的气候特征，采用不同的技术集成生产流程，并对每个服务环节进行严格把控，克服同一品种在不同地区的不良性状和表现，实现种植的优质高效。

（三）实现粮食生产的增收增效

合作社通过优质品种的种植和标准化的管理，达到一定的规模效应，与同地区作物种植相比具有明显的市场效益。与同地区相比，小麦平均每亩增收150斤，玉米平均每亩增收200斤，每亩增收达到350元左右。即便是在遭受自然环境风险冲击的情况下，合作社依然能够凭借自身所拥有的机械装备，帮助社员实现增收。如2016年麦收期间遭受多场雨水天气，合作社及时为社员提供小麦低温烘干服务，防止呕吐霉素的产生，雨后芽麦依然能够达到中粮、益海嘉里等企业的质量标准，每斤售价比同期其他农户高出0.3元。2018年受倒春寒影响，尽管合作社托管小麦亩产也有所下降，但是仍比同期其他农户亩产高200斤左右。合作社长期以来与正大、中粮、益海嘉里等粮食加工企业开展订单生产，减少了粮食流通过程中的中间环节成本，在保证销售的同时确保合作社和社员实现增收增效。

三 经验与启示

为破解"谁来种地，怎么种地"的难题，农业生产托管应运而生。农业生产托管是近年来出现的一种新产业新业态，已经成为农业社会化服务的一个突出亮点和重点。通过对荥阳新田地合作社的分析，可得出以下启示。

（一）土地托管是迈向现代农业的有效形式

发展适度规模经营，是建设现代农业的必由之路。基于我国人多地少的基本国情，在当前和今后很长一段时期内，小农户家庭经营依然是我国农业经营的主要方式。但是，小农户的弱质性使得其在对接市场、融入现代农业发展中存在诸多问题，为加快推进农业农村现代化和夯实乡村振兴基础，需要实现小农户与现代农业发展的有机衔接。小农户对接现代农业发展需要解决如何对接社会化大生产、如何对接现代化的生产要素以及如何提高小农户融入现代农业的积极性。为破解这些难题，大力推进农业生产托管是一个重要路径。通过推进农业生产托管服务，可以将分散的小农户组织起来，提高农业生产的机械化、规模化、集约化管理，提升农业的综合效益和农民收入，实现了小农户与现代农业的有机衔接，是迈向现代农业的有效形式。

（二）农民合作社是开展土地托管业务的良好载体

合作社在组织小农户生产中具有天然的优势，能够充分调动和组织小农户"分"的积极性，赋予农村基本经营制度"统"的功能新内涵。以农民合作社为载体开展土地托管，可以发挥合作社在组织小农户方面的聚合优势，为土地适度规模经营创造有利条件。在生产过程中，合作社可利用其先进的农机装备、管理理念等，为小农户提供社会化服务，解决小农户生产方式落实、生产质量不高的问题，解决小农户生产与现代农业发展的矛盾。农民合作社在连接小农户和现代农业中具有天然优势，也有承担土地托管业务的能力和优势，开展以合作社为载体的土地托管服务具有较好的发展前景，符合现代农业的发展趋势。

（三） 土地托管是增强合作社发展活力的有效途径

我国农民合作社的发展普遍存在经营实力不强、发展不规范、经营活力不够的问题。同时，农民合作社在引领小农户实现与现代农业的有机衔接以及助力农业高质量发展中，也需要进一步提升其发展质量。土地托管业务在发展现代农业中显示了巨大的优势，也实现了巨大的经济和社会效益，将土地托管内化为农民合作社的业务范围，可为合作社的发展提供活力和动力。合作社在开展托管业务的过程中，得益于规模化经营和管理，能够实现成本的降低，获得更多的收入和利润，如收取一定的托管服务费、降低农资采购成本、实现农产品的优质优价等，使得合作社在发展中不断壮大，增强其参与市场的竞争力，实现经营效益的更大化。

（四） 土地托管要因地制宜探索多种模式

发展农业适度规模经营是农业现代化建设的必由之路，以土地托管方式实现农地的规模经营成为带动小农户参加现代农业发展轨迹的新路径，在破解"谁来种粮"方面具有重要的现实意义。但是，土地托管面临不同地区的生产方式，以及不同类型的参与开展社会化服务的组织，开展土地托管需要因地制宜，采取相应的土地托管模式。如可以是农户自发开展的托管模式，可以是村集体统一开展的托管模式，也可以是社会化服务组织统一提供的托管模式；在托管环节方面，可以是农业生产的全程机械化托管，也可以针对某个生产环节进行托管，也可以提供季节性托管，以满足不同地区、不同种植户的多样化托管业务需求。

推动农机服务向农业全程全域全覆盖

——河南省博爱县乡村现代服务业发展案例

农业现代化是乡村振兴的主要目标和重要基础。当下，我国正处于加快推进农业现代化的关键时期，农机社会化服务在现代农业发展中发挥了重要作用，农业生产方式呈现以机械化为主导的特征。各类农机社会化服务组织为满足多样化的、高质量的农机服务需求，不断创新农机服务模式，将农机服务与农艺相融合、与农资供给相融合，向农业生产全过程及农民生活领域延伸，以主动适应现代农业发展的新要求新趋势。基于此，在一些社会化服务需求较集中的区域，一些有实力的农机社会化服务组织以提供高质量的农机服务为基础，创新推出了"全程机械化+综合农事"服务模式，在为农户提供全程机械化的同时，也提供农业生产全过程、全产业以及农民生活领域的各项服务活动，形成了产前产中产后的"一站式"服务平台。博爱县积极推动"全程机械化+综合农事"服务中心建设，涌现了以长继农机专业合作社等为代表的发展典型，为推进乡村产业振兴提供了有力支撑。

一 主要做法

博爱县长继农机专业合作社成立于 2014 年 7 月，注册资金 500 万元，是一家以农机作业为主，同时开展土地流转、农机配件经营、农机维修、农业生产资料购销、粮食仓储、烘干等多种经营的合作社。合作社经过多年的发展和努力，取得了优异成绩，先后被确定为"全国农机推广科技示范户""全国农技推广农业科技示范基地"。2019 年，长继农机专业合作社被农业农村部确定为第一批全国"全程机械化+综合农事"服务中心典型案例，并向全国推介。

（一）积极夯实装备基础

合作社自成立以来，注重农机农艺的融合，在发展中不断提升小麦、玉米生产全程机械化种植水平。为做大做强，合作社始终重视农机装备的投入，农业机械由过去的 8 台发展到 89 台，其中，大型拖拉机 10 台、粮食装载机 2 台、联合收割机 8 台、喷灌机 19 台、自走式喷杆式喷雾机 3 台、粮食烘干机 2 台和其他农机具 45 台。为进一步提高合作社服务实效，合作社建立了高标准的培训室、配件库、维修间、停机棚、粮食储存仓库等，占地面积约 6200 平方米，粮食仓库面积 2998 平方米，固定资产总投资 980 万元左右。

（二）大力开展规模经营

合作社依托土地流转，引领科学种植，实现小农业向规模化经营的转变。2014 年以来，合作社以新发展理念为指导，抓住作物换茬耕种的有利时机，开展土地流转，不断扩大规模经营，承包吴庄村、西界沟村水库地（原来是水库低洼地，后改造成高产良田）、大岩村土地共 2280 亩，并且利用机械优势，年托管和半托管全县农机作业服务面积近 2 万亩，提供耕、种、收、浇灌、植保、粮食烘干等机械作业和粮食销售服务。

（三）提供全程机械化作业

合作社通过几年的发展，农机装备水平和作业服务能力不断提高。合作社组建了机耕队、机收队、机防队、排灌队、粮食收购部、粮食烘干部等专业队伍，对外承揽机耕、机收、浇灌、植保、烘干、粮食收购等环节全过程机械化作业，开展职业化农机服务。一是提供耕播种服务。应用推广保护性耕作技术，应用小麦和玉米免耕播种机进行作物播种，集中施肥，保墒节水，减少作业环节，实现了粮食增产。二是开展深松整地服务。利用深松机对合作社服务的作业区域土地进行深松整地，打破犁底层，改善土壤环境，提高了粮食产量。三是提供节水灌溉服务。合作社现有大型水肥一体化喷灌机 19 台，采用水肥一体机灌溉，通过此项技术，小麦、玉米产量提高了 15% 左右，灌溉成本较人工降低费用 5 元/亩。四是提供高效植保服务。利用自走式喷杆式喷雾机与相关农资经营部建立长期合作关系，开展病虫害综合防治"一站式"服务，生产效率和防治效果明显提高。五是提供粮食籽粒机械化收获服务。玉米籽粒机械化收获技术可以降低籽粒破损率、漏失率，减少收获环节和粮食成熟后的田间损失，合作社积极进行此项技术的试验推广。六是提供粮食烘干技术。合作社发展了两台大型粮食烘干机，对自己生产的粮食全部进行机械化烘干，降低了粮食生产中由连续降雨等不良天气影响带来的种粮风险。

（四）拓展综合农事服务

多年来，合作社致力于全程全面发展，着眼于农机社会化服务业态创新、机制创新、技术创新和集成创新，实现了农机社会化服务提档升级。合作社以职业化农机服务为核心，积极创新服务模式，增强服务能力，拓展延伸产业链，通过发展综合农事"一站式"服务，开展种子购买、农技推广、良种繁育、粮食储藏和烘干等服务，解决农户生产生活难题。

二 主要成效

博爱县积极引导农机合作社转变服务方式，在夯实全程机械化作业的情况下，拓展综合化农事活动，为农户提供一站式服务，取得了较好的经济效益和社会效益。通过农机服务模式的创新，既增强了合作社发展的活力，又促进了农业生产综合效益的提升，提高了农业的机械化、组织化和规模化程度，探索了适度规模的有效路径，实现了小农户与现代农业的有机衔接。

（一）实现了新技术的推广

合作社作为全县小麦、玉米高产攻关推广示范基地，科学制定了《小麦高产优质高效栽培技术规程》《夏玉米优质高产标准化栽培技术操作规程》。粮食生产全程按照操作规程进行科学管理、标准化生产，严把产前、产中、产后各个关键环节。在农机应用方面，合作社配合县农机推广部门分别参加和承担了全县农机农艺融合暨农机推广服务体系现场会、深松演示会、保护性耕作技术应用现场会和玉米籽粒机械化收获现场会，将应用新机具新技术的实践经验进行了推广。

（二）降低了生产成本

合作社由种植传统作物入手，科学种植，在管理中要效益，在市场中求发展。农机作业实行统一作业调度、统一作业质量标准、统一安全培训、统一维修保养，大面积连片作业减少了机车空行路程，降低了作业油耗，提高了作业效益。合作社通过统一购买农药、化肥等农资，提供综合农事服务，进一步降低了生产成本。合作社以团购形式降低粮食生产成本。以购买化肥为例，合作社每吨购入价比零售价低 200 元，仅此一项就降低成本1 万多元。在病虫害防治方面，合作社开展统防统治，不仅防治效果好，而且也实现了成本的大大降低。作业效率的提高和作业油耗的降低使作业降低成本 30% 以上。

（三）提高了综合效益

合作社与博爱县联丰种业合作，推广种植玉米新品种"粒收 1 号"，开展玉米高产创建。在创建过程中，改进玉米免耕播种机性能，采用宽窄行种植技术，按照高密度种植集成技术规程科学种植，农机农艺融合，获得巨大成功。该技术与免耕播种机、深松机、喷灌、机械化高效植保、粮食烘干等农机技术配合使用，收获时用大型玉米籽粒收割机收获，同时融合其他先进粮食生产集成技术，如平衡施肥、生物有机肥使用、秸秆还田、卷盘式节水灌溉、病虫害综合防治等，使合作社小麦、玉米产量提高 15%左右，效益明显。

（四）拓宽了增收渠道

在农资生产方面，合作社现有繁育小麦良种 2280 亩，收入较普通商品粮增加了 77.52 万元，通过技术培训和指导带动周边家庭农场和种植合作社抱团发展优良种子繁育，共享共赢。合作社利用大型收储粮食仓库和粮食烘干机优势，将周边村农户和种粮大户的粮食收购进行集中烘干储存、适时出售。合作社开展粮食收储服务，不仅解决了种粮户的销售难、储存难等问题，合作社收入也实现大幅度增加。合作社每年收购小麦 3000 吨、玉米 2000 吨，仅此一项年纯收入就达 100 余万元。

三 经验与启示

开展和创新农机社会化服务，既解决了小农户耕种收难的问题，又以农机服务为载体，通过社会化服务链条的延伸，提升了农业科技水平，促进了农业的高质量发展。"全程机械化+综合农事"服务中心是新形势下农机化转型升级发展过程中农机社会化服务新业态、新模式的具体体现。以"全程机械化+综合农事"为代表的农机社会化服务模式，使得农业机械化在农业现代化发展中的作用更加突出，在推动生产要素聚集、先进技术的推广以及承接农业机械化各种项目方面发挥了积极作用，也为保障国家粮食安全和推动乡村产业振兴作出了重要贡献。

（一）农机社会化服务的提档升级需要强化智能化农机的投入

农机作业服务是农机服务组织的主业，更是开展规模经营和其他综合农事服务的基础，要不断夯实农机作业服务主业，提高农机服务主体竞争力。农机服务主体必须加快农机化高质量发展，要在农机具保障方面加大投入，实行"多元化筹资、标准化管理、集约化经营"的管理策略，对农机进行更新优化，不断提升农机装备智能化水平，实现小农机向大农机转变及农机服务业态的创新。在实际运营中要加强统一调配合作社的机具设备的能力建设，加强机手作业培训，不断提升作业质量和服务水平，以获得农户更大的信任，扩大作业服务市场，在有效促进农业节本增效和科技应用水平提升，推动多种形式适度规模经营发展有效实现方式的基础上，实现自身的发展壮大。

（二）农业现代化需要全程全域覆盖的社会化服务网络支撑

农业发达国家在推进农业现代化建设中的实践表明，农业现代化的程度与农业社会化服务体系是否完善具有密切的关联。现阶段，我国农业社会化服务主要以粮食等大田作物为主，所提供的服务主要集中在产中环节，农业生产的产前和产后环节的服务需求供给不足。除了大田种植外，果蔬种植、畜禽水产养殖等领域的服务较为落后；在一些重要环节，如种子繁育、农产品加工、资源回收、冷链运输等社会化服务相对薄弱，这与推动乡村产业振兴及农业现代化的实践有一定的距离。农机合作社开展"全程机械化+综合农事"社会化服务模式，初步实现了为农业生产者提供完善的社会化服务网络，在大田托管领域推动了社会化服务的纵深发展。

（三）农业产业链和服务链延伸为合作社提质增效拓展空间

农机作业服务的利润空间越来越窄，此种情况下需要农机服务组织进一步拓展利润增长点，以保证自身的生存和不断发展，注重机械化服务与农事的融合，实现农业产业链和服务链的延伸。博爱县有众多的农机合作社，在有限的耕地资源下，农机合作社若仅仅依靠农机作业服务，合作社的发展空间将会越来越窄。长继农机专业合作社以良种繁育、烘干等为抓手，提供农业全程社会化服务，拓展综合农事服务，延伸了产业链，降低了生产成本，提高了综合效益。因此，农机服务组织在发展中一方面要立足农机作业服务主业，另一方面要致力于全程全面农事服务的开展，解决农户生产生活的难题，开展农资购销、技术示范、信息对接、农产品贮藏、农产品加工等多产业链的发展格局，在提供全方位的农业服务外，不断延伸产业链、服务链，提升赢利空间，实现竞争能力的持续增强。

信息化赋能乡村产业建链强链

——河南省临颖县食品产业发展案例

近年来，临颖县立足农业大县、食品产业强县实际，强化信息化赋能乡村产业发展，依托农业资源、产业基础和信息化优势，积极调整优化农业产业结构，引进农业产业化龙头企业，通过建强农产品种植基地，打造集农业科技研发、休闲观光、农业生产于一体的农业科技示范园区，强力推动产业链、价值链、供应链"三链同构"，深入推进标准化、精细化、信息化"三化同步"，促进一二三产业融合发展，成功走出了一条信息化赋能乡村产业建链强链的平原农区乡村产业高质量发展的新路子。

一 主要做法

临颖县位于河南省中部，全县辖 10 镇 4 乡 2 个街道，总人口 76 万，总面积 821 平方公里，耕地面积 88 万亩，是典型的农业县。近年来，临颖县认真贯彻落实中央和省委决策部署，坚持"夯实农业、依农兴工、以城带乡、以乡养农、三产融合、城乡贯通"发展思路，加快补齐"三农"领域短板，着力构建工农互促、城乡互补、全面融合、共同繁荣的新型工农城乡体系。2020 年 4 月，被省委省政府确定为全省第一批践行县域治理"三起来"示范县。先后荣获全国粮食生产先进县、全国农业产业化示范基地、全国农业标准化示范县、国家级无公害农产品示范基地县、全国食品加工强县、国家火炬农产品精深加工特色产业基地、全国生猪调出大县、中国肉类食品配料产业基地、中国食品饮料包装基地等国家级、省级荣誉 50 余项。

（一）构建标准化"完整产业链"

临颖县围绕"一颗小麦"的种植、加工及综合利用做文章，形成了从粮食种植到小麦深加工、饲料生产，再到生猪养殖、肉类加工以及综合利用的标准化循环经济产业链条。

一是引导标准化种植。针对"地块碎、劳力弱、缺投入、缺服务"等要素制约，创新成立全省首家"土地银行"，引导土地承包经营权加快流转入市。全县流转土地53万亩，流转率达60%。财政涉农资金向农田水利、机耕道路、优质良种选用等方面倾斜，全力建设高标准粮田。2019年，全县建设高标准粮田50余万亩，优质小麦面积占粮食总面积的87%以上。

二是发展深度加工。培育南街村集团、北徐集团、龙云集团、金龙面业等一批重点龙头粮食加工转化企业，生产等级面粉、专用面粉、食疗面粉等食品加工企业所需原料。年加工转化小麦150万吨、玉米50万吨，主要农产品就地加工转化率突破80%，带动农产品加工业产值与农业总产值比达到3.8:1，远高于全国、全省水平。依托优质原料和加工优势，先后吸引盼盼食品、亲亲食品、联泰食品等知名食品企业扎堆投资临颍，形成了拥有各类规模以上食品企业100多家、产值500亿元的食品产业。

三是贯彻绿色理念。全县坚持以习近平总书记关于绿色发展理念的重要指示精神为指导，改变了传统的"资源—产品—废物"的单线性经济流动模式，形成"资源—产品—再生资源"的物质闭环流动型增长模式。把小麦加工面粉剩下的麸皮做成动物饲料，再利用麸皮、豆粕制成的健康饲料建成养猪场、养鸡场，以生猪粪便为主要原料，建设沼气发电厂，利用沼气发电后产生的沼渣、沼液，建起了有机蔬菜种植基地，实现了产业链的延伸和循环。

（二）构建精细化"价值链"

在品牌建设方面，临颍县不断加大科技投入，进一步完善产业集群，持续提高产品附加值，食品产业层次得到跨越式提升。

一是注重科技引领。通过政府搭台，健全完善"产学研"合作体系，促成企业与中国食品工业协会、中国食品添加剂和配料协会、中国糖果协会等"国字号"食品专业协会和江南大学食品学院、北京工商大学、河南工业大学、河南农业大学等30多家知名食品专业院校、科研院所建立良好的合作关系。并积极探索出"以研促产，产学合作"的模式，建设全省唯一的膨化食品质量监督检验中心、国家级质检研发中心及南街村集团、中大生物 2 个院士工作站，建成植物色素提取、糖尿病功能食品研发、五谷食品研发等省级工程技术研究中心和企业技术中心 26 个，200 多项科技成果在临颍食品企业中直接转化。

二是发挥品牌效应。全县每年投入资金超 300 万元，大力支持企业品牌建设，先后培育了南街村集团、联泰食品、中大恒源等中国驰名商标企业 17 家、省级著名商标企业 33 家，产品涵盖 6 大类 276 个品种。通过围绕优质小麦、小辣椒、大蒜等特色优势产业，实施"休闲食品名城·绿色临农"农业品牌行动，创立区域农产品公共品牌，打造农产品优质品牌，累计培育农业"三品一标"品牌 32 个，其中无公害食品 23 个、绿色食品 7 个、有机食品 1 个，"临颍大蒜"获得国家农产品地理标志登记保护，"三只狐狸"葡萄品牌入选河南特色农产品品牌。

三是扩大集群优势。培育形成以路得生物、天萌医药、美国嘉吉为引领的 20 家生物科技类高技术群体，以南街村集团、天冠集团、豫中辣椒等企业为龙头的特色农产品加工业群体，以盼盼食品、联泰食品、中大恒源为主的大健康食品产业集群，以嘉美制罐、福贞包装、宏全国际为主的食品饮料包装集群，以畅翔肉制品、御江食品、誉香客食品为主的肉制品企业，以海底捞、彰盛味业、南街村调味品为主的调味品产业集群等 6 大省级农业产业集群。引导组建粮油、小辣椒、小麦等 7 大产业联盟，拥有省级农业产业化示范联合体 5 个、市级以上农业产业化重点龙头企业 47 家、特色农业园区 54 家、农民专业合作社 1106 家、家庭农场 627 家，直接吸纳农民就业 3.5 万人，带动 12 万农户增收致富，农村居民人均可支配收入达 16175 元，高出全省 2344 元。

（三）构建信息化"供应链"

临颍县在保证产品质量的前提下，紧盯市场需求，优化供销渠道，实现农产品及其制成品快速销售，帮助农户实现节本增收、增效增收。

一是以市场需求为导向优化产业结构。全县在坚决保障粮食产量的前提下，围绕市场需求调整优化产业结构，大力发展"红"（小辣椒）、"黄"（烟叶）、"白"（大蒜）、"绿"（蔬菜）"四彩"农业，全县小辣椒种植面积保持在 30 万亩以上，烟叶、大蒜均稳定在 4 万亩左右，绿色无公害蔬菜面积稳定在 10 万亩以上。此外，临颍县依托国道、省道及主干道两侧发展花卉苗木 14 万亩,形成了"东有辣椒、西有烟叶、南有大蒜、北有蔬菜、花卉苗木沿路围城"的 60 万亩高效农业发展格局。

二是以"互联网+"为载体拓展市场渠道。全县依托全国电子商务进农村试点县优势,搭建以"一云、两中心、三平台、N 个系统"为重点的临颍智慧农业服务平台和电商物流公共服务平台,推动特色农产品上行,拓展对外销售渠道。全县 283 家"益农信息社"通过"政府+服务商"开展公益性、便民化信息服务,把信息服务的终端延伸到农村一线,实现消费需求与生产供给的精准对接,推动了休闲食品、小辣椒、大蒜、红薯粉条、手工丸子、石磨豆腐等一批"颍字号"产品插上"网络"的"翅膀"飞往全国。

三是以质量回溯为保障筑牢安全关。临颍县通过立足"舌尖上的安全",实施农业标准化战略,以"农"字号标准化生产,构筑"源头"安全关;实行全链条信息化质量监管,搭建信息追溯平台,以"工"字号质量监控体系,构筑"加工"安全关;构建以"质量检验检测中心"为核心的"1+N"监管体系,严控加工环节质量安全,实现来源可查、去向可追、责任可究。全县无公害生产标准化覆盖率达 95% 以上,农产品抽检样品合格率达 98% 以上,食品企业全部通过 QS 或 SC 认证;40 多家企业成功申报"省长质量奖"、"市长质量奖"或"县长质量奖",主导产品合格率连年保持 100%。

二 主要成效

近年来,临颍县依托农产品资源优势,着力发展食品产业,把食品作为标志性主导产业精心打造,培育形成了规模较大、种类齐全、名企荟萃、链条完整的食品产业。

(一)财政收入显著提升

近年来,临颍县休闲食品产业整体保持 20% 以上的增速,食品产值占全县工业总量的近 70%,成为县域经济快速发展的重要支撑。2019 年,全县税收超 3 亿元企业 1 家,超 5000 万元企业 6 家,超 1000 万元企业 26 家,超 100 万元企业 134 家,带动一般公共预算收入达到 16.7 亿元,8 项经济指标居全市第一,在河南省排名由 2012 年的第 62 位上升到第 37 位。带动十多万农民就地转移为产业工人或从事关联产业，全县农民人均收入高出河南平均水平 2503 元，城乡居民收入差距比 1.6：1，为全市第一。

（二）带动效应更加凸显

临颍县高标准建设占地 23 平方公里，以休闲食品产业为主的产业集聚区，先后引进培育养元、雅客、亲亲、盼盼、奥瑞金、加多宝、上好佳等规模以上休闲食品企业 100 多家，拥有中国驰名商标 17 个、省级著名商标 33 个、河南省名牌产品 11 个、省级以上农业产业化龙头企业 17 家，从原料种植、面粉加工、食品生产、色素配料到研发设计、检验检测、各类包装、电商物流，构建了龙头带动、集群发展、链条完善、配套齐全的粮食深加工产业体系，实现了一二三产业融合发展，成为中部地区食品企业名企名牌集聚最多的产业基地。

（三）产业集群不断壮大

临颍县立足小麦、小辣椒、生猪等高效种植养殖业资源优势，紧盯绿色化、高附加、功能化发展方向，带动形成了"六大集群"：以南街村集团、北徐集团、龙云集团等为代表的面制品产业集群，以盼盼、亲亲、香当当等为代表的烘焙膨化食品产业集群，以中大恒源、上海玛士撒拉等为代表的大健康产业集群，以海底捞、南德调味品、彰盛味业等为代表的调味品产业集群，以六个核桃、华润怡宝、嘉美制罐、台湾宏全等为代表的饮料包装及饮料灌装产业集群，以雨润北徐、御江食品、誉香客食品等为代表的肉制品产业集群，推动以粮食深加工为主的休闲食品产业向绿色化、高端化、功能化方向加快迈进。

（四）一二三产业融合快速发展

临颍县坚持"粮头食尾""农头工尾"，推动农产品精深加工产业前延后伸，带动一二三产业融合发展。通过引导南街村、联泰食品等企业把农田作为"第一车间"，自建联建基地 10 万亩，带动全县发展高品质原料基地 50 万亩，发展小辣椒等"四彩"高效农业 50 万亩，认定"三品一标"生产基地 30 万亩、全国绿色食品原料基地 5.2 万亩、省市农业标准化示范基地 14 个。同时，依托农业产业优势，培育首批省级农业产业化联合体 5

家、省级农业产业集群 6 家；在全县范围内拥有 47 家市级以上农业产业化重点龙头企业，其中国家级 4 家。年加工粮食 240 万吨，是全县粮食产量的 4 倍；年屠宰加工肉类 20 万吨；年加工转化小辣椒 3 万吨、鸡蛋 5 万吨，小麦、辣椒、肉类、蛋禽等从田间地头到厨房餐桌全产业链形成闭环。2020 年全县农产品加工业与农业总产值之比达到 3.8∶1，比值远高于全国和全省平均水平。

三 经验与启示

（一）必须以一二三产业融合引领乡村产业振兴

临颍县在坚持"粮头食尾""农头工尾"的基础上，推动了农产品精深加工产业前延后伸，带动了一二三产业融合发展。一是要以三产融合为引领，推进乡村产业振兴，要在城乡一体、产业融合的规划引领下，做大第一产业，做强第二产业，做优第三产业。二是要加强培养建立紧密利益联结机制，将有效的利益联结机制与政策支持挂钩，激活发展动力。通过多种渠道优化发展环境，用优势资源、优惠政策、优良环境、优厚回报吸引工商资本、社会资本投入开发特色农业，引导资金、技术、人才等要素与乡村产业相融合，形成发展合力。

（二）必须以"三链同构"推动乡村产业转型升级

近年来，临颍县以"三链同构"为核心，上项目、提品质、延链条，培育发展新动能，打造产业升级版，为临颍农产品品牌建设助力，具备了一定的自我发展能力。因此，各地在推动农业转型升级过程中，要着力延伸产业、提升价值链、打造供应链。依托农产品精深加工园，引荐培育食品加工企业，实施农产品产业链延伸；以延链增值、绿色发展、品牌培育、质量标准为重点延伸产业链、提升价值链、打造供应链，不断提高农业发展的质量效益和竞争力，实现农业转型升级提质。

（三）必须以科技创新推动乡村产业高质量发展

通过临颍县近年来夯实农业基础、发展壮大乡村产业可知，推动农业产业化高质量发展、实现乡村产业兴旺，关键要靠通过技术创新、产品创新的科技力量突破发展瓶颈，提升农业发展的质量效益和竞争力，实现农业可持续发展。临颍县的实践表明，发展乡村产业、推进农业高质量发展要强化农业科技创新能力，通过体制机制创新激发融合新动能，围绕实施乡村振兴战略和加快推进农业农村现代化要求，发展现代农业科技，结合基础研究和农业技术创新的长期性等特征，系统化部署科技创新任务。同时，要推动科技与农业利益联结和分配机制创新，树立"双赢"的互惠互利、共同致富的价值取向，真正把科技与农业的融合变成主体的自觉行为，使各项改革朝着推动农业与科技深度融合、各方利益合理共享聚焦发力。

推进乡村产业全链条服务创新

——河南省柘城县辣椒产业服务体系建设案例

柘城县是国家大别山片区连片扶贫开发重点县，村集体经济收入"空壳"现象普遍存在。在脱贫攻坚和乡村振兴的滚滚洪流中，柘城县立足辣椒产业优势，坚持政府推动和市场驱动双向发力，积极创新辣椒产业链服务，全县域布局，全链条提升，全方位发展，有力地推动了乡村产业振兴和县域经济高质量发展。

一　主要做法

柘城县位于河南省东部，惠济河中下游，全县辖 2 个办事处、10 个镇、10 个乡，总面积 1048 平方公里，总人口 104.4 万。近年来，柘城县以习近平总书记关于县域治理"三起来"重要指示精神为引领，以深化农业供给侧结构性改革为主线，坚持党建促脱贫、助发展的全局性发展理念，依托地方特色资源和传统种椒技术优势，把辣椒产业作为脱贫致富奔小康的主导产业来抓，坚持政府推动和市场驱动双向发力，引导群众与公司签订种植协议，全县域布局，全链条提升，全方位发展，形成了集新品种研发、规模种植、精深加工、仓储贸易、会展经济于一体的全链条产业格局。

（一）构建规模化生产服务体系

柘城县依托 50 多年的种椒传统优势，坚持把发展辣椒产业与推动脱贫攻坚和乡村振兴有机融合，着力推进辣椒种植规模化，打造全国辣椒绿色种植基地。通过实施财政补贴、扶贫贷款等 7 项政策措施，大力实施辣椒种植"百千万"工程。全县打造 100 个百亩方、50 个千亩方、10 个万亩方，全县辣椒种植面积常年稳定在 40 万亩，年产干椒 12 万吨。培育种椒专业村 106 个、千亩良种繁育基地 8 个、万亩辣椒生态示范园区 15 个。其中 25 万亩被原国家质量监督检验检疫总局授予"国家级出口食品质量安全示范区"。全县培育北科种业、传奇种业、奥农种业等良种繁育龙头企业 16 家，研发培育优良品种 800 多个，拥有亚东农民专业合作社、跃国农民专业合作社等省市级合作社 35 家，发展春海辣椒公司、白师傅清真食品、辣德鲜食品公司等省市级农业产业化龙头企业 26 家，建立了 30 家冷藏企业，年加工能力 10 万吨以上。柘城县推进辣椒产业规模化种植主要体现在三个方面。

一是采取多种形式，加快土地流转。建立了覆盖县、乡、村三级的土地流转综合服务平台，采取土地流转、土地托管和土地入股等模式，积极稳妥推进农村土地有序流转，发展 500 亩以上的种椒基地超过 160 个。

二是完善利益联结机制，提升种椒积极性。通过不断创新，并推行"辣椒股份"模式、"协会+冷库+订单"模式、"企业+扶贫车间+贫困户"模式，形成并建立起从种植、加工到销售的稳定利益联结机制，组织企业与农户常年签订辣椒订单 30 万亩，带动贫困群众 1.9 万人稳定增收。

三是提升专业化配套服务水平，降低辣椒种植风险。建立了"专家团队+农技指导员+科技示范户"的农技推广机制，开展"千名科技人员帮百村万户"活动，重点推广壮苗培育、配方施肥等技术，有效提升了辣椒种植效益。

（二）构建品牌服务体系

一个产业品牌的打造，必须以品质提升为基础，以科技创新为核心，以加强推介为动力。为此，柘城县以区域品牌和企业品牌"双品牌"打造为目标，以快速推进现代农业建设为重点，实施科技强县发展战略，培育龙头企业，对"柘城辣椒"品牌打造进行顶层设计，制定了产业发展五年规划。

一是强化品质提升。推行辣椒本地专家培育、杂交改良和工厂化、基地化育苗，使辣椒品种、产量、品质和效益达到最大化。2019 年，全县发展辣椒种植新型经营主体 488 家，在全国 6 大辣椒主产区推广种植 300 万亩，"柘城辣椒"成为业内最具影响力的生态产品品牌。成立了河南省辣椒及制品检验检测中心，发布了全国首个《三樱椒生产种植技术标准化体系》，成功创建国家级出口农产品质量安全示范区，目前已成为全国最大的绿色无公害辣椒生产基地。

二是强化科技创新。总投资 40 亿元，启动建设辣椒小镇规划面积 3.6 平方公里，以"椒展、椒研、椒节、椒宴、椒游"为主题，以育龙头、强配套、铸链条、建集群为抓手，高标准打造集科技研发、精深加工、会展中心、交易中心、辣椒文化、休闲旅游于一体的融合发展样板区。并与中国农业科学院、湖南大学等科研院所和高校开展了一系列的产学研合作，建成了河南省辣椒新品种研发院士工作站、全国特色蔬菜技术体系综合试验站、全国辣椒生产与加工技术交流中心和朝天椒创新基地，有力支撑了柘城辣椒品牌的打造。

三是强化宣传推介。围绕扩大柘城辣椒品牌的知名度和影响力，县委县政府坚持政府和企业联动、政府"有形之手"和市场"无形之手"相握，打出了一套组合拳。通过引进贵州旭阳集团、重庆红日子集团、玉源辣椒食品、简厨食品加工等十多家辣椒深加工企业，并积极对接，联合德庄火锅、上海张氏记等国内外知名企业，辣椒年加工能力超过 30 万吨，产品共有 8 大系列 26 个品种。连续多年举办全国辣椒产业大会，加强对上申报和媒体合作，先后荣获百强农产品区域公用品牌、中国"质量之光"年度十大魅力品牌、国家地理标志证明商标等众多荣誉，"北科""吨椒"等被评为河南省著名商标，"红满天 9 号"登陆央视。在上海举行的 2019 中国品牌价值评价地理标志区域品牌发布会上，柘城辣椒居于百强榜第 65 位，品牌价值 43.37 亿元。

四是打造柘城辣椒产业指数。2020 年 9 月 19 日，"中国农民丰收节"河南商丘主会场暨第十五届全国辣椒产业大会在柘城县举行，在"以椒为媒同奔小康"的高峰论坛上，正式发布"中国柘城辣椒产业指数"，该指数由"产业发展指数"、"产品价格指数"、"产品出口指数"和"产业影响力指数"四大体系构成，结合了辣椒产业特点，在对产品进行科学分类的基础上，科学确定类别权重，是全国首个辣椒产业指数，有利于提升柘城辣椒产业在抢占辣椒市场价格话语权，提升产业效益，扩大品牌知名度，在完善产业链建设、服务政府决策等方面发挥积极作用，树立柘城在全国辣椒产业中的引领地位，进一步提升"柘城辣椒"在全国的影响力。

（三）构建流通服务体系

多年来，柘城坚持以工匠精神打造辣椒产业。

一是大力建市场。柘城县坚持以江北最大的辣椒大市场为龙头,以冷链储藏为支撑,建立了 16 个重点椒乡镇交易中心,形成了"1+16"城乡市场体系,先后累计投资 5.6 亿元,建成全国最大的干椒交易大市场。在此基础上,县委县政府与河南万邦物流集团合作投资 15 亿元,再建 1 个占地800 亩的现代化辣椒交易大市场,市场辐射全国 20 个省、自治区、直辖市。

二是积极拓市场。全县共有 15 万椒农从事辣椒种植、加工、冷藏、物流、营销,约有 2 万余名辣椒经纪人活跃在大江南北、全国各地,年交易量突破 70 万吨,交易额超过 100 亿元,并出口到美国、加拿大、韩国等 20 多个国家和地区,年出口创汇 2 亿余美元。24 家辣椒企业先后在中原股权交易中心集中挂牌,大连商品交易所已将柘城三樱椒作为基准交割品,农业农村部把柘城辣椒大市场列入全国农产品价格指数监测网点,成为全国重要的辣椒交易集散地、加工基地、出口基地和价格形成中心。

三是畅通渠道。大力发展农村电商,建立健全了县、乡、村三级物流体系,建成 4 个电商扶贫示范点,柘城辣椒等 90 多种土特农产品畅销全国,并被纳入省直采中心目录。该县被评为"国家级电子商务进农村示范县",该县大仵乡王茜作为全国唯一的农村淘宝合伙人代表、农村电商创业典型,在联合国贸易和发展大会上发言,并荣获全省脱贫攻坚创新奖。

四是促融合。以全国农村一二三产业融合发展先导区建设、河南省现代农业产业园建设为依托,县委县政府积极与大连商品交易所合作,以柘城三樱椒为基准交割品,以河南为基准交割区域,打造全国辣椒期货交割中心,实现种植、加工、贸易、科研、电商等融合发展。

二 主要成效

截至 2019 年,全县有 20 余万人聚集在辣椒产业链上,辣椒产业发展进一步推进了县域经济高质量发展,县域经济与县域综合发展排名第 19 位。柘城县先后被评为全国农村一二三产业融合发展先导区、国家农村创新创业园区、省级现代农业产业园,荣获全国辣椒产业化发展示范县等荣誉,实现了由"中国三樱椒之乡"向"中国辣椒之都"的精彩蝶变。

(一)形成脱贫致富大产业

柘城县地处沃野千里的豫东平原腹地,气候适宜,自 20 世纪 70 年代引种三樱椒以来已有半个多世纪的种植栽培历史，盛产的辣椒以其色泽鲜红、辣度适中、香味浓郁的特点享誉海内外，被授予"中国气候生态优品"称号。为进一步推动全县辣椒产业规模化种植、标准化生产、产业化经营，柘城县采取多项措施，制定出台鼓励扶持政策，发展农业适度规模经营，大力实施辣椒种植"百千万"工程，培育种椒专业村106个，建立千亩良种繁育基地8个，发展万亩高效示范园区15个，全年辣椒种植面积稳定在40万亩，年产干椒12万吨，走上了一条"一业带动，万人脱贫"的发家致富之路。

（二）形成产业融合大格局

柘城县始终坚持全产业链、一二三产业融合发展，从良种繁育、冷链运输、精深加工、跨境电商等各个环节全面发力，研发培育优良品种126个，培育发展辣椒种植专业合作社320家，其中亚东专业合作社、山里红专业合作社等市级以上示范社35家。通过不断做大做强支柱产业和融合发展各类经营主体，2018年柘城县被农业农村部认定为全国农村一二三产业融合发展先导区，以辣椒种植为主体的现代农业产业园获批省级现代农业产业园区。

（三）形成绿色生态大品牌

柘城县坚持政府推动和市场驱动双向发力，全县域布局，全链条提升，全方位发展，走出了一条"质量兴椒、科技兴椒、品牌兴椒"的特色农业发展道路。全县投资3000多万元，建成了全国第三个、河南省首个辣椒及制品质量检验检测中心，制定发布了首个省级《三樱椒生产种植技术标准化体系》。通过加强与中国农业科学院、吉林大学、河南农业科学院等研究机构和高校的产学研合作，建成了河南省辣椒新品种研发院士工作站、全国特色蔬菜技术体系综合试验站、全国辣椒生产与加工技术交流中心和朝天椒创新基地，推动了特色农产品科技成果转化，促进了农业产业快速、绿色、协调发展。2018年荣获中国"质量之光"十大年度魅力品牌，品牌价值高达43.37亿元。

（四）形成享誉全球的大市场

柘城县以辣椒大市场为龙头，形成了一张上通全国各地、下连千村万户的市场交易网络。辣椒年交易量突破 70 万吨、交易额 100 亿元，辐射全国 26 个省（区、市），出口 20 多个国家和地区，"全国辣椒进柘城，柘城辣椒卖全球"双循环发展格局逐渐形成。全县投资 20 亿元，占地 53.33 公顷，集现货交易、仓储物流、电子商务于一体的现代化辣椒市场物流园区正在建设，建成后将进一步巩固雄踞中原、辐射全国、面向世界的柘城辣椒交易枢纽地位。

三 经验与启示

柘城县通过对三樱椒培育种植的不断探索，现已成为全县农业的优势产业、朝阳产业。围绕做大做强这一主导产业，柘城县大力发展辣椒产业和"辣椒经济"，着力叫响中国辣椒之乡品牌，辣椒产业已经成为该县经济发展的支柱产业、脱贫攻坚的重要支撑、农民增收的主要渠道，对大力发展乡村现代服务业具有重要的借鉴价值和启示意义。

（一）必须立足本地实际培育特色产业

柘城县以推进农业供给侧结构性改革为主线，以优化农业产业结构和增加农民收入为目标，立足本地实际，狠抓规模种植和产业融合，着力做大做强辣椒产业，实现了第一产业带动万人脱贫的奋斗目标，为县域经济发展奠定了基础。柘城县的生动实践充分证明，要想推动县域经济高质量发展，首先必须有一个产业，需要精心呵护和培育，只有在经过培育达到一定规模之后，才能起到带动县域经济发展的效果。短短几年，柘城县域经济综合排序大幅提升，就是做大做强产业引领经济蓬勃发展的具体体现。

（二）必须围绕乡村主导产业布局乡村服务业

乡村主导产业确定后，能否实现农村一二三产业融合发展，在很大程度上取决于是否围绕乡村主导产业来谋划布局乡村服务业尤其是乡村现代服务业。围绕辣椒主导产业发展，柘城县把发展农村电商作为扩大农村就业、增加农民收入、推进乡村产业振兴的有效举措来抓，高标准建成了

"一园两中心"，即县电商产业园和县电商大数据中心、县电子商务运营服务中心，落地电商企业 87 家，实现了农村电商服务站村村全覆盖，2 万多名农民实现家门口就业。截至 2020 年 11 月，当年新增网店 130 个，累计 2878 个；当年培训人员 947 人，累计培训 37155 人；新增农村电商就业人员 190 人，累计达 7473 人；当年电子商务交易额 24.94 亿元，总累计额 87.72 亿元。

（三）必须创新联结模式增强带动能力

特色产业培育起来之后，能不能起到联结带动效果是一个至关重要的问题。柘城县不断创新模式，推行"辣椒股份"模式、"协会+冷库+订单"模式、"企业+扶贫车间+贫困户"模式、"支部+合作社+农户"模式等多种联结，通过教育培训、结对帮带等方式进行"扶智"，使辣椒产业、贫困户脱贫致富紧紧绑定在一起，产生了巨大的扶贫带贫效应。有鉴于此，在巩固拓展脱贫攻坚成果同乡村振兴有效衔接中，应转变思想观念，充分发挥扶贫模式的互助传统，通过组建规范运行的农民合作社，推动乡村产业优化升级，建立规范稳定的利益联结机制，推动乡村产业可持续性发展。

（四）必须提升产品质量打造知名品牌

特色产业发展起来后会产生一定的联结带动效果，但是如果不能持续，就会增加脱贫不稳定户、边缘易致贫户返贫致贫风险，以及造成县域经济发展速度下降。目前，柘城县以品牌建设和市场建设为抓手，依靠科技创新提升产品质量，做到了品牌兴、市场旺、腰包鼓，为全县人民持续增收、连年致富奠定了坚实基础，有效推动了脱贫攻坚和乡村振兴，有效提升了人民群众的幸福感获得感。因此，在推进县域经济高质量发展过程中，要在打造知名品牌、擦亮金字招牌上下功夫，才能使一项产业长盛不衰，从而达到产业富民强县、群众增收致富的成效。

休闲康养助推普惠养老

——河南省鄢陵县康养服务业发展案例

近年来，随着我国人口老龄化程度的不断加快，加快养老事业和养老产业协同发展，探索培育养老服务消费新业态，构建居家社区机构相协调、医养康养相结合的养老服务体系，正日益为社会各界广泛关注。河南省鄢陵县将康养服务业纳入全县经济和社会发展的总体规划，以开发优势生态资源、培育特色主导产业为依托，以建立健全城乡基本公共服务普惠共享的体制机制为突破口，以构建医养结合为重点，积极推进全县养老服务体系建设，初步建成了以居家养老为基础、社区养老为依托、机构养老为补充、医疗与养老相结合的养老服务体系，探索出了康养产业发展的"鄢陵模式"。

一 主要做法

鄢陵县地处中原腹地，是"南花北移、北花南迁"得天独厚的驯化基地，花木种植始于唐、兴于宋、盛于明清，素有花都、花乡之美称，被命名为"中国蜡梅文化之乡"，享有"鄢陵蜡梅冠天下"之盛誉。目前，鄢陵县花木种植面积70万亩，相继建成花博园等4家"国家4A级景区"和五彩大地、鹤鸣湖省级水利风景区等20多个特色景区景点。70万亩的"平原林海"造就了良好生态环境、形成了独特的"天然氧吧"，花木主产区空气中负氧离子含量超过世界卫生组织界定的清新空气标准近10倍，年均空气质量优良天数在300天以上，被誉为"中原之肺"，被授予"中国长寿之乡"和"中国健康城乡创建示范县"等多项称号。鄢陵县充分发挥自然资源优势，大力推动健康养老产业发展。

（一）科学编制发展规划

鄢陵以创建国家级"健康养老示范区"为载体，成立高规格的健康养老产业领导小组，由县委书记、县长、常务副县长分别任第一指挥长、指挥长、常务副指挥长，发改、卫健、民政、财政、自然资源等部门为成员单位，专题专人专班专案强力推进国家级健康养老示范区建设。此外，通过建立专家委员会，聘请中国工程院院士、原卫生部副部长王陇德和全国政协委员、北京中医药大学国学院院长张其成等12名知名专家学者为顾问，负责对健康养老示范区战略定位、空间规划、产业布局、竞争招商等重大问题提供咨询指导。在康养产业发展规划上，编制完成了示范区总体策划、产业规划，并由英国阿特金斯规划设计院编制完成示范区概念性总体规划，确定了规划总面积约66平方公里的"国家健康养老示范区"。同时还制定了《鄢陵县推进与德国交流合作工作实施方案》，加强与德国等国外健康专业机构和知名企业的合作，成立对德合作专班。

（二）擦亮鄢陵康养品牌

在康养产业发展的实践中，鄢陵县充分利用国经中心、德国鲁道夫·沙尔平战略咨询公司、国际健康峰会等高端平台，持续推进康养项目密切合作，取得了一系列丰硕成果。2019年，鄢陵县全面启动了国家全域旅游示范区和国家级旅游度假区创建工作，率先启动鹤鸣湖核心区建设，谋划实施了花都颐庭、碧桂园十里花海、建业生态养老新城、峰会中心、三甲医院等19个产业项目，康养产业项目建设持续加快。与此同时，鄢陵县紧紧抓住全国普惠养老城企联动专项行动试点机遇，加强扶持、加快建设，着力打造普惠养老鄢陵样板。

（三）积极优化康养产业高质量发展环境

高质量发展康养产业，必须以国家、省、市相关优惠政策作为支撑，建立健全政策支撑体系，吸引更多的社会资本、社会企业参与其中。鄢陵在推动康养产业发展方面，上级政府给予大力支持，河南省政府办公厅下发了《关于支持许昌健康养老示范区建设的通知》，明确了在财税医保、投资、产业发展、土地、行政审批、人才科技等方面支持许昌鄢陵创建具有示范意义的国家级"健康养老示范区"的优惠政策；许昌市政府明确了"一极两区四基地"的发展定位，其中"四基地"之一就是要打造"生态健康养生基地"，为鄢陵发展健康养老、创建"健康养老示范区"创造了最优政策环境、最佳投资环境。在此期间，鄢陵县先后制定出台了《关于大力发展健康养生养老产业的意见》《关于加快全域养老建设三年行动计划（2018～2020年）》《关于加快推进医疗卫生与养老服务相结合的实施方案》《支持康养示范区"三个一"项目建设若干政策的意见》等一揽子政策文件，明确了支持政策，形成了国家、省、市、县互相衔接、互相配套的政策支撑体系。着重从财政奖补、税费优惠、金融支持、用地保障等方面对示范区养老企业、养老项目进行奖补和支持，吸引更多养老企业入驻示范区，形成政府鼓励引导、多元主体共同负担的责任机制，为健康养老产业发展提供强力支持。在大力发展康养产业的同时，鄢陵县严格控制生态红线，守护好天蓝、地绿、水净的生态环境，为打造出"有产业、有税收、有就业、可持续"的全域康养新鄢陵奠定良好生态基础。

二 主要成效

（一）推动了"康养+"产业融合发展

在资源配置方面，作为现代服务业和幸福产业的重要组成部分，鄢陵通过康养产业，借助"文旅+""生态+"等产业力量走进人们生活，打通了医疗、养生、养老、文化、旅游、体育等诸多业态，形成了"康养+农业""康养+旅游""康养+文化"等特色产业和康养产业融合互动局面，赋予康养产业更多文化内涵和趣味，同时还让与康养相关的有机农业、中草药、养生运动等传统产业注入新的生机。如在"食、住、行、游、购、娱"六大旅游要素基础上，鄢陵县把康养产业作为新兴旅游要素，在此基础上形成了以旅游本身所包含的行业为基础，关联康养农业、康养制造业及康养服务业等相关行业的泛旅游产业结构，进而实现了旅游相关配套产业与农业、文化、运动等非配套性产业之间的深度融合发展，形成了以康养为核心的新兴旅游，实现了康养产业链和价值链的延伸。

（二）促进了城乡融合发展

在城乡康养产业发展方面，鄢陵在康养资源和环境方面有着得天独厚的优势，具有花木、温泉、农产品和中草药等自然资源，打造了优质的康养基地和康养小镇，推动了以健康、养生、养老为目的的流动，推动了城乡居民消费双向流动，即城市居民康养度假消费流向乡村，农村居民医疗治疗消费流向城市。鄢陵在预防为主、防治结合的康养理念下，推进城乡康养优势资源双向互补与共享，从供给侧方面提升康养产业的品质，打造出康养全景产业链，同时吸纳数量更多的就业人口进入农村，推动乡村康养产业升级发展。

（三）推进了区域协调发展

在国家顶层设计的指导下，康养产业进入快速发展的阶段，鄢陵结合自身区域特征和经济发展优势，积极探索区域内部融合式的发展模式。根据省内康养产业发展布局，构建以高端康养服务为引领、以社区居家养老服务为基础、以综合型养老服务为支撑的多层次、立体式康养产业体系。同时结合产业特色和地域特点，形成了由点及面的全域康养产业发展态势。此外，在省内进行优势产业分工与互补，有效将食品、医药、生物等上游研发产业链与健康、养老、医疗等中游服务消费产业链和文化、艺术等下游产业链紧密结合起来，有力推动了区域康养产业融合发展。

三　经验与启示

（一）必须发挥市场与政府双重作用

鄢陵发展康养产业具有良好的先天条件、政策环境和市场基础。在康养产业发展的不同阶段，政府和市场"两只手"优势互补、有机结合、相辅相成、相得益彰，"两只手"各负其责、各司其职，相互补位而不越位，激发了基层政府、企业、社会的活力，构建了政府、市场、社会三者相互协调、良性互动的格局。借鉴鄢陵发展经验，各地在发展康养产业中，要在政府宏观管理、制度供给的良好政策环境下充分发挥市场资源高效配置的机制作用，从而扶持和推动康养产业的快速发展。

（二）必须完善产业生态体系

鄢陵县结合县域发展实际，通过延伸产业链条，实现融合供应，进一步促进了康养产业生态系统的形成。一是要以纵向延伸和多元化延伸为重点，形成康养产业多要素集聚、多模式发展、核心产业与衍生产业相互支撑的康养旅游产业体系。二是要以"康养+"推进产业融合发展，实现产业间的资源共享和功能互补综合效应，最终形成康养产业系统性大格局。三是要以基础设施建设为保障，良好的康养产业离不开基础设施的支撑，通过建设公共设施、旅游基础设施，专业人才教育培训等方式，为康养产业发展提供良好的硬件条件，以此保障康养产业深度挖掘与开发，实现康养产业的规模经济效应。

（三）必须因地制宜探索发展模式

鄢陵依托自身资源优势和产业发展优势，因地制宜开发了不同康养发展模式，形成了具有自身特色和亮点的发展道路。因此，在借鉴鄢陵康养产业发展的模式上，各地市要结合自身资源禀赋优势，创新开发各具特色的多样化的康养模式。可依托资本、文化、地域、环境等多方面因素，从而有效地与康养产业进行嫁接整合，实现康养产业的借势创新发展，探索出众多具有活力和特色的地方康养产业发展道路。

"互联网+医疗健康"增进惠民济民

——河南省郏县医疗健康服务业发展案例

近年来，加快发展健康产业正成为全面推进"健康中国"建设的重要内容。尤其是《"健康中国2030"规划纲要》把医疗健康提升到了国家战略层面，并提出"健康中国2020"和"健康中国2030"战略规划，专门出台文件鼓励"互联网+医疗健康"的发展模式。河南省郏县紧抓国家政策的良好机遇，以深化医药卫生体制改革为契机，紧紧围绕"以人民健康为中心"的理念，大力实施城乡卫生健康信息化工程，实现了"村头接诊、'云端'看病"，打通了看病就医"痛点"，打造出了模式更易复制、服务更真实、标准更明确的"互联网+医疗健康"郏县新模式，有效提升了居民生活品质。目前，郏县已构建上联省、市，覆盖乡、村的智能分级诊疗保障平台，形成以县级医院为龙头、乡镇卫生院为枢纽、村卫生室为基础的"互联网+医疗健康"发展模式，通过搭建智能平台、打造六大中心、串通公卫服务，下沉优质医疗资源，融合医卫防治结合，为人民群众构筑起一道牢固的健康防线。

一 实践做法

（一）搭建医疗健康信息互联互通平台

郏县通过"健康信息采集网"对县、乡、村三级医疗机构信息管理系统、电子病历系统、检验影像和病案管理系统升级改造，实现了县、乡、村三级医疗信息互联互通。在推广"居民健康卡"应用中，实现了居民身份识别，基础健康信息、诊疗信息等存储及调阅，跨地区和跨机构就医与结算。以贯通市、县、乡、村四级医疗机构的智能分级诊疗为平台，向上可连接全国3200多家医院和30多万名医生，向下与乡镇卫生院和村卫生室相连，形成上下贯通的互联网医联体，将农村患者与县市医院的专家通过互联网连在一起，实现了基层医生与上级医疗机构专家共同诊疗，为群众提供体质辨识、中医健康指导等服务，打通了群众就医、问诊不便的"最后一公里"。同时，全县为各乡镇卫生院配置了集检查、化验、服务、宣传于一体的"健康云巡诊车"，配备全自动生化分析仪、B超、心电图机、健康一体机等基本医疗设备，定期入村为群众提供在线健康咨询管理服务。

（二）完善医疗健康服务配套

郏县在全县所有乡镇卫生院和村卫生室免费投放远程心电图机，建设远程心电诊断中心，诊断医师24小时值班，保证3分钟内将诊断结果反馈到乡镇，提高了诊断的准确率。一是通过构建区域影像中心，建立远程影像协作机制，帮助乡镇卫生院提升影像诊断能力，为患者救治争取时间，确保患者生命安全。在县级三家公立医院，郏县建立了远程视频会诊中心，为所有乡镇卫生院和村卫生室免费投放电脑、一体机、话筒、摄像头等设备，开展远程问诊、会诊、转诊，初步形成了上下联动、分级诊疗的协作模式。二是建立标准化实验室，实现县域内临床检验的集中供应，通过网络回传检验结果，提升乡镇卫生院检验诊断服务水平。三是建立消毒供应中心和后勤保障集约化服务平台，与县域内医疗机构签署消毒供应服务协议，既保证消毒质量，又降低了乡镇卫生院的运营成本。四是积极探索建立院前急救系统，以120急救指挥中心为核心，接到电话后进入救援状态，真正实现了一分钟内完成就近网络医院派车指令，医生护士司机立即出诊，实行现场抢救、远程视频指导、移动监护全面融合等院前急救工作，维护病人的生命安全，减少院前病人伤残率和死亡率。

（三）创新医疗健康服务模式

为扎实推进家庭医生签约服务，最大限度惠及人民群众，郏县开发出了家庭医生签约服务数据管控平台。平台详细记录医生为群众实施医疗卫生服务清单，群众和服务医师可通过手机App查询各自的服务项目和情况，实现了服务的公开透明，解决了签而不约、约而不实的问题，保证了签约服务效率和质量，提升了群众的满意度和签约积极性。2019年，郏县选派91名县级医院专家融入家庭医生团队，人工与智能相匹配，做实签约服务，力求为贫困群众治好"病根"、拔除"穷根"。同时，全县利用"健康云巡诊车"服务，做到7大项49小项健康检测，各乡镇卫生院根据年初公共卫生服务计划安排，定期把车开到村头田间，让群众足不出村就能享受到一流的医疗卫生保健服务。对于行动不便的老年人、残疾人、贫困家庭等，家庭医生可带上健康一体机上门签约、上门服务。当天的居民健康体检信息、辅助检查、化验结果通过云端可适时上传至省基本公共卫生服务平台，实现居民健康档案信息与移动 App 客户端互动和行政管理一键同步。郏县通过创新"互联网+医疗健康"全科智能辅助诊疗系统，输入超过 500 万份文献、1000 万份病历的医疗卫生健康档案，档案覆盖 2000 多个病种、5000多个症状；基层医生只要在这个系统中输入患者的基本症状、病史等，就能得到患者的初步诊断和治疗方法，提醒基层医生及时把疑似危重病人识别出来，为挽救病人生命争得宝贵时间。

二　主要成效

（一）推动分级诊疗有效落地

郏县"互联网+医疗健康"模式的推行，夯实了"基层首诊、双向转诊、上下联动、急慢分治"的指导方针，打通了上转下接的医疗资源"通道"，实现了基层群众小病不出村、大病不出县，有效推动分级诊疗的落地。通过结合家庭医生签约服务，借助智能云巡诊车，定期为老年人、儿童、孕产妇等重点人群提供健康体检服务，大大提升了全县 65 岁以上老年人患者管理率。

（二）提升惠民济民和健康扶贫水平

"互联网+医疗健康"模式的推行让郏县更多的农村群众通过视频就能与县级专家"面对面"就诊，在方便看病的同时还节省了交通、住宿、饮食等额外支出，切实减轻了经济负担。郏县还在健康扶贫中推出贫困户家庭医生"一对一"、公共卫生全覆盖等措施，把健康体检车开到了群众家门口，为贫困群众进行免费体检，有效遏制了因病致贫、因病返贫现象的发生。全县通过建立贫困群众看病就医"兜底救助六道保障线"，实现建档立卡贫困人口县内住院合规费用"零花费"、慢病门诊"全报销"、家庭医生一对一、公共卫生全覆盖。通过"互联网+健康扶贫",达到了精准目标识别、精准措施到位、精准跟踪服务、精准责任到人、精准成效评估、精准资金使用"六大精准"扶贫成效。

(三) 促进医疗健康服务现代化

郏县通过建立临床检验中心、消毒供应中心等平台,避免了医疗卫生基础设施重复建设问题,实现了医疗资源经济效益和社会效益的最大化发挥。通过实施"基层检查、上级诊断"的医疗服务新模式,实现了区域资源共享、信息互联互通,减少了患者急诊等待时间,提升了现代医疗卫生服务水平。全县围绕分级诊疗制度建设,以县域医共体为抓手,依托互联网医院,建立上下联通的"健康枢纽",推动优质资源向基层下沉。县域内就诊率达到90%,基层医疗卫生机构诊疗人数占域内总诊疗人次的66.7%,门诊量、住院量较2018年同期增长了5.3%和52%。

(四) 增强基层医疗健康服务能力

郏县通过县级以上公立医院医务工作者对乡村基层医生的临床带教、业务指导,让基层医务工作者学到了先进的诊断技术和经验。同时,也使县级以上公立医院优质医疗资源得到充分发挥和应用,有效提升了基层医疗机构的服务水平,提升了基层服务能力。此外,通过"基层检查、上级诊断"的模式,大大提升了基层医疗卫生机构和医生的服务能力。2019年全县已累计实现远程问诊6万余人次、远程会诊1.7万余人次,真正实现"让信息多跑路,让群众少跑腿"。

三 经验与启示

(一) 坚持以顶层设计为导向

郏县在推进"互联网+医疗健康"发展中,通过强化党组织领导力,加强综合协调指导和督察问效,突出顶层设计,建立部门、乡镇、村联动工作机制,形成推进医药卫生体制改革的强大合力,确保医药卫生体制改革落实落地并取得实效。实践充分证明,深化医药卫生体制改革,各级党组织主要负责人要承担起第一责任人的责任,精心组织,靠前指挥;分管领导要扑下身子，严格落实工作责任制，深入分析研究工作的难点问题，拿出解决问题的办法和措施，细化目标分解，狠抓落实；各职能部门要各司其职，相互支持、密切配合，从而形成强有力的组织领导机制，确保重点工作任务落实。

（二）坚持以人民切身利益为中心

郏县在推进"互联网+医疗健康"发展中，把建立和完善便捷、智慧、高效、便民服务体系作为推进医药卫生体制改革的根本目标和中心任务，为全县广大人民群众提供了全方位全周期健康服务，真正打通医疗卫生服务群众的"最后一公里"，让广大人民群众分享了互联网的便利，增强了幸福感和获得感。实践充分证明，要始终牢记把人民利益摆在至高无上的地位，坚持从实际出发，立足新起点，把握新要求，以满足"人民群众对美好生活的向往"为目标，紧扣民生需要，瞄准民生短板，从老百姓最关心、最直接、最迫切需要解决的民生问题入手，将有限的人力、物力、财力优先投入民生发展领域，一件事情接着一件事情办，一年接着一年干，让人民群众实实在在享受到发展的丰硕成果。

（三）坚持以改革创新为根本

郏县坚持把建立和完善分级诊疗制度作为深化医药卫生体制改革的核心任务，狠抓落实。按照国家建立分级诊疗制度的政策要求，建立多种形式的医疗联合体，构建基层首诊、双向转诊、急慢分诊、上下联动的分级诊疗模式，实现了"小病不出村、常见病不出乡、大病不出县"的目标，减少或避免了群众因看病而要支付的交通、食宿等附加费用，群众就医看病成本大幅降低，体现了医药卫生体制改革的内在要求，达到发展的预期目标效果。实践充分证明，深化医药卫生体制改革，要聚焦重点领域关键环节，加强科学谋划，加强组织领导，强化协同配合，加快推进节奏，加大落实力度，推动重点领域和关键环节实现新突破。

（四）坚持以信息化为手段

郏县通过利用信息化手段，建立和完善了医药卫生服务体制机制，解决了群众就医看病的困难和问题，提高了全民健康水平，确保了医药卫生体制改革取得明显成效。实践充分证明,互联网为深化医药卫生事业改革注入了新活力。因此,要借鉴郏县"互联网+医疗健康"模式的成功经验,通过聘请专家把脉,引进互联网专业人才设计,引导社会力量广泛参与,争取互联网领域知名企业的支持等有效措施,针对重点领域发展的关键环节和核心任务,借助互联网信息化手段,搭建信息化服务平台,促进重点领域信息、资源等互联互通,全面提高信息化服务水平,增强发展的实效性。

参考文献

［1］习近平：《民族要复兴，乡村必振兴》，《新华每日电讯》2020年12月30日。

［2］《中共中央 国务院印发〈乡村振兴战略规划（2018～2022年）〉》，中央人民政府网，http：//www. gov. cn/zhengce/2018－09/26/content_5325534. htm。

［3］《河南公布〈河南省乡村振兴战略规划（2018～2022年）〉》，河南省人民政府网，http：//www. henan. gov. cn/2018/12－26/727702. html。

［4］申延平：《在乡村振兴中建设农业强省》，《农村工作通讯》2019年第24期。

［5］申延平：《"中原粮仓"扛稳粮食安全重任》，《农村工作通讯》2020年第4期。

［6］刘保仓：《在中原更加出彩的征程中谱写"三农"新篇章》，《决策探索》2019年第2期。

［7］张占仓：《准确把握实施乡村振兴战略的科学内涵与河南推进的重点》，《河南工业大学学报》（社会科学版）2020年第4期。

［8］张占仓：《牢记嘱托扛稳粮食安全重任》，《河南日报》2020年3月25日。

［9］张占仓：《深化农村土地制度改革促进乡村振兴》，《中国国情国力》2018年第5期。

［10］张占仓：《中国农业供给侧结构性改革的若干战略思考》，《中国农村经济》2017年第10期。

［11］魏后凯：《推动脱贫攻坚转向乡村振兴》，《中国纪检监察报》2020年10月15日。

［12］魏后凯：《加快推进农业农村现代化》，《中国社会科学报》2020

年 11 月 24 日。

［13］魏后凯:《"十四五"我国农业农村发展十大新方向》,《中国经济时报》2020 年 11 月 12 日。

［14］陈明星:《"十四五"时期农业农村高质量发展的挑战及其应对》,《中州学刊》2020 年第 4 期。

［15］陈明星:《以新发展理念引领中原更加出彩》,《河南日报》2021 年 1 月 25 日。

［16］安晓明:《新时代乡村产业振兴的战略取向、实践问题与应对》,《西部论坛》2020 年第 6 期。

［17］安晓明:《河南县域经济转型发展路径》,《开放导报》2019 年第 4 期。

［18］周庆元:《构建新型农业经营体系的动力机制与协同路径》,《内蒙古社会科学》2020 年第 5 期。

［19］魏后凯、崔凯:《面向 2035 年的中国农业现代化战略》,*China Economist* 2021 年第 1 期。

［20］韩长赋:《铸就新时代"三农"发展新辉煌》,《人民日报》2020 年 10 月 20 日。

［21］完世伟:《创新驱动乡村产业振兴的机理与路径研究》,《中州学刊》2019 年第 9 期。

［22］完世伟:《新时代乡村产业振兴的若干思考》,《农村·农业·农民》2019 年第 8B 期。

［23］李国祥:《以实施乡村建设行动为抓手全面推进乡村振兴》,《河南日报》2020 年 11 月 25 日。

［24］李国英:《乡村振兴战略视角下现代乡村产业体系构建路径》,《当代经济管理》2019 年第 10 期。

［25］李国英:《补齐乡村基础设施短板 强化城乡共建共享》,《中国社会科学报》2020 年 10 月 21 日。

［26］周立:《乡村振兴的核心机制与产业融合研究》,《行政管理改革》2018 年第 8 期。

［27］吴海峰:《乡村产业兴旺的基本特征与实现路径研究》,《中州学刊》2018 年第 12 期。

［28］方方、何仁伟、李立娜：《京津冀地区乡村振兴地域模式研究——基于乡村非农就业与农民增收的空间效应》，《地理研究》2019年第3期。

［29］张晓山：《推动乡村产业振兴的供给侧结构性改革研究》，《财经问题研究》2019年第1期。

［30］丰雷、胡依洁、蒋妍、李怡忻：《中国农村土地转让权改革的深化与突破——基于2018年"千人百村"调查的分析和建议》，《中国农村经济》2020年第12期。

图书在版编目（CIP）数据

　河南省乡村产业振兴案例研究／河南省农业农村厅
编. -- 北京：社会科学文献出版社，2021.4（2023.2重印）
　　ISBN 978-7-5201-8084-9

　Ⅰ.①河… Ⅱ.①河… Ⅲ.①乡村-农业产业-产业
发展-案例-河南 Ⅳ.①F327.61

　中国版本图书馆 CIP 数据核字（2021）第 047206 号

河南省乡村产业振兴案例研究

编　　　者／河南省农业农村厅

出 版 人／王利民
组稿编辑／任文武
责任编辑／王玉霞
文稿编辑／李艳芳
责任印制／王京美

出　　　版／社会科学文献出版社·城市和绿色发展分社（010）59367143
　　　　　　地址：北京市北三环中路甲 29 号院华龙大厦　邮编：100029
　　　　　　网址：www.ssap.com.cn
发　　　行／社会科学文献出版社（010）59367028
印　　　装／唐山玺诚印务有限公司

规　　　格／开本：787mm×1092mm　1/16
　　　　　　印　张：23.75　字　数：380 千字
版　　　次／2021 年 4 月第 1 版　2023 年 2 月第 3 次印刷
书　　　号／ISBN 978-7-5201-8084-9
定　　　价／98.00 元

读者服务电话：4008918866